Dagmar Langwald

FASZINATION WOLF

V. F. SAMMLER

Dagmar Langwald

Faszination Wolf

Erlebnisse, Geschichten und Sagen aus aller Welt

V. F. SAMMLER

Abbildungsnachweis:
Umschlagfoto: Bildagentur Buenos Dias, Wien; *Michael Barz*, Berlin: S. 13, 45, 52, 83, 101, 133, 152, 208, 211; *Deutsche Wolfsgemeinschaft*, Kassel (Oliver Matla): S. 40, 41, 49, 61, 64, 66, 105, 141, 157, 181, 193, 205, 214, 217, 223; *Dieter Hopf*, Markt Rettenbach: S. 104, 229; *Wolfgang Lange*, Düsseldorf: S. 176, 196, 233, 236; *Stefan Meyers* / GDT: S. 188; *Reiner Zieger*, Berlin: S. 1 – *Alle übrigen Abbildungen:* Archiv der Autorin und des Verlages.

Hinweis:
Dieses Buch wurde auf chlorfrei gebleichtem Papier gedruckt. Die zum Schutz vor Verschmutzung verwendete Einschweißfolie ist aus Polyethylen chlor- und schwefelfrei hergestellt. Diese umweltfreundliche Folie verhält sich grundwasserneutral, ist voll recyclingfähig und verbrennt in Müllverbrennungsanlagen völlig ungiftig.

ISBN 3-85365-188-7

Layout: wdp-pointinger, 8562 Mooskirchen
Printed in Austria
Gesamtherstellung: Druckerei Theiss GmbH, A-9431 St. Stefan

Inhaltsverzeichnis

Wolfs- und Jagdgeschichten

Zum Geleit

Im Zoo Berlin pflegen wir eine Gruppe kanadischer Wölfe, deren schneeweißes dichtes Fell im Winter von den Besuchern immer wieder bewundert wird. Die Vorgänger dieser „Kanadier" waren Europäische Wölfe, graubraun, zierlicher und viel unsteter als ihre amerikanischen Verwandten. Vor vielen Jahren belauschte ich vor dem Gehege ein Gespräch. Eine Mutter deutete auf den Wolfsrüden, der etwas erhöht auf einer Felskuppe stand, und sagte: „Sieh mal, ein Schäferhund." Das kleine Mädchen, es mag vier oder fünf Jahre alt gewesen sein, betrachtete das Tier einen Augenblick und erwiderte dann vorwurfsvoll und mit Überzeugung: „Nein, Mutti, das ist ein Wolf!"

Der Wolf – oder, besser gesagt, das, was der Mensch ihm andichtete – hat oft Anlaß zu Mißverständnissen gegeben. Bis in die heutige Zeit. Wenn man vielleicht vom Bären absieht, hat kein Tier unserer Heimat größeres Interesse gefunden als er.

Es ist in hohem Maße verdienstvoll, daß Dagmar Langwald, eine der besten Kennerinnen wölfischen Verhaltens, den Pfad der strengen Wissenschaft verlassen und sich auf literarisches Gebiet begeben hat. Das Ergebnis: eine bunte Palette spannender, unglaubwürdiger, rührender oder auch humorvoller Geschichten, die den hohen Stellenwert des Wolfes im Bewußtsein des Menschen dokumentieren. Ich wünsche diesem Band eine weite Verbreitung, denn der Wolf kann in Europa nur dann überleben, wenn er Freunde unter den Menschen hat.

Berlin, im Dezember 2001

Dr. Hans Frädrich
Direktor des Zoologischen Gartens Berlin

Vorwort

Seit den vierziger Jahren des 20. Jahrhunderts haben die Wolfsforscher in Nordamerika – Wissenschaftler wie Laien – den Wolf in der freien Natur sowie in Gefangenschaft beobachtet und studiert. Langsam, aber sicher wurde der Haß gegen ihn durch Verständnis und Wohlwollen bei vielen Teilen der Bevölkerung ersetzt. Dies wurde unterstützt durch solide Forschungsergebnisse sowie durch Bücher von Leuten, die mit zahmen Wölfen gelebt haben. Rudolf Schenkel, der Schweizer Biologe, veröffentlichte 1947 die erste Verhaltensstudie über Wölfe im Baseler Zoo. Inzwischen wurden Wölfe in Kanada, im Yellowstone National Park und im Staat Idaho mit großem Erfolg wiederangesiedelt. Wissenschaftliche Ergebnisse und das Lobbying der Bürger bei ihren Repräsentanten im US-Kongreß sowie Aufklärung der Bevölkerung über die wahre Natur des Wolfes als Teil eines gesunden Ökosystems machten dies möglich.

Die Autorin gibt in der Einleitung zu diesem Buch einen Überblick zur Literatur über den Wolf. Lange jedoch bevor die Wissenschaftler begannen, die Menschen über die Biologie der Wölfe aufzuklären, wurde Meister Isegrim in Märchen, Sagen, Fabeln, Wolfs- und Jagdgeschichten ein Teil des Gedankenguts und der Mythologie menschlicher Kulturen in jenen Gebieten, die sie mit dem Wolf teilten.

Dagmar Langwald bezieht sich in diesem Buch auf eine Vielzahl von Märchen, Sagen, Fabeln und Wolfs- und Jagdgeschichten. Diese Auswahl vermittelt dem Leser einen Überblick über die Einstellung der Menschen gegenüber dem Wolf in verschiedenen Gebieten der Welt. Oft hat die Phantasie Erklärung gesucht für das Verhalten des rätselhaften Tieres Wolf, mit dem die Menschen ihren Lebensraum teilten. Die Furcht vor ihm, der in der Dämmerung besonders aktiv ist, dessen Geheul in den Menschen Schrecken erweckte, der Anblick von Beutetieren, die vom Wolf gerissen worden waren, sowie die Tatsache, daß Wölfe nach einer kriegerischen Schlacht selbst die Toten nicht verschmähen, trug zur Angst vor dem Wolf und zum Haß ihm gegenüber bei. Hinzu kam, daß in Gebieten, in denen die Landwirtschaft die Wildtiere verdrängt hatte, Wölfe sich auch an Haustiere hielten. Damit war die Konfrontation geschaffen, die noch bis zum heutigen Tag besteht.

Mit diesem Buch hat Dagmar Langwald das Bild von der Beziehung zwischen Mensch und Wolf erst vervollständigt. Sie kennt Wölfe nicht nur aus der Literatur, sondern auch von ihren jahrelangen wissenschaftlichen Beobachtungen im Tierpark Berlin und von persönlichen Erlebnissen in unserem Wolfpark in den USA sowie von Besuchen in vielen Tierparks und Zoos, wo Wölfe zu sehen sind. Nach der Lektüre dieses Buches wird der Leser nicht nur die Wölfe, sondern auch die Menschen besser verstehen, die sich seit Jahrtausenden mit dem Wolf auseinandersetzen müssen – bis zum heutigen Tag. Inzwischen redet praktisch niemand mehr davon, die Wölfe auszurotten – und das ist ein Fortschritt auf dem Weg, die Natur zu erhalten.

September 2001

Erich Klinghammer Ph. D.,
Direktor des Eckhard H. Heß Institutes für Ethologie,
NAWPF-Wolf Park,
Battle Ground, Indiana 47920, USA

Einleitung

Stark war der Einfluß des Wolfes auf die Menschen in alten Zeiten. Sein heimliches Leben und die Unkenntnis seiner Natur lieferten den Nährboden für Grusel- und Schreckensgeschichten und auch für die Abenteuerliteratur. So entstanden Märchen, Sagen, Fabeln und Mythen. Außerdem war er Konkurrent beim Jagen.

Wir kennen schon von den Hebräern, aus der griechischen Mythologie und von den Germanen Geschichten über den Wolf. Legenden von Werwölfen, das heißt von Menschen, die sich in „Wolfs-Vampire" verwandeln, finden sich in vielen Ländern. Aber man schreibt dem Wolf auch positive Seiten zu. Immer wieder wurde und wird von Menschenkindern berichtet, die bei Wölfen aufgewachsen sein sollen. Erinnert sei an die Gründer Roms, Romulus und Remus, und an den indischen Jungen Mowgli aus Kiplings „Dschungelbüchern".

Die ersten Wolfsbeobachtungen, vermutlich schon vor Tausenden von Jahren, bezogen sich auf sein Verhalten. Es war die Neugier, die uns allmählich das Wesen des Wolfes verstehen lehrte.

In Grzimeks Buch „Wolf Dschingis" läßt sich nachvollziehen, wie es angefangen haben könnte. Durch spätere Beobachtungen erkannte Grzimek: Jeder Wolf hat seinen eigenen Charakter, ist ein Individuum.

Im Laufe der Zeit kamen tiergärtnerische Einrichtungen mit der Haltung von Großtieren auf, zunächst in Käfigen, dann in Gehegen. Auch der Wolf wurde in Gefangenschaft gehalten, und man hatte eine günstige Gelegenheit, ihn genauer und systematischer zu beobachten. Es entstanden zahlreiche wissenschaftliche Arbeiten. Viele Wolfsbücher beschrieben vor allem den amerikanischen, nur wenige den eurasischen Wolf. Heute arbeiten Wissenschaftler an der Ökologie des Wolfes, seinem Zusammenleben mit anderen Tierarten in der freien Natur. „Wolfparks" erfreuen sich immer größerer Popularität, wie zum Beispiel in Battle Ground, Indiana, wo seit Jahren unter Leitung von Erich Klinghammer ein Bildungsprogramm zum Verständnis des Wolfes durchgeführt wird. In Saint Paul/Minneapolis (Minnesota) unter David Mech wie auch im „Wolfsheiligtum" in Montana werden Wölfe unter halbnatürlichen Bedingungen in großen Gehegen gehalten und studiert. Im norddeutschen Güstrow sind Wölfe in einer der schönsten „wolfsgerechten", gut strukturierten Anlage zu beobachten, stellvertretend für andere moderne Wolfshaltungen.

Die grundlegende soziale Einheit der Wölfe ist das Rudel – ein Familienverband, der sich aus einem Elternpaar und dessen Nachkommen der ersten Lebensjahre zusammensetzt. Zwischen den Mitgliedern bestehen starke soziale Bindungen. Besonders ausgeprägt sind die gegenseitige Hilfe beim Jagen und die gemeinsame Jungenaufzucht. Innerhalb eines Rudels besteht eine sehr strenge Rangordnung. Die dominanten Individuen sind gewöhnlich die Eltern: Alpha-Rüde und Alpha-Fähe. Zwischen ihnen und den in der sozialen Hierarchie tiefer stehenden Individuen besteht eine Distanz, die vor allem in der Fortpflanzungssaison offenbar wird. Die Welpen werden vom gesamten Rudel betreut. Das ranghöchste Tier zeigt Initiative und behauptet sich in Konflikten, übernimmt Wächterfunktion, die Führung und steuert das Verhalten anderer Rudelmitglieder in so wichtigen Lebensbereichen, wie Wanderung, Jagd, Nahrungsaufnahme und Fortpflanzung. Wenn Wölfe lange schlafen, dann wacht der Anführer gewöhnlich als erster auf und weckt die anderen durch

Anstoßen. Bei Beunruhigung der Gruppe oder Bedrohung des Höhlenbereichs übernimmt der Anführer die Initiative zur Verteidigung.

Der Wolf hat außer dem Menschen so gut wie keine natürlichen Feinde. In seinen Territorien leben auch andere Tiere, wie Luchs und Kojote, die teilweise dieselben Beutetiere jagen. Dabei kann es zu Konkurrenzsituationen kommen, auch mit Bären. Wölfe jagen hauptsächlich Hirsche, Rehe und Wildschweine sowie Hasen, Nagetiere, Vögel, Amphibien; sie nehmen auch pflanzliche Nahrung sowie Aas auf und können sich sehr gut an die jeweilige Nahrungssituation anpassen.

Die größte freilebende Wolfspopulation in Mitteleuropa gibt es heute in Polen. Von dort ist auch mit der Ausbreitung nach Westen, also auch nach Deutschland, zu rechnen.

Nach ihrer fast völligen Ausrottung in der Mitte des 19. Jahrhunderts hat es in mitteldeutschen Wäldern kaum freilebende Wölfe gegeben. Dennoch war der Wolf nie ganz verschwunden. Immer wieder gab und gibt es Einzelgänger, die offensichtlich bis in die heutige Zeit aus dem Osten einwandern. Seit einigen Jahren lebt in der Lausitz nicht weit von der Oder-Neiße-Grenze zu Polen ein kleines Rudel. Im Jahre 2001 kamen zu den sechs erwachsenen Wölfen vier Junge hinzu. Inzwischen hat sich das Rudel geteilt.

Obwohl von „Wolfsländern" umgeben, hat sich in Österreich kein Wolfsrudel einleben

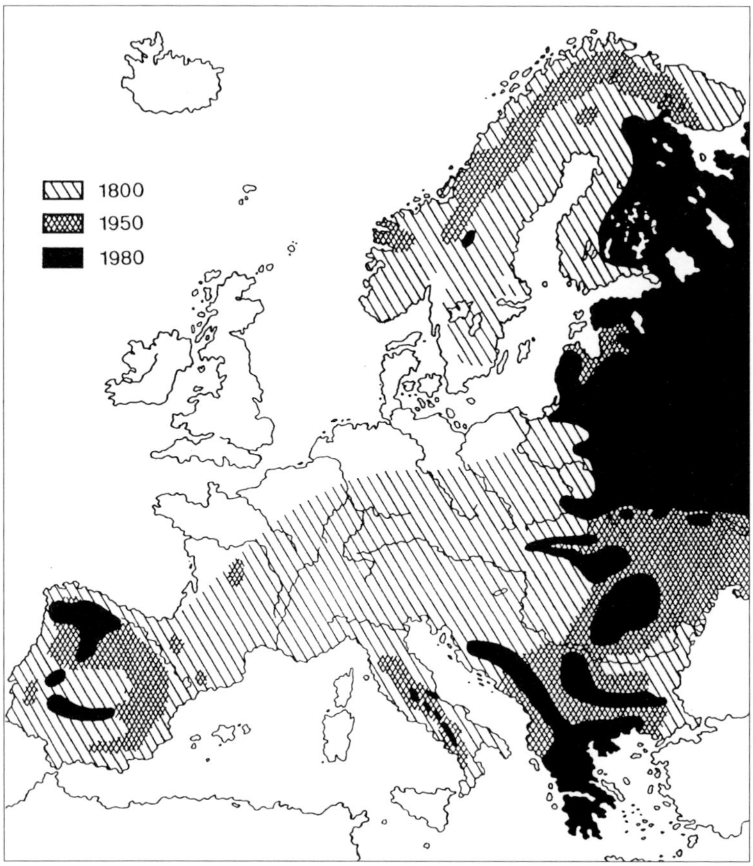

Die Abnahme des Areals der Wölfe in Europa im Laufe der letzten 200 Jahre (nach Bibikow, 1985).

können. Gewiß auch deshalb, weil der Wolf hier noch immer nicht hinreichend unter Schutz gestellt ist. Geeignete Lebensräume gäbe es genug.

Wie kam der Mensch vom Wolf auf den Hund als Haustier, Freund, Helfer und Begleiter? Genau weiß man dies freilich nicht. Es gibt aber zwei wesentliche Hypothesen:

- Jäger brachten Welpen aus einer Wolfshöhle mit nach Hause. Ihre Frauen zogen sie wie Babies auf, und die Kinder spielten mit ihnen. So wurden die Wölfe an die Menschen gewöhnt und zu „Hauswölfen" gemacht. Vielleicht hat man sie daraufhin als Beschützer ihrer Haustiere gegen Feinde, wilde Tiere und freilebende Wölfe eingesetzt.
- Oder aber der Wolf näherte sich aktiv von sich aus den menschlichen Ansiedlungen, wo es leicht erreichbares Futter (Abfälle, Mäuse und Ratten) gab.

Unterschiede zwischen Wolf und Hund

Über 400 Rassen von Haushunden sind bekannt, und alle sollen den Wolf zum Stammvater haben. Jede Rasse ist infolge Selektion durch den Menschen entstanden. Der Prozeß der Domestizierung des Wolfes soll vor etwa zwölf-, nach neuesten Erkenntnissen sogar schon vor über hunderttausend Jahren begonnen haben. Der Wolf zeigt im Vergleich zu Hunden relativ wenig Varianten. Im Gegensatz zu den sich äußerlich sehr stark vom Wolf unterscheidenden Rassen wie Pinscher und Bulldogge ähneln Deutscher Schäferhund, Malamute, Husky und Layka dem Wolf. Es kann vorkommen, daß sich Wölfe mit wildernden Haushunden kreuzen und deren Nachkommenschaft von reinen Wölfen kaum zu unterscheiden ist. Dies ist oft ein Problem, wenn es zu entscheiden gilt, ob eine Kreuzung vorliegt oder nicht. Unterscheidungsmerkmale sind:

- Der Wolf trägt den Schwanz im allgemeinen nicht wie der Hund nach oben gerichtet.
- Der Wolf hat eine Violschwanzdrüse, diese fehlt beim Hund.
- Der Wolf setzt die Hinterpfoten auf die Spur der Vorderpfoten, während der Hund seine Hinterpfoten zwischen die Spur der Vorderpfoten setzt.
- Wölfe haben nur eine Fortpflanzungssaison im Jahr, Hunde meistens zwei.
- Die meisten Hunderassen außer dem Schottischen Schäferhund (Colli) haben eine kürzere Schnauze als der Wolf.
- Außerdem hat der Wolf ein ausdrucksvolleres Gesicht aufgrund der breiten Haarbüschel, die nach außen und etwas nach unten gerichtet unterhalb der Ohren wachsen.
- Die Schädelmerkmale von Wolf und Hund unterscheiden sich erheblich.
- Wölfe haben große, gewölbte und fast kugelförmige Ohrmuscheln, während die der Hunde kleiner und etwas abgeflacht sind.
- Ein weiterer Unterschied besteht im Volumen der Gehirnkapsel, das beim Wolf entschieden größer ist.
- Beim Wolf ist der vordere Teil des Unterkiefers verhältnismäßig schmal, und die Schneidezähne liegen dicht nebeneinander. Beim Hund ist er breiter, und die Zähne sind in Abständen zueinander angeordnet.

Amerikanische Biologen berichteten kürzlich über ein bemerkenswertes Erlebnis mit Wölfen. Sie hatten sich versehentlich in die Nähe einer Wolfshöhle begeben. Junge Wölfe,

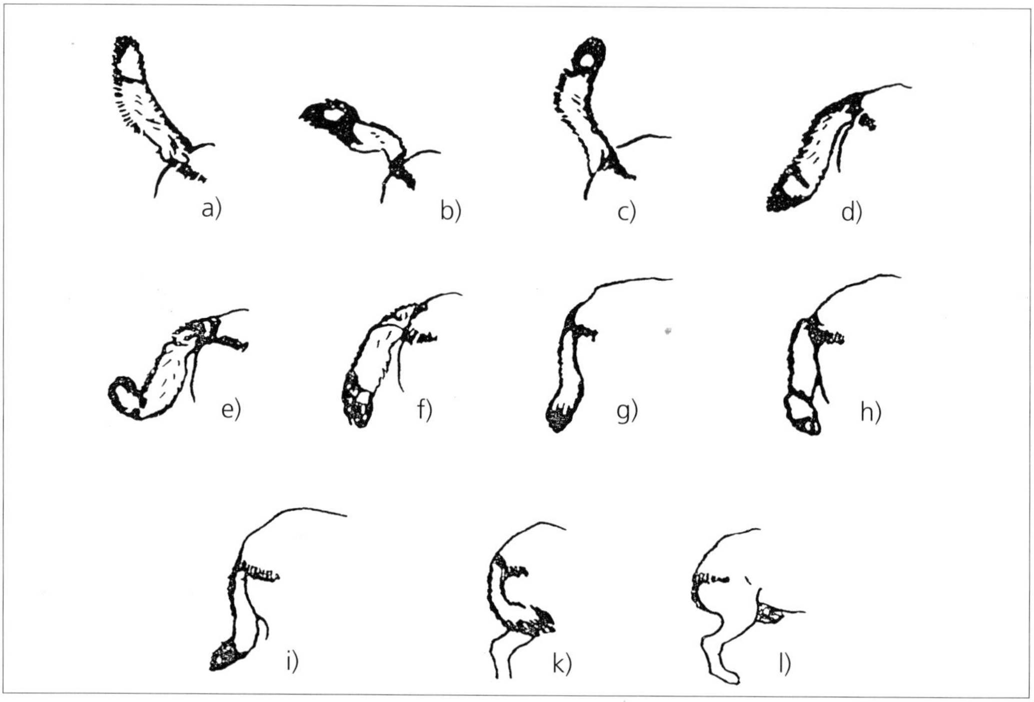

Wolf (Canis lupus); Ausdrucksformen des Schwanzes:
a) Selbstsicherheit im Verkehr; b) sichere Drohung; c) (mit seitlichem Wedeln) Imponierhaltung; d) Normalhaltung (Situation ohne soziale Spannung); e) nicht ganz sichere Drohung; f) Normalhaltung (ähnlich d); besonders häufig beim Fressen und Beobachten; g) gedrückte Stimmung; h) zwischen Drohung und Abwehr; i) (mit seitlichem Wedeln) aktive Unterwerfung; k) und l) starke Hemmung (nach Schenkel, 1947).

die noch nicht gut sehen konnten, liefen ihnen entgegen, vermutlich in Erwartung ihrer Eltern. Die Biologen blieben ruhig stehen, bis die Jungtiere ihren Irrtum erkannten und panikartig in die Höhle flohen.

Gesunde, freilebende Wölfe meiden Menschen. Es gibt keine gesicherten Belege über Angriffe gegenüber Menschen. Anders verhalten sich Mischlinge zwischen Wolf und Hund. Sie sind in der Regel viel gefährlicher, da sie weniger Scheu vor dem Menschen haben.

Naturgetreu und zum Herzen gehend erzählt ein glänzender Naturbeobachter, der kirgisische Schriftsteller Tschingis Aitmatow, in seinem Roman „Die Richtstatt" (1986) die Geschichte einer Wolfsfamilie im Vergleich zum menschlichen Schicksal. Dieser interessante Stoff wurde in der Berliner Volksbühne unter dem Titel „Zeit der Wölfe" aufgeführt. Anschließend kam es zu einer breiten kritischen Diskussion zum Thema „Wolf", pro und kontra.

Wachsendes Umweltbewußtsein und vor allem die Faszination des wilden und doch so sympathischen Tieres haben zu einer Vielzahl unterschiedlicher Aktivitäten zugunsten des Wolfes geführt. Zwar gehört er nicht zu den gefährdeten Arten, wird aber von der Bevölkerung vieler Länder weit weniger akzeptiert und geschont als andere große Beutegreifer, wohl auch deshalb, weil er in der Nähe der Menschen lebt, von ihnen gefürchtet und gleich-

zeitig bewundert wird. Medien, Wissenschaft und besonders auf die Jugend bezogene Bildungseinrichtungen versuchen, Einfluß zu nehmen. Der Wolf rückt zusehends in den Mittelpunkt.

Nationale und internationale Naturschutzverbände sowie staatliche und private Organisationen bemühen sich heute weltweit um den Erhalt unserer natürlichen Umwelt und den Artenschutz. Auch die Gesetzgebung kann sich dem nicht verschließen. Die breite öffentliche Diskussion hat bewirkt, daß der Wolf in Deutschland seit 1994 in der Bundesartenschutzverordnung als eine vom Aussterben bedrohte Tierart geführt wird und nach dem Bundesartenschutzgesetz ganzjährig unter Schutz gestellt ist.

Tourismus und Freizeiteinrichtungen, nicht nur in den USA und Kanada, sondern auch in Europa orientieren sich zunehmend am gewachsenen Interesse breiter Bevölkerungskreise am Wolf. In Deutschland machen Städte und auch Regionen mit dem Wolf auf sich aufmerksam. So kann man etwa im Mecklenburgischen Natur- und Umweltpark Güstrow Wolfsheulnächte erleben und an Spezialreisen in Wolfsländer teilnehmen. Die in der Welt einmalige Gelegenheit, vier Unterarten des Wolfes betrachten zu können, hat Werner Freund im saarländischen Merzig eingerichtet. Wissenschaftler befassen sich auch mehr und mehr mit dem Zusammenleben von Wolf und Mensch. Unser Blick richtet sich nach Rumänien, wo Christoph Promberger, ein Biologe, Ergebnisse seiner Arbeit auch für die Medien aufbereitet, in Filmen für das Fernsehen festhält. Ein großes Publikum bekommt Einblicke in seine Tätigkeit und lernt die Einstellung der rumänischen Menschen zu den Wölfen in ihren Wäldern kennen.

Es gibt viele Unterarten des Wolfes als Anpassung an unterschiedliche Lebensräume. Die Farbe seines Felles ist im Norden weiß und geht zum Süden hin über grau, schwarz, braun bis ins Rötliche. Die größte Unterart lebt im Norden, die kleinste im Süden der Erde.

Die in Europa lebenden Wölfe gehören zur Unterart *Canis lupus*. Ihr Fell ist im wesentlichen grau mit etwas hellem Braun. Schwarze Haare sind längs des Rückens und an den Schultern vorhanden. Ihr durchschnittliches Körpergewicht beträgt bei erwachsenen Männchen 35 bis 67 kg, bei Weibchen von 27 bis 50 kg.

Ich möchte meine Einleitung zur vorliegenden Sammlung mit den Worten aus dem Buch „Der Wolf" (von H. Okarma, übersetzt von Klaus Langwald, 1997) beschließen:

„Der Wolf verleiht dem Wald einen eigenen Reiz, auch wenn er in den Augen der Bevölkerung eine Gefahr darstellt. Womöglich verlieren unsere Wälder vollends den Heiligenschein früherer Urwälder, wenn das letzte dieser Raubtiere gefallen ist."

Berlin, im März 2002 — *Dagmar Langwald*

Das Familienleben der Wölfe

Es wurden drei von einander unabhängige „echte" Rudel, also Familienverbände Europäischer Wölfe, miteinander verglichen. Insgesamt wurden 22 Welpenaufzuchten registriert und über 100 „Wolfspersönlichkeiten" erfaßt.

Die Wolfsanlage im Tierpark Berlin-Friedrichsfelde bietet den Wölfen Raum, Erdboden zum Graben, Bäume zum Verstecken, Steine zum Ruhen, erhöhte Plätze zum Beobachten, Geburtshöhlen und einen Wassergraben zum Trinken, Schwimmen und Entenjagen. Um ihren Lebensablauf so wenig wie möglich zu stören, betraten die Tierpfleger nur, wenn unbedingt notwendig, das Gehege. Die Wölfe kannten die regelmäßige Beobachtungsperson jenseits des Geheges. Da sie von ihr aber weder Futter bekamen noch sie sich am Einfangen oder an veterinärmedizinischen Behandlungen beteiligte, war sie für die Wölfe uninteressant. Das verschaffte ihr einen Vorteil gegenüber den Tierpflegern: Die Wölfe hatten keine Scheu vor ihr, wohingegen sie bei der Annäherung der Tierpfleger das Weite suchten oder sich in den Höhlen verkrochen. Daher wußte die Beobachtungsperson, welche Wölfin wo ihre Wurfhöhle gebaut hatte, konnte als erste die Jungen sehen, wenn sie begannen, die Geburtshöhle zu verlassen, und anderes.

Anfang der sechziger Jahre wurden im Tierpark Berlin wie bei den anderen Raubtieren, den Löwen, Tigern und Leoparden, auch bei den Wölfen die männlichen Tiere vor der Geburt der Jungtiere getrennt. Ganz zufällig hatte man darauf in einem Jahr vergessen. Plötzlich war die Fähe in der Höhle verschwunden, und bald sah man auch warum. Aber der Wolfsrüde war nicht, wie andere Raubtierväter, für die Jungen gefährlich, sondern, im Gegenteil, sehr nützlich. Es konnte beobachtet werden, daß er dem Weibchen regelrecht bei der Aufzucht half: Dies geschah dadurch, daß er das Futter aus dem Stall holte und der Fähe brachte, später auch den Welpen, er kaute es für die Welpen vor, half beim Umtransportieren der Welpen sowie bei der Körperpflege, und er spielte mit ihnen.

Diese Beobachtungen wurden veröffentlicht (Schönberner, 1965) und fanden Eingang in die internationale Wolfsliteratur. Dieselbe Feststellung wurde inzwischen in anderen Zoos (Frädrich und Göltenboth, 1965) und auch in der Wildbahn gemacht (Mech, 1970). Deshalb wird der männliche Wolf heutzutage nicht mehr weggesperrt, wenn bei den Wölfen die Geburtenzeit beginnt.

In der Folge konnten Beobachtungen zu Beziehungen zwischen Rangordnung (Altmann, 1974), Urinmarkierung (Altmann, 1988) und Fortpflanzung (Altmann, 1986) gemacht werden, und es wurde erkannt, daß ein Wolfsrudel wie ein einziger Organismus wirkt, daß sich die verschiedenen Wolfsrudel in ihrem Verhalten voneinander unterscheiden können und daß den bestimmenden Einfluß auf diese Rudelcharakteristik das ranghöchste Weibchen ausübt.

Auf das erste Rudel trafen die typischen Merkmale eines intakten Wolfsrudels zu: Familienverband, bestehend aus einem Paar, den Eltern, die die Alpha-Stellung im Rudel innehaben und einmal im Jahr Junge zur Welt bringen. Dadurch vergrößert sich die Familie von Jahr zu Jahr zum mehr oder weniger großen Rudel. In der Wildnis wird die Größe des Rudels hauptsächlich vom Nahrungsangebot bestimmt (Okarma, 1997). Zeitweise können sich aber auch mehrere Rudel zur Jagd verbinden.

Die Jungen bleiben eine Zeitlang im Familienverband, auch nach Erreichen der Geschlechtsreife, die frühestens nach einem Jahr erlangt wird. Im dritten Herbst beginnt gewöhnlich die Abwanderung (Bibikov, 1988). Fortpflanzungspartner aus anderen Rudeln werden gesucht und mit diesen der Grundstock für ein neues Rudel gelegt (Klinghammer, 1979). Denn der Alpha-Rüde versucht, die anderen Rüden, seine Söhne, vom Paarungsgeschehen auszuschließen. Er verteidigt sein Weibchen. Dieses wiederum versucht, ihre Töchter am Paarungsgeschehen zu hindern. Die Paarbildung beginnt schon im Herbst, aber die eigentliche Ranz (Zeit der Begattung) liegt im Winter, Dezember bis März. Nach etwa 63 Tagen, zwischen Februar und Mitte Mai, zieht sich das tragende Weibchen zur Geburt in eine Höhle zurück, wo es 3 bis 13, meist um die 5 Junge zur Welt bringt.

Dies traf auch für dieses erste Rudel zu, zum Teil auch für das dritte, weniger jedoch für das zweite. Die höchste Zahl an Individuen in einem Rudel waren 29 Wölfe. Das kommt in der Freiheit sicherlich nicht vor. Infolge der sozialen Ordnungsstrukturen, die in einem Wolfsrudel herrschen (Schenkel, 1947), ging es trotzdem vorwiegend friedlich zu.

Der Vergleich der drei Rudel brachte aufschlußreiche Ergebnisse – sowohl Übereinstimmungen als auch Unterschiede:

Das erste Rudel existierte 20 Jahre. So, wie es sich entwickelt hatte, ging es fast ganz von selbst zugrunde, nachdem das Alpha-Weibchen keine Jungen mehr gebar. Bis zu seinem 10. Lebensjahr wuchs das Rudel auf 19 Mitglieder. Alle waren die Kinder des Alpha-Paares. Der Rüde half der Fähe, die Jungen zu füttern, zu lecken und zu transportieren, wenn ein Höhlenwechsel erfolgen sollte. Die Eltern wurden bei der Aufzucht der Jungen von den Kindern aus den vergangenen Jahren unterstützt.

In diesem Rudel war keinem anderen Weibchen die Nachzucht gelungen, obwohl auch niederrangigere Weibchen begattet worden waren, vom Alpha- wie auch von anderen Männchen. Das Alpha-Weibchen versuchte, die Begattungen zu verhindern, indem es sich dazwischenzwängte. Trotzdem kam es mehrfach zur erfolgreichen Befruchtung der ältesten Tochter, dem Beta-Weibchen. Aber dessen Junge wurden nie großgezogen. Meist fanden wir sie am Morgen nach der Geburt tot im Gehege.

In einem Jahr (1964) wurde beobachtet, wie die Alpha-Fähe, die noch nicht geworfen hatte, mit Welpen im Maul umherlief und diese dann vergrub. Daran beteiligte sich kein anderer Artgenosse, auch die Beta-Fähe nicht, die höchstwahrscheinlich die Mutter war. Sie verteidigte diese Neugeborenen auch nicht.

Das Jungetöten der Rivalin ist vermutlich eine Verhaltensanpassung an die Bedingungen der Gefangenschaftshaltung. Dieses 2. Weibchen konnte das Rudel ja nicht verlassen. So aber wird auch Inzucht verhindert. Es scheint sozusagen „ruhende" Verhaltensweisen zu geben, die, wie dieses Jungetöten, in einer sonst friedlich zusammenlebenden Gruppe nur dann aufwachen, wenn die Not es verlangt. Klinghammer und Brantley, 1977, stellten sogar fest, daß Weibchen nicht in Ranz kommen, wenn ein höherrangiges weibliches Tier anwesend ist.

Vier Tage später warf die Alpha-Fähe. Jetzt beteiligte sich die Beta-Fähe sehr aktiv an der Aufzucht dieser Jungen! Ja, sie zeigte ein so übersteigertes Jungenpflegeverhalten, daß es sogar zu Rivalitäten zwischen ihr und dem Alpha-Rüden kam. Er, der der Mutter und später den Jungen Futter zutrug, beim Umtransport der Jungen zu einer anderen Höhle half und an ihnen Körperpflege einschließlich Anogenitalmassage durchführte, wurde von der Beta-Fähe durch Knurren und Beißmimik bedroht.

In den Jahren der erfolgreichen Jungenaufzucht zeigte sich in diesem Rudel ein ausgeglichenes Verhalten aller Rudelmitglieder gegenüber dem Alpha-Weibchen und deren Neugeborenen. Alle verhielten sich gegenüber den Jüngsten außerordentlich fürsorglich und halfen bei der Futterversorgung.

Drei Jahre nacheinander gebar auch das Beta-Weibchen, doch nie wurden seine Jungen großgezogen – auch dann nicht, als das Alpha-Weibchen selbst zu alt war und keine Jungen mehr gebar. So kam es, daß von 1966 bis 1975 keine Jungen im Rudel aufwuchsen, obwohl fortpflanzungsfähige Männchen und Weibchen anwesend waren! Von 1967 an nahm die Rudelgröße durch Überalterung und Krankheiten ständig ab. Übrig blieb ein zehn Jahre alter Rüde. Damit war das Rudel aufgelöst.

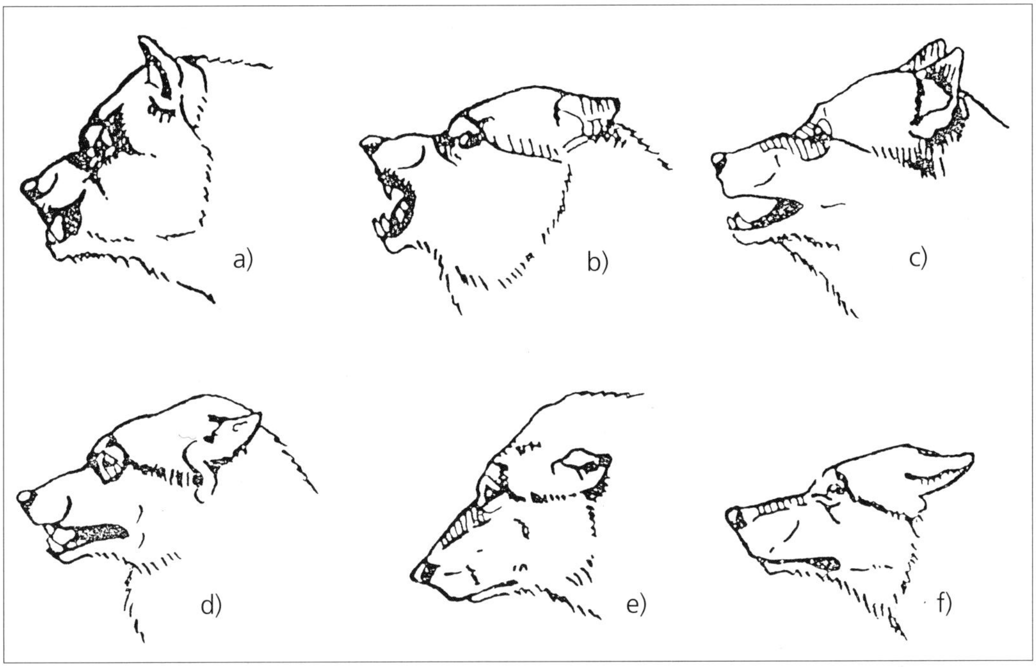

Ausdrucksstudien am Wolf (Canis lupus):
a) Drohung – Zähnefletschen, Nasenrücken und Brauen gewulstet. Sicherheit – Mundwinkel nicht zurückgezogen. Gleichmäßigkeit der Erregung – Kiefer fast geschlossen. b) Drohung – Zähnefletschen. Sich steigernde Erregung – Mund stark geöffnet. Leichte Unsicherheit – Mundwinkel etwas zurückgezogen, Stirn schwach gewulstet und Ohren zurückgestellt. c) Drohung sehr schwach – Zähnefletschen nur angedeutet. Unsicherheit; Anschwellen der Erregung – Mund mittelstark geöffnet. d) Drohung schwach, Unsicherheit stark. e) Ängstlichkeit, „Schmerzfrei"-Situation. f) Feind vis-à-vis – Ohren seitwärts gerichtet. Abwehrkomponente – Brauen gewulstet. Unsicherheit, Argwohn – Ohren leicht gefaltet und rückwärts gerichtet, Mundwinkel leicht zurückgezogen (nach SCHENKEL, 1947).

Das zweite Rudel zeichnete sich durch starke innerartliche Aggressivität aus. Die Auseinandersetzungen zwischen den Rudelmitgliedern beschränkten sich nicht auf Ausdruckshandlungen, wie wir sie bisher kannten, sondern führten zur Beschädigung von Artgenossen. Und zwar ging diese innerartliche Intoleranz vom Alpha-Weibchen aus. Dieses biß wirklich zu, wenn es zu Auseinandersetzungen kam, und das machten die Kinder mit. So kam es, daß wir immer mehr Wölfe mit abgebissenen Ohren und Schwänzen hatten. Der Alpha-Rüde hielt sich jedoch aus allen Aggressionen heraus. Die Ursache für dieses nicht wolfstypische Verhalten kennen wir nicht. Da die Alpha-Wölfin, deren genaue Herkunft nicht bekannt war, keinerlei Scheu gegenüber Menschen zeigte, nehmen wir an, daß sie von Menschen mit der Flasche aufgezogen worden war. Sie hatte dadurch wahrscheinlich in der wichtigen Prägephase die für Wölfe typischen Beschwichtigungsgebärden nicht gelernt.

Die Freianlage wurde nun mit der dritten Familie besetzt. Die Elterntiere, 1965 und 1974 geboren, waren nicht miteinander verwandt, jedenfalls stammten sie aus verschiedenen Zuchten. Zu den ersten Ergebnissen aus den Studien an diesem Rudel gehört die Feststellung, daß sich das Sehvermögen beim Wolf erst relativ spät entwickelt, da nach den daktylen die ersten Signale in der Ontogenese akustische sind: Das ist die logische Anpassung an das etwa drei Wochen dauernde Leben in der dunklen Wurfhöhle. Bei vier Wochen alten Welpen war noch immer festzustellen, daß die Leistung des Sehvermögens hinter der des Gehörs weit zurücklag. Auf etwa vier Meter Entfernung und hinter einem Maschendrahtzaun erkannten sie zum Beispiel nicht die Gestalt eines Menschen, wenn dieser sich nicht bewegte. Beim geringsten Laut jedoch, wie dem Knacken eines Ästchens, auf das man versehentlich getreten war, flüchteten sie sofort in die Höhle. Die Mutterfähe lockte die Welpen mit hohen fiependen Lauten aus der Höhle heraus. Witterte sie aber Gefahr, zum Beispiel wenn sich die Tierpfleger näherten, stieß sie ganz ähnliche Laute aus, wonach die Jungen sich sofort in die Höhle zurückzogen. Waren die Welpen allein in der Höhle, hörte man sie, als sie etwa vier Wochen alt waren, manchmal bellen (so wie kleine Hunderassen, z.B. der Spitz, mit hohen, dünnen Lauten), vermutlich um Kontakt zur Mutter aufzunehmen.

Die Lautgebung ist bei Wölfen von besonderer Bedeutung, obwohl oder gerade weil sie relativ selten eingesetzt wird. Es gibt keine so ständigen Stimmfühlungslaute wie beispielsweise bei den Schweinen. Wölfe verhalten sich im allgemeinen still. Nur zwischen Welpen und erwachsenen Rudelmitgliedern, im Paarungsgeschehen und wenn der Kontakt zwischen den Rudelmitgliedern abgerissen ist, wird zu dessen Wiederherstellung die Lautgebung eingesetzt. Auf weite Entfernungen in der Wildnis heulen sich die Wölfe zusammen. Dabei unterscheiden sich die einzelnen Stimmen voneinander (Zimen, 1978). Unsere Wölfe heulten, wenn die Tierpfleger weggingen oder am Morgen kamen. Das weist auf eine besondere Tier – Mensch – Beziehung hin, die auch bei Freund, 1988, beschrieben wird.

In diesem Zusammenhang ist ein anderes Geschehen zu nennen: Eines Tages mußte das Gehege gereinigt werden. Um während der Jungenaufzucht nicht zu stören, hatten Menschen seit der Geburt der Welpen das Gehege nicht betreten. Jetzt waren die Jungen etwa vier Monate alt. Die Wölfe wurden zur Fütterung in die Stallanlagen gelockt. Die menschenscheuen Jungen aber blieben draußen in der Anlage. Als nun mehrere Tierpfleger das Gehege betraten, flüchteten sie. Nach der Reinigung suchte man nach ihnen, konnte sie aber nicht finden, und so beschloß man, die erwachsenen Wölfe wieder in die Außenanlage zu lassen. Diese suchten auch sofort nach den Jungtieren. Drei von ihnen kamen schwanzwedelnd aus ihren Verstecken und wurden von den Erwachsenen mit Schwanzwedeln und Beschnuppern begrüßt. Aber das vierte Junge blieb verschwunden. Die Alten suchten es dem Anschein nach. Hektisch rannten alle von einem Ende zum anderen, äugten hinter

Baumstämme, in Höhlen, hinter Felsen. Ohne Erfolg. Nach ungefähr einer halben Stunde sammelte sich das Rudel und begann zu heulen. Und siehe da! Jetzt kam das „verlorene" Junge an. Alle begrüßten es mit Beriechen und Schwanzwedeln. Die Ruhe war wiederhergestellt. Das Rudel hatte sich regelrecht „zusammengeheult". Nicht besser konnten wir die Bedeutung des Heulens von Wölfen erkennen als in dieser Situation!

Eines Tages wurde ein besonderes Ereignis beobachtet und vom Tierparkfotografen, Herrn Barz, mit der Kamera festgehalten:

Die etwa vier Wochen alten Welpen waren in den Wassergraben gefallen. Interessant war die Reaktion der Elterntiere: Sofort unternahmen sie eine „Rettungsaktion". Ja, eine regelrechte Aktion, und zwar zu zweit! Alpha-Wolf und Alpha-Wölfin retteten die Kleinen in „Kooperation": Die Fähe sprang ins Wasser, erfaßte mit dem Maul einen der paddelnden Welpen und schwamm mit diesem an den Rand des Grabens. Da wartete schon der Rüde. Die Fähe legte den Welpen am Ufer ab. Der Rüde packte ihn mit dem Maul und trug ihn in die Höhle. Das wiederholte sich dreimal. Den vierten Welpen konnten sie nur noch tot bergen.

Wolfspaar rettet seine Jungen aus einem Wassergraben:
a) Fähe packt nach einem Sprung ins Wasser ein Junges mit dem Maul.
b) und c) Rüde steht am Ufer, bereit, das Junge abzunehmen.
d) Rüde trägt das nasse Junge zur Höhle.

Dieses dritte Rudel lebte auf Wolfsart sehr friedlich miteinander. Es gab keine ernsthaften Auseinandersetzungen, selbst dann nicht, als sich die Größe des Rudels auf 29 Individuen ausgedehnt hatte.

Auch dies war interessant zu erfahren und neu in der Literatur: daß nicht nur die Mutter, sondern auch ein anderes weibliches Tier die Jungtiere durch ausgewürgtes Futter fütterte.

Eine weitere interessante Entdeckung in diesem Rudel war, daß – entgegen der Regel, daß nur die Alpha-Fähe Junge großzieht – einer zweiten Fähe die Jungenaufzucht gelungen war. Dies hatte aber folgende Situation zur Ursache: Die zweite Fähe hatte geworfen, als die Alpha-Fähe nicht imstande war, deren Junge zu vernichten, nämlich zeitgleich und am selben Ort wie diese. Also: Beide Fähen warfen zur selben Zeit in derselben Höhle, und so war es möglich, elf Junge von beiden Fähen aufzuziehen. Der Rüde hatte nun aber zwei Muttertiere zu versorgen. Er holte das Fleisch wie immer aus den Innenanlagen, beide Mütter standen nebeneinander, um das Futter abzunehmen. Allerdings, und jetzt wird es wieder interessant, ließ die jüngere der älteren den ersten Brocken! Die Rangordnung war somit trotz allem erhalten geblieben. Auch bei der Wahl des Ruheplatzes erhob das Alpha-Weibchen Anspruch auf den besten Platz. Es knurrte die jüngere an, wonach ihm diese sofort den begehrten Platz überließ. Als die Welpen dann begannen, sich außerhalb der Höhle aufzuhalten, wurden sie auch von den anderen erwachsenen Artgenossen gefüttert, nicht nur vom Alpha-Rüden und den Müttern. Die Welpen lösten die Fütterung aktiv aus, indem sie schwanzwedelnd und winselnd an die Schnauzen der Erwachsenen sprangen und so um Futter bettelten. Diese führten sie entweder an jene Stellen, an denen sie Fleisch abgelegt hatten, oder sie übergaben ihnen ihr Fleisch oder würgten es aus.

Eine ebenfalls neue Entdeckung war, daß bei Auseinandersetzungen zwischen den Welpen sich die älteren erwachsenen Geschwister, nicht aber die Eltern einmischten. Die Jungen wurden durch sie regelrecht „zurechtgewiesen", wenn lautstarke Auseinandersetzungen untereinander auftraten. Sie gingen dazwischen, „schnauzten" sie an, knurrend, wuffend, oder zeigten ihre Zähne oder schnappten leicht zu, ohne jedoch zu verletzen. Die Jungen gingen dann sofort auseinander. Die Ruhe war wiederhergestellt. Es sah wie „Erziehung" zum sozialen Verhalten, zum Gemeinschaftsleben aus, die durch die jüngeren Erwachsenen erfolgte und damit die alten Elterntiere entlastete. Den Erwachsenen gegenüber zeigten die Jungen Demutsverhalten und Zurückhaltung.

Vor den Menschen zeigten sie große Scheu und hielten Distanz. Sie gingen nie in den Stall, wo von den Tierpflegern das Futter abgelegt wurde, sondern ließen es sich von den Erwachsenen herausholen! Diese Scheu dauerte etwa bis zum Alter von drei bis vier Jahren an.

Ein Eingriff in das Rudelleben veränderte schlagartig fast alles.

Aber er brachte neue Erkenntnisse, die wir sonst nicht erhalten hätten: Das Rudel sollte verkleinert werden.

Man entfernte aber nicht die im sozialen Rang am niedrigsten stehenden Wölfe, vor allem die Weibchen, die im gesunden Rudel vom Alpha-Weibchen ausgestoßen werden. Vielmehr wurden die älteren Männchen aus dem Rudel genommen, die Wölfe, die sich aktiv an der Aufzucht der Welpen beteiligt hatten.

Von einem Tag zum andern war das Sozialgefüge zusammengebrochen. Für die Jüngsten, jetzt knapp ein halbes Jahr alt, schienen auf einmal alle sozialen Regeln und Gesetzmäßigkeiten außer Kraft. Sie zeigten plötzlich stark aggressives Verhalten untereinander.

Selbst ihr Verhalten uns Menschen gegenüber war verändert. Es gab keine Grenzen, keine Scheu, keine Angst! Sie kamen zur Fütterung selbst mit in die Innenanlagen. Zuvor hatten sie sich das Futter von den Erwachsenen herausbringen lassen. Nach einem Fastentag kam es sogar zur Tötung eines gleichaltrigen Jungtieres. Vielleicht unabsichtlich, beim Gerangel um den besten Fleischbrocken. Die in der Nähe arbeitende Tierpflegerin hatte keinen entsprechenden Schmerzenslaut vernommen. Es muß somit rasch und plötzlich erfolgt sein. Dabei war es nicht einmal das kleinste Jungtier. Die Elterntiere blieben wie immer unbeteiligt. Sie kümmerten sich nicht um die sich balgenden Jungen und mischten sich in keiner Weise ein, wie es zuvor ihre älteren Kinder getan hatten. Außerhalb der Fütterung lagen alle friedlich zusammen. Die Erwachsenen hielten etwas Distanz untereinander. Die Jungen lagen als dichtes Knäuel mit direktem Körperkontakt beieinander.

Nach dieser Veränderung der Rudelstruktur begann auch die Beta-Fähe gegenüber der Mutter mit Attacken. Obwohl letztere vom Alpha-Rüden beschützt und verteidigt wurde, gelang es ihr, die Mutter am Hinterbein zu verletzen. Bald war die Alpha-Fähe nicht mehr imstande, sich selbst Futter zu holen. Da brachte es ihr der Alpha-Rüde und blieb fast ständig in ihrer Nähe. Schließlich wurde sie zur Behandlung in die Tierklinik gebracht, starb jedoch. Der Rüde aber ruhte noch monatelang an dem Platz, an dem die Fähe zuletzt gelegen hatte!

In der nächsten Ranzperiode begann die Beta-Fähe, Annäherungsversuche zu machen. Er reagierte mit Abwehrverhalten. Man hatte den Eindruck, daß er trauerte. Das dauerte etwa ein ganzes Jahr! Zwischen der Beta-Fähe und drei weiteren adulten Fähen setzten von nun an Auseinandersetzungen um die Hierarchie in der sozialen Rangordnung ein. Die Weibchen hätte man aus der Gruppe nehmen sollen, nicht die Männchen! Da sich in der nun folgenden Paarungszeit keine feste Rangordnung zwischen den Weibchen ausgebildet hatte, nahm das Chaos seinen Lauf: Alle vier wurden trächtig. Jede suchte sich eine eigene Wurfhöhle, und so kamen im folgenden Mai vier Würfe auf. Es fehlte die regulierende Einwirkung einer Alpha-Fähe!

Wir aber konnten beim Säugen eine neue Sensation feststellen: Als die Jungen aller vier Fähen nach etwa drei Wochen die Höhlen zu verlassen begannen, blieben sie zunächst noch in der Mutter-Kind-Gruppe. Nach mehreren Tagen aber vermischten sich die verschiedenen Würfe, und wir machten eine erstaunliche Entdeckung: Im Gegensatz zum „normalen" Wolfrudel versuchten die Mutterfähen nicht, die fremden Jungen zu töten. Dies scheint nur Aufgabe oder Privileg der Alpha-Fähe zu sein und außerdem sofort nach der Geburt zu erfolgen. Statt dessen ließen sie zu, daß nicht nur ihre eigenen, sondern auch die Welpen der anderen Fähen zu jeder von ihnen zum Saugen kamen! Immer, wenn sich eine Fähe in Säugestellung begab, eilten alle Welpen zu ihr und versuchten, einen Platz am Gesäuge zu finden. Die anderen Fähen standen beobachtend in der Nähe. Sobald die Säugende fertig war und wegging, nahm eine zweite Säugestellung ein, und alle Welpen rannten nun zu dieser, dann kam die dritte und endlich die vierte an die Reihe. Nie säugten sie zu gleicher Zeit, wie man dies von der immer wieder zum Vergleich passenden anderen sozialen Tierart, den Schweinen, kennt. Es schien, als kämen aber immer nur dieselben Welpen zum Säugen, vermutlich nur die schnellsten und stärksten. Schließlich wurden nur ein Männchen und ein Weibchen großgezogen. Anscheinend ist auch hier wiederum ein Auslesemechanismus wirksam geworden! (Es ist nicht bekannt, daß eine auch nur annähernd vergleichbare Beobachtung hinsichtlich des Säugeverhaltens schon einmal veröffentlicht wurde.)

Schlußfolgerungen

Der Wolf ist sehr anpassungsfähig, wie die Übereinstimmungen von Verhaltensweisen in Wildnis und bei Haltung unter Menschenobhut bestätigen, und nichts in der Natur ist starr und unflexibel, wie der Vergleich der drei Wolfsrudel zeigt!

Diese Beobachtungen ergänzen und bestätigen Berichte aus anderen Wolfshaltungen und aus der Wildbahn, insbesondere was die Vorgänge bei Fortpflanzung, Jungenaufzucht und Sozialverhalten betrifft. Das Gehege im Tierpark ist groß genug und auch gut strukturiert, so daß die Wölfe ihre angeborenen Verhaltensweisen in den geschilderten Bereichen ausleben konnten. Es erübrigt sich eigentlich, zu betonen, daß es in der freien Natur äußerst schwierig sein dürfte, die Vorgänge so hautnah erfassen zu können, zumal zu einzelnen Wölfen im Laufe der Zeit ein fast persönliches Verhältnis entwickelt werden konnte und sie so ohne sonstige äußere Mittel unterscheidbar waren.

Freilich wäre in der freien Wildbahn wahrscheinlich so manches anders gelaufen. So verläßt normalerweise der herangewachsene Nachwuchs sein Rudel, um ein neues zu gründen, und somit wäre es zu einigen Konflikten gewiß nicht gekommen oder sie wären anders gelöst worden.

Durch die jahrelangen Beobachtungen wurde das Leben in Wolfsfamilien kennen- und ein ganz besonderes Lebewesen bewundern gelernt. Dies ist auch der Grund dafür, sich für den Schutz des Wolfes und seine Wiederkehr nach Deutschland mit allen Kräften einzusetzen!

Der Wolf in der Mythologie

Der Wolf ist in der Mythologie der Völker häufig der dunklen Seite, der des Todes, zugeordnet. In der alt-iranischen Religion des Zarathustra erscheint er als Tier Ahrimans, der das böse, lichtfeindliche Urprinzip verkörpert. Auf etruskischen Grabsteinen trägt der Herrscher der Unterwelt eine Wolfskappe, bei den Alt-Hispaniern wird er mit einem Wolfskopf abgebildet, ebenso wie bei manchen Indianerstämmen ein Wolf als Häuptling im Land der Toten angesehen wird. Dem entspricht der ägyptische Totengott Anubis, der mit einem Schakalkopf dargestellt wird. Bei Germanen und Griechen wiederum wachen Hunde – Garm und Zerberus – an der Schwelle des Totenreiches.

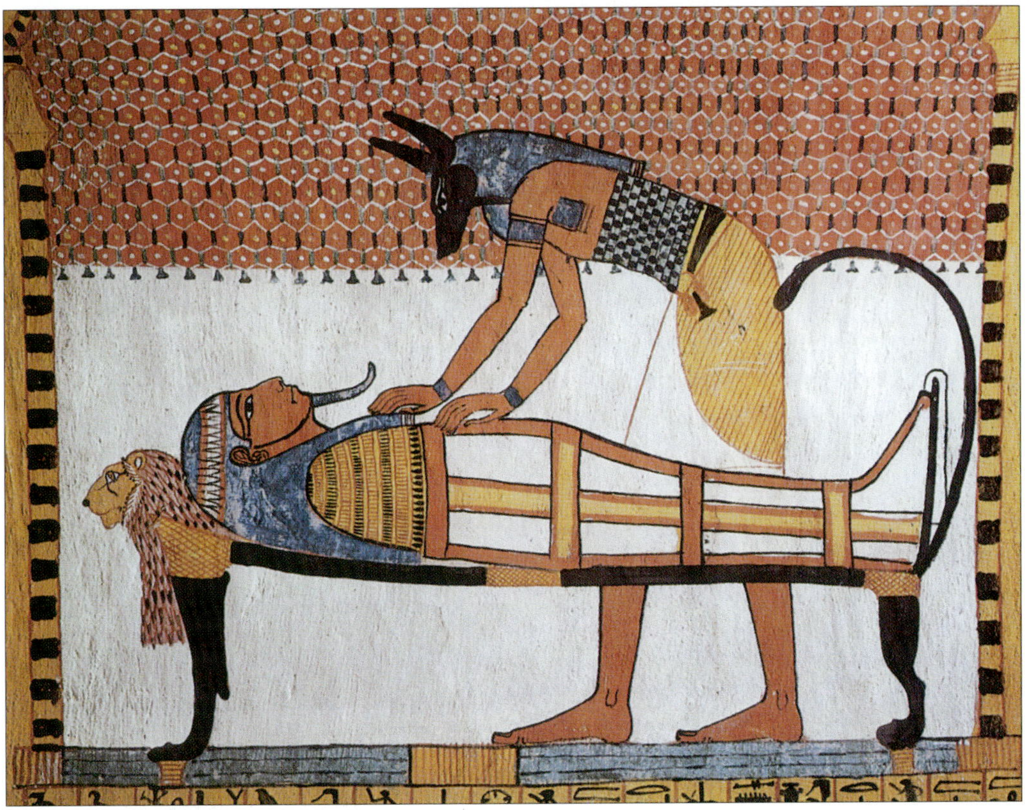

Der ägyptische Totengott Anubis.

Bei den alten Germanen sind zudem zwei grimmige Wölfe, Sköl (der Stürmer) und Hati (der Haß), hinter Sonne und Mond her. Die götterfeindlichen Riesen, denen Licht und Wärme verhaßt sind, haben sie auf die beiden großen Gestirne gehetzt, die von windschnellen Rossen über den Himmel gefahren werden. Noch sind die Himmelsrosse schneller, doch manchmal kommen die Wölfe den rollenden Wagen gefährlich nahe. Dann erbleichen Sonne oder Mond vor Angst und verlieren ihren Glanz – für die Menschen ist es Sonnen- bzw.

Fenris war so wild, daß die Götter ihn an einen unterirdischen Felsen banden.

Mondfinsternis. Am Ende der Tage, wenn die Götterdämmerung, das Ragnarök, anbricht, werden die Wölfe die Gestirne aber einholen und verschlingen. Das Ragnarök ist auch die Stunde des Fenriswolfes, der wie die weltumspannende Midgardschlange und die Herrscherin im Totenreich, Hel, ein Kind Lokis, des trügerischen Feuergeistes, ist. Den Fenriswolf hatten die germanischen Götter, die Asen, ursprünglich bei sich aufgezogen, doch wurde er so groß, daß er mit dem Oberkiefer den Himmel und mit dem Unterkiefer die Erde zugleich berühren konnte. Auch hörten die Asen in Weissagungen, welch verderbliche Rolle der Wolf am Ende der Welt spielen sollte. So beschlossen sie, ihn unschädlich zu machen. Da sie ihm im Götterreich Asgard jedoch Gastfreundschaft gewährt hatten, konnten sie ihn nicht einfach töten, sondern wollten ihn in Fesseln binden. Zu diesem Zweck ersannen sie eine List und sagten dem Wolf, sein Ruhm und die Kunde seiner Kraft würden ins Unermeßliche wachsen, wenn es ihm gelänge, eine Zauberfessel zu brechen. Daraufhin ließ sich der Wolf binden, doch zerriß er die Kette mühelos, und auch ein zweiter Versuch mit einer weit stärkeren Kette mißlang. Nun schufen Zwerge aus sechs Zutaten ein unzerreißbares Band: Aus dem Bart der Frauen, dem Schall des Katzentrittes, der Stimme der Fische, dem Speichel der Vögel, den Sehnen der Bären und den Wurzeln der Berge. Doch der Wolf wollte sich nicht mit dem seidenfeinen Zauberband fesseln lassen: er ahnte die List. Erst als der tapfere Kriegsgott Tyr sich erbot, seinen Arm als Unterpfand in den Rachen des Wolfes zu legen, willigte Fenris ein: Das Band erwies sich als unzerreißbar, und Tyr verlor seinen Arm.

Nun liegt der Fenriswolf gefesselt, doch wenn der Untergang der Welt gekommen ist, wird seine Kraft ausreichen, die Fesseln zu brechen, und er wird gemeinsam mit allen Unholden der Finsternis, den Riesen, der Midgardschlange und Loki gegen die Lichtwelt der Götter in den Kampf ziehen. Am Ende der Schlacht wird der Göttervater Odin (Wotan) schließlich selbst von Fenris verschlungen werden. Dann aber wird Widar, Odins großer Sohn, dem Untier einen Zauberschuh in den Rachen stemmen, um ihm sodann mit der Kraft seiner Arme die Kiefer zu zerbrechen. Dieser Schuh, der erst am Jüngsten Tage fertig ist, wird aus jenen Lederstreifen gemacht, die beim Zuschneiden der Menschenschuhe abfallen. Darum, so glaubten die alten Germanen, sollten diese Lederabfälle nicht verbrannt, sondern ins Freie gebracht werden, wo Elfenhände sie sammeln.

Aber nicht nur für die Kräfte der Finsternis steht der Wolf bei den alten Germanen, auch dem Göttervater Odin ist er zugeordnet. Wie bei vielen Völkern, haben auch die germanischen Götter Symboltiere: Thor die Ziegenböcke, Freya die Katzen und Odin neben seinem achtbeinigen Roß Sleipnir vor allem die Raben und die beiden Wölfe Geri und Freki, die ihn stets begleiten. In gleicher Weise war der Wolf bei den Griechen das heilige Tier des Lichtgottes Apoll, wohl weil seine Augen im Dunkeln leuchten, worauf auch sein griechischer Name Lykos zurückgeht.

Odin auf seinem Thron.

Die Slawen kannten sogar einen mächtigen Waldgeist, der als Beschützer des Viehs angesehen wurde und den sie „den Wolfshirten" nannten, da er in Wolfsgestalt, oder zumindest auf einem Wolfe reitend, auftrat.

Ein eigenartiger, bis ins 20. Jh. weit in Europa verbreiteter Glaube hat sich mit dem Wolf als Korndämon verbunden, der auf bestimmte Weise für das Gedeihen der Saat und die Ergiebigkeit der Ernte zuständig ist. Noch das ab 1927 erschienene „Handwörterbuch des deutschen Aberglaubens" berichtet, daß in bestimmten Gegenden die Bauern über Felder und Wiesen laufende Wölfe dahingehend beobachteten, ob sie den Schweif nachschleppen ließen oder hoch trugen. Letzteres galt als böses Zeichen, und der Wolf wurde gejagt und gehetzt. Trug er die Rute jedoch gesenkt, so sandte man ihm Dankesworte nach und legte Leckerbissen aus. Auch die letzte Garbe des gemähten Getreides wurde mancherorts für den Getreidewolf stehengelassen, und fast überall verbanden sich besondere Bräuche mit ihr, die die negativen Kräfte des Korndämons unschädlich machen sollten.

Für das antike Rom schließlich war der Wolf das Symboltier schlechthin. Der Begründer der Stadt, Romulus, war gemeinsam mit seinem Bruder Remus von einer Wölfin aufgezogen worden, und so ordnete die kriegerische Republik den Wolf auch ihrem Kriegsgott Mars als heiliges Tier zu. Von Romulus und Remus hören wir in jenem Kapitel, das sich mit den Geschichten von Menschenkindern, die von Wölfen aufgezogen wurden, auseinandersetzt. Hier soll noch auf einen – vor allem bei den europäischen Völkern weitverbreiteten – Mythos eingegangen werden: den Werwolf.

Werwölfe

Die Vorstellung, daß sich Menschen in Tiere verwandeln können, ist uralt und hängt gewiß mit schamanischen Praktiken zusammen. Aber auch strafweise konnten Menschen von Göttern in Tiere verwandelt werden, wie dies dem mythischen Arkadier-König Lykaon nach dem Bericht des Ovid erging. Die Vorstellung von Werwölfen, also von Menschen, die sich für kurze Zeit in Wölfe verwandeln können und als solche Schaden anrichten, ist in vielen Kulturen vorhanden und findet sich schon bei den Skythen und den alten Griechen.

Griechische Ärzte berichten über Lykanthropie, eine Art Wahnsinn, bei dem die Menschen nachts umherlaufen und wie ein Wolf heulen. Der griechische Historiker Herodot beschreibt ferne, schreckliche Märchenländer, in denen Menschen ihre Mitbewohner ab und zu in Wölfe verwandeln. Bei den alten Römern nannte man Menschen, die als Wölfe ihr Unwesen trieben, „Versipelles", „Wendehäuter". In der germanischen Sagenwelt geschah die Verwandlung vom Menschen zum Wolf durch das Umlegen eines Gürtels, des „Wolfsgürtels", oder durch das Anziehen eines „Wolfhemdes". Am abgestumpften Schwanz konnte man den Werwolf vom echten Wolf unterscheiden. Nach zehn Tagen durfte sich der Werwolf wieder in einen Menschen verwandeln, wenn er seine Kleider wiederfand. Im Dänischen glaubte man, daß man zum nächtlichen Werwolf geboren wurde, der nur bei Tag Mensch war. Er konnte aber erlöst werden, wenn er als Werwolf gescholten wurde.

Die Idee, daß der Biß eines Werwolfs – ähnlich wie der eines Vampirs – ansteckend ist und sich der Gebissene schließlich selbst in einen Werwolf verwandelt, ist allerdings ein Produkt moderner Romane und der Filmindustrie.

Vorstellungen wie die oben aufgezeigten waren unter den Völkern Europas und Asiens beinahe bis in unsere Zeit verbreitet. Einen besonderen örtlichen Schwerpunkt bildete dabei der Balkan, wo auch der Glaube an Vampire stark vertreten war. Im Mittelalter und in der frühen Neuzeit wurden besonders in Frankreich viele Fälle gemeldet die gut erhaltenen Gerichtsakten dieses Landes gewähren uns einen Einblick in die damalige Vorstellungswelt. Jean Bodin, der berühmte Staatsrechtslehrer des 16. Jh.s, schildert in seinem Buch über die „Dämonomanie" ausführlich die „Wolfssucht", wo der Teufel Menschen in ein Tier verwandelt (im folgenden zitiert nach der deutschen Ausgabe von J. Fischart, 1591): Ein Zauberer namens Giles Granier aus Lyon habe gestanden: „als er inn ein Nachtwolff verwandelt gewesen, ein junges Töchterlein von zehen oder zwölff jaren... habe auffgefangen, unnd daselbst getödtet und ermördet, beydes mit seinen Händen, die Wolffstapen scheineten (zu) sein, und auch mit den Zänen, und daz fleisch von dem Hindern und den Armen gessen, und seinem weib auch davon gebracht". Nach mehreren Verbrechen dieser Art sei Granier ergriffen worden und habe alles „ungezwungen" bekannt. „Ist derwegen hierumb zum Feur, ihn lebendig zu verbrennen, verurteilt worden. Wie dann auch solch Urtheil zur Vollziehung kommen."

Obwohl damals viele „Werwölfe" den Feuertod fanden, machten es sich die Gerichte oft nicht leicht, wie das folgende Beispiel zeigen soll: 1598 hatte man in der Nähe von Caude an einem abgelegenen Ort den zerfleischten Leichnam eines fünfzehnjährigen Knaben gefunden. Als man hinzukam, flüchteten zwei Wölfe, die von dem Körper gefressen hatten. Man verfolgte sie, verlor die Spur und fand in der Nähe einen verwilderten Jüngling

mit langem Haar und Bart sowie blutigen Händen mit krallenartigen Nägeln. Als Namen gab er Roulet an. Seine Herkunft war bald ausgeforscht, üblicherweise erbettelte er mit seinem Bruder und seinem Vetter seinen Lebensunterhalt in den Dörfern der Umgebung. Im Verhör gab er an, daß er sich mit Hilfe einer Salbe, die er von seinen Eltern erhalten hätte, in einen Wolf verwandeln könne. Er gestand, den Knaben durch Ersticken getötet zu haben, und erkannte auch den Vater des Jungen, der auf dessen Hilfsgeschrei als erster herbeigeeilt war. Daraufhin wurde Roulet zum Tode verurteilt. Da es sich jedoch erweisen ließ, daß sein Bruder und Cousin sowie seine Eltern an jenem Tag nicht an dem besagten Ort gewesen waren, nahm der Appellationsgerichtshof an, daß echte Wölfe das Kind getötet hatten und Roulet, der sich in der Nähe befand und seit Tagen durch den Wald geirrt war, vielleicht aus Hunger ebenfalls vom Leichnam gefressen hatte. So wurde erkannt, daß mehr Tollheit in dem „armen Idioten" steckte als Bosheit und Zauberei, und Roulet zu zweijähriger Haft in einem Irrenhaus verurteilt wurde, wo er unterrichtet und zur Erkenntnis Gottes zurückgeführt werden sollte (zitiert nach Pierre de Lancre, L'incredulite et mescreance du sortilege, Paris 1622).

Intensiv befaßte man sich damals auch mit der Frage, ob die Verwandlung in den Wolf tatsächlich oder nur scheinbar erfolge. Manche Autoren vertraten die Auffassung, daß der Teufel den Lykanthropen nur eine sozusagen „virtuelle" Wolfsgestalt umwarf, die ihn in den Augen der anderen Menschen als Wolf erscheinen ließ, worauf auch die Tatsache hinzudeuten schien, daß angeschossene oder getötete Werwölfe stets in menschlicher Gestalt aufgefunden wurden. Noch weiter ging die Theorie, daß sich der Lykanthrop in keiner Weise tatsächlich an der Tat beteiligte, sondern in eine Art Trance verfiel, während der Teufel selbst oder ein Dämon in Wolfsgestalt jene Taten beging, die der Schlafende nur träumte. So machte ein französisches Gericht ein entsprechendes Experiment, indem es einer lykanthropischen Frau die Begnadigung von der Todesstrafe zusagte, wenn sie eine Probe ihres Könnens gäbe. Daraufhin salbte sie vor den Augen der Richterschaft ihren Körper und fiel darauf in tiefen Schlaf. Nach drei Stunden jählings erwacht, erzählte sie, sie hätte, in einen Wolf verwandelt, an einem etliche Meilen vom Gericht entfernten Ort erst ein Schaf und dann eine Kuh gerissen. Und tatsächlich war im angegebenen Dorfe genau zu dieser Zeit derselbe Schaden geschehen.

Noch einen ähnlichen Fall kennen wir aus den französischen Gerichtsakten. Im Jahre 1603 wurde vom Parlament (=Gericht) von Bordeaux ein Prozeß gegen einen Wolfsmenschen aus der Region Guienne geführt. Im Dorfe Paulot hatte am hellichten Tag ein Wolf ein junges Mädchen, Margrethe Poirier, angefallen, aber nicht getötet. Später hatte sich ein dreizehnjähriger Knabe, der gewöhnlicherweise gemeinsam mit dem Mädchen das Vieh hütete, gerühmt, daß er es gewesen sei, der sie in Wolfsgestalt angegriffen habe. Wie das Mädchen nun bekanntgab, hatte er öfters behauptet, sich in einen Wolf verwandeln zu können und als solcher schon mehrere Hunde und zwei Kinder getötet zu haben, wobei letztere besser als die Hunde geschmeckt hätten. Bei dem Überfall hatte das Mädchen ihr Leben nur durch einen Stock bewahren können, mit dem sie den Wolf zurückgetrieben hatte. Dieser sei dicker und kleiner als ein Wolf gewesen, habe auch einen kleineren Kopf und Schweif gehabt. Jean Grenier, der besagte Knabe, zeigte sich sogleich geständig, nannte jenen, der ihm den Zauber beigebracht hatte, und acht Gesellen, die mit ihm gemeinsam liefen. Im Verhör sagte er, daß er von zu Hause aufgrund ständiger Prügel weggelaufen sei, dann als Bettler und Tagelöhner umhergezogen und schließlich einen Mann namens Peter de la Tilhaire kennengelernt hätte, der ihn zu einem seltsamen Herrn in einen Wald geführt habe. Dieser sei auf einem schwarzen Roß gesessen, sei abgestiegen und habe ihn mit einem sehr kalten Mund geküßt, sich seiner Dienstbarkeit versichert und sei dann davongeritten. Mit einem Spieß sei ihm aber auch ein Zeichen in die Hinterbacken gebrannt worden, das sich auf Nachschau tatsächlich fand. Seither könne er sich in einen Werwolf verwandeln, soferne er sich mit einer Salbe, die er von dem Herrn im Walde erhalten habe, einschmiere und eine ebenfalls dagelassene Wolfshaut umlege. Er gestand mehrere Morde als Werwolf und bezichtigte sogar seinen Vater, mit ihm gelaufen zu sein. Weitere Untersuchungen ergaben, daß alle seine Angaben in bezug auf Zeit und Ort, das Aussehen des Werwolfs, die Wunden, die er seinen Opfern zugefügt hatte, und die Hilfsversuche, die die

Zur Schau gestellt: die Indianerin Julia Pastrana. Menschen mit Hypertrichose wurden früher oft als „Wolfsmenschen" stigmatisiert.

Angehörigen mit Stöcken und Steinen zu leisten versuchten, bis in die geringsten Details mit den Zeugenaussagen aus den vom Werwolf heimgesuchten Dörfern übereinstimmten. Sogar was die verzweifelten Eltern der getöteten Kinder ihm nachgerufen hatten, konnte er wortgetreu wiedergeben und auch bei einer Art Lokalaugenschein genau die Stelle anführen, an der er die Kinder angefallen hatte. Und doch, obwohl die Beweisaufnahme so vorbildhaft geführt worden war, entschloß der Gerichtshof, man dürfe den Knaben, der Opfer eines Dämons geworden sei, noch nicht verlorengeben, und beschloß, ihn in ein Kloster zu sperren, wo er die rechte sittliche und geistliche Erziehung empfangen und den Mönchen zeit seines Lebens untertan sein sollte.

„Wolfs-Zauberer", Illustration aus dem 19. Jahrhundert.

Sieben Jahre nach diesem Gerichtsurteil besuchte ihn der Autor dieses Berichts, de Lancre, und beschrieb seine Gestalt und geistige Verfassung ausführlich. Auch damals noch gestand Grenier seinem Gesprächspartner, daß er die große Lust, das Fleisch von Kindern, besonders jenes von jungen Mädchen, zu essen, noch immer nicht ganz überwunden habe. Auch im Kloster versuchte er, besonders an rohes Fleisch, etwa die Eingeweide von Fischen, heranzukommen.

Aufzucht von Menschenkindern durch Wölfe

Im Gegensatz zum eher schaurigen Bild vom Wolf steht der Glaube an von ihren Eltern verlassene Kinder, die durch Wölfe aufgezogen wurden.

Am bekanntesten ist die Sage von Romulus und Remus, den Kindern des Mars, die auf dem Kapitol-Hügel in Rom im Stich gelassen und von einer Wölfin mit ihrer Milch genährt wurden. Sie versinnbildlicht möglicherweise die etruskische Göttin Lupa.

In der Türkei berichtet die mündliche Überlieferung, daß etwa 2.000 bis 3.000 Jahre vor Christus das türkische Volk bis auf einen Jungen namens Tarkan ausgerottet war. Eine Wölfin zeigte ihm den Weg über das Gebirge in die Heimat. Er wurde zum Begründer des türkischen Volkes. Auch der persische Religionsstifter Zarathustra wurde der Legende nach von Wölfen genährt, ebenso der germanische Sagenheld Wolf-Dietrich.

Aber auch in geschichtlicher Zeit gab es immer wieder Berichte von solchen „Wolfskindern". In Hessen sind im 14. Jh. bei verschiedenen Gelegenheiten zwei Knaben aufgefunden worden, von denen man annahm, daß sie von Wölfen umsorgt worden waren. Einer der beiden starb bald, der andere Knabe jedoch konnte erfolgreich sprechen und mit angelegten Holzschienen auch aufrecht gehen lernen. Er wurde fast 80 Jahre alt und bedauerte sein Lebtag, von den Wölfen getrennt worden zu sein. Sogar aus unserem Jahrhundert gibt es mehrere ähnliche Berichte; so wurde in den siebziger Jahren in den mittelitalienischen Abruzzen ein sechsjähriger Junge gefunden, aufgrund dessen Verhalten man annahm, daß er längere Zeit mit Wölfen verbracht hatte. In Aserbeidschan wiederum hatten sich 1970 und 1978 kleine Mädchen im Wald verirrt und waren dort über Nacht von „herrlichen Hunden" geschützt und gewärmt worden. In diesem Zusammenhang ist auch auf ein Kinderschicksal hinzuweisen, das vor einigen Jahren die deutsche Presselandschaft beschäftigt hat. Ein von seinen Eltern völlig vernachlässigtes und immer wieder tagelang alleingelassenes Kleinkind war faktisch nur von der Schäferhündin der Familie entsprechend betreut worden. Es lief, trotz seines fortgeschrittenen Alters, zum Zeitpunkt der Auffindung nur auf allen vieren und trank auch das Wasser in der Art der Hunde. Nur mit Gewalt konnten Schäferhündin und Kind getrennt werden.

Während solche mehr oder minder kurzen Begegnungen denkbar sind, bezweifelt die ernsthafte wissenschaftliche Literatur die Möglichkeit, daß Wölfe Menschenkinder regelrecht aufziehen können. Dies betrifft auch den von Reverend Singh geschilderten Fall, der immer wieder zitiert wird. Singh lebte als Missionar in Midnapore, Indien, also jenem Land, aus dem auch der literarische „Star" unter den Wolfskindern stammt, Rudyard Kiplings „Mowgli". In einem überaus detailreichen Bericht schildert Singh, wie er anläßlich einer Predigtreise zu den Eingeborenenstämmen seiner Region im Jahr 1920 zwei Wolfskinder gefunden hat. Dieser Bericht soll hier auszugsweise wiedergegeben werden, wenngleich die Wahrhaftigkeit des Falles umstritten ist und von der Wissenschaft bezweifelt wird:

„Auf unseren Missionsfahrten kamen wir auf der Suche nach menschlichen Wohnungen durch den dichtesten Dschungel des Distrikts Midnapore und stießen in das Gebiet von Morbhanj Raj vor.

Auf einer dieser Fahrten gelangten wir in ein Dorf namens Godamuri im Grenzbereich zwischen Midnapore und Morbhanj. Wir fanden im Dorfe Obdach im Kuhstall eines Mannes, der Chunarem hieß und seiner Abstammung nach zu den Kora (einem der alten Eingeborenenstämme Indiens) gehörte. In der Nacht kam der Mann zu uns und erzählte sehr erschreckt von einem menschlichen Geist im nahen Dschungel. Der Manush-Bagha (Menschgeist) glich seinen Gliedern nach einem Menschen, jedoch mit dem schrecklichen Kopf eines Geistes. Auf meine Frage hin berichtete er, daß man ihn bei Abenddämmerung sehen könne. Der Ort, den er mir nannte, war etwa sieben Meilen vom Dorf entfernt. Er und seine Frau baten mich, ihn von dem Ort zu verbannen, denn sie hatten eine unheimliche Angst vor ihm.

Am 9. Oktober 1920 gingen wir am Abend, lange vor Einbruch der Dämmerung, etwa um 16.30 Uhr oder 17 Uhr heimlich auf den Hochstand und warteten dort gespannt ungefähr eine Stunde lang. Plötzlich kam ein ausgewachsener Wolf aus einem der Löcher, das durch das ständige Heraus- und Hereinlaufen der Tiere ganz glattrandig geworden war. Diesem Tier folgte ein zweites von derselben Größe und Art, diesem ein drittes, welchem sich dicht zwei Junge hintereinander anschlossen; zwei zugleich konnten nicht durch das Loch.

Dicht hinter den Jungen kam der Geist – ein schrecklich aussehendes Wesen –, Hand, Fuß und Körper wie ein Menschenwesen; aber der Kopf war ein großer Ball von irgend etwas, das die Schultern und einen Teil des Oberkörpers bedeckte und nur die scharfen Umrisse des Gesichtes freiließ, und dieses Gesicht war das eines Menschen. Auf den Fersen folgte ihm ein anderes gräßliches Geschöpf, das genau wie das erste aussah, nur etwas kleiner war. Ihre Augen waren hell und durchdringend, anders als menschliche Augen. Ich kam sofort zu der Folgerung, daß dies menschliche Wesen seien.

Der erste Geist zeigte zunächst den Oberkörper zu ebener Erde, stützte die Ellbogen auf den Rand der Höhle, schaute zur einen und dann zur andern Seite und sprang heraus. Er schaute vom Höhlenausgang im ganzen Kreise herum, bevor er heraussprang und den Wolfsjungen folgte. Ihm folgte ein anderer kleiner Geist von derselben Art, der sich ganz gleich benahm. Beide liefen auf allen vieren.

Meine Freunde hoben sofort die Gewehre, um auf die Geister zu schießen. Sie hätten sie getötet, wenn ich sie nicht davon abgebracht hätte. Ich hielt ihre Gewehrläufe, reichte Messrs. Rose und Richards das Fernglas und sagte ihnen, ich sei sicher, daß diese Geister menschliche Kinder seien. Nach einem Blick durch das Fernglas erklärten sich alle, die auf dem Hochstand waren, mit mir einig, außer Chunarem. Er hielt noch immer daran fest, daß es nicht menschliche Wesen, sondern Manush-Baghas seien. Wir stimmten ihm alle nicht bei und stiegen vom Machan herunter...

17. Oktober 1920. Nach einigen Spaten- und Schaufelstichen kam einer der Wölfe eilig heraus und rannte, so schnell er konnte, in den Dschungel. Alsbald erschien der zweite, um sein Leben bangend, und folgte dem andern auf dem Fuß. Ein dritter erschien. Er schoß wie ein Blitz auf die Erdoberfläche und wandte sich gegen die Grabenden. Dann floh er wieder hinein, kam sofort wieder heraus, um die grabenden Männer zu vertreiben, – heulte, rannte ratlos umher, scharrte wütend im Boden und fletschte die Zähne. Er war nicht gewillt, den Ort zu verlassen.

Ich hatte fest im Sinn, ihn zu fangen, weil ich aus seinem ganzen Gehaben sofort schloß, daß es die Wolfsmutter sein müsse, deren Natur so wild und deren Liebe so groß war. Dies berührte mich mit Verwunderung. Ich konnte nur staunen, daß ein Tier so edel fühlte, edler sogar als ein Mensch – das höchste der Geschöpfe –, daß es diesen merkwürdigen Wesen, die es (oder einer der andern zwei ausgewachsenen Wölfe, die vor ihm herausgekommen waren) sicher einmal als Futter für die Wolfsjungen mitgebracht hatte, alle Liebe und Besorgtheit einer zärtlichen und vorbildlichen Mutter angedeihen ließ. Wer auch immer oder was immer diese merkwürdigen Wesen waren, sicher waren sie nicht ihre Jungen, sondern waren ursprünglich als Futter für die jungen Wölfe hergebracht worden. Sie bei den Wölfen leben zu lassen und in dieser Weise aufzuziehen, ist göttlich. Ich vergaß die Wichtigkeit des Augenblicks und war benommen und untätig. Währenddessen durchbohrten die Männer die Wölfin mit Pfeilen, und sie fiel tot nieder. Nachdem die Wolfsmutter tot war, war die Arbeit leicht. Als der Zugang aufgegraben war, fiel der ganze Tempel rundherum ein und legte glücklicherweise die Mittelhöhle frei, ohne den Bau darin zu zerstören. Die Höhle war eine Vertiefung in Form eines Kesselbodens. Sie war flach und glatt, wie auszementiert. Der Platz war so sauber, daß nirgends auch nur ein Stückchen Knochen zu sehen war, geschweige denn die kleinste Spur von Ausscheidungen oder einer anderen Unsauberkeit. Die Höhle hatte einen besonderen, den Wölfen eigenen Geruch, das war alles.

Dort hatte die Wolfsfamilie gelebt. Die beiden Jungen und die andern zwei häßlichen Wesen lagen in einer Ecke, aneinandergeklammert wie ein Klumpen von Affen. Man hatte wirklich seine Mühe, sie voneinander zu trennen. Die Geister waren wilder als die Wolfsjungen, schnitten Grimassen, zeigten die Zähne, gingen auf uns los, wenn sie zu sehr belästigt wurden, und rannten wieder zurück, um aufs neue den Affenklumpen zu bilden. Wir waren ratlos und wußten nicht, was tun.

Ich ersann einen Ausweg. Ich ließ mir von den Männern vier große Tücher geben, die man in dieser Gegend Gilap nennt (die Winterbekleidung der Dorfbewohner). Ich warf eins davon über das Knäuel von Kindern und Tieren und trennte sie voneinander. Auf diese Weise trennten wir sie alle, jedes wurde einzeln in ein Tuch gebunden, so daß nur der Kopf frei blieb.

Die Wolfsjungen schenkten wir den Eingeborenen, die beim Graben geholfen hatten, und zahlten ihnen ihren Lohn. Sie gingen glücklich fort und verkauften die Jungen auf dem Markt zu einem guten Preis.

Ich nahm die beiden Menschenkinder an mich und ging zurück zu Chunas Haus in Godamuri. Ich bat ihn, ein Auge auf die Kinder zu haben. Ich hielt sie in einer Ecke seines Hofes in einer Umzäunung aus langen Pfählen aus Siel-Holz, die es ihnen unmöglich machte, herauszukommen. Die Grundfläche der Einfriedung maß acht mal acht Fuß. Zwei kleine irdene Töpfe für Reis und

In einer Missionsstation gehaltener indischer Wolfsjunge.

Wasser wurden an den Zaun gestellt, so daß die Hüter Essen und Trinken von außen einfüllen konnten. Chuna war einverstanden, sie bis zu meiner Rückkehr zu behalten.

Am Samstag, dem 23. Oktober, kam ich zurück. Auf dem Rückweg erzählte man mir, als ich in die Nähe von Godamuri kam, in welch schlechtem Zustand die Kinder seien. Sie waren sich selbst überlassen gewesen ohne Essen und Trinken. Denn daß Geister in Chunas Hof lebten, war mehr als genug, um bei ihm und seiner Familie Panik auszulösen. Sie hatten den Ort in größter Eile verlassen, kaum daß wir den Rücken gekehrt hatten, und waren fortgezogen, niemand wußte wohin. Die Panik war so groß, daß sie das ganze Dorf entvölkerte.

Ich fand die Lage recht schwierig, aber ohne zu zögern oder diesem Gedanken länger nachzuhängen, ging ich sofort zur Umzäunung, brach den Siel-Verschlag auf und fand die armen Kinder in ihrem eigenen Schmutz liegen, nach Atem ringend vor Hunger, Durst und Angst. Sie taten mir wirklich leid, und ich weinte über mein Versäumnis. Ich sprengte kaltes Wasser über ihr Gesicht. Sie öffneten den Mund, ich flößte ihnen Wasser ein, und sie tranken. Ich nahm eines nach dem andern auf den Arm und trug sie zum Ochsenkarren. Ich versuchte, ihnen etwas heißen Tee zu geben.

Die Ernährung war schwierig. Sie wollten nichts in den Mund nehmen. Ich versuchte es durch Saugwirkung. Ich zerriß mein Taschentuch und drehte es zu einem Docht. Ich tauchte ihn in die Teetasse; und als es gut vollgesogen war, führte ich ein Ende ihnen in den Mund, während das andere in der Tasse blieb. Zu meiner großen Überraschung saugten sie wie kleine Kinder am Docht. Ich dankte Gott inbrünstig, daß er mir in seiner großen Güte meine Nachlässigkeit, die Kinder einer solchen Pflege überlassen zu haben, vergeben hatte.

Ich blieb einige Tage in Godamuri, um die Kinder zu hüten und zu pflegen und sie für diese Reise im Ochsenwagen zu stärken, in welchem man gut durchgeschüttelt wird auf dem 75 Meilen langen Weg bis Midnapore. Ich hielt sie allein bei roher Milch, und ihr Zustand verbesserte sich so, daß sie kaum wiederzuerkennen waren. Als ich fand, sie seien in so gutem Gesundheitszustand, daß sie die Reise überstehen könnten, rüstete ich zum Aufbruch...

Vom allerersten Anfang an war zu bemerken, daß sie sich gerne zurückzogen. Sie verkrochen sich zusammen in eine Ecke des Zimmers und saßen stundenlang dort, das Gesicht gegen die Wand gekehrt, wie in Gedanken über ein großes Problem versunken. Sie waren gänzlich teilnahmslos gegenüber allem, was im Raum vor sich ging. Auf nichts ließ sich ihre Aufmerksamkeit lenken. Sie saßen die ganze Zeit sinnend dort. Wenn wir von Zeit zu Zeit versuchten, auf irgend etwas ihre Aufmerksamkeit zu lenken, indem wir sie anrührten und auf etwas hinwiesen, so schenkten sie dem nur gezwungenermaßen einen Blick, als ob sie ins Leere schauten, und wandten die Augen dann immer sogleich wieder der Ecke zu.

Wir ließen sie nie allein, sondern absichtlich immer mit einigen Waisenkindern zusammen im Zimmer, und dies aus zwei Gründen: erstens, damit sie bewacht wären und nicht ausreißen könnten; zweitens, um sie mit den anderen Kindern in Kontakt zu bringen. Die Kinder spielten, plapperten und sprangen gewöhnlich im Zimmer umher, aber all das interessierte die Wolfskinder nicht im geringsten. Sie blieben interesselos und gleichgültig.

Von Anfang an waren sie scheu. Ich legte das als Furcht aus. Nach ihrer Auffindung und Gefangennahme suchten sie ständig die Wölfe und ihre Jungen. Man merkte, daß sie mit ihnen zusammensein wollten, als sie jedoch herausfanden, daß das hier nicht möglich sei, wollten sie auch nicht mit den Kindern oder irgend jemand anderem verkehren. Sie konnten den Anblick von Kindern nie ertragen und versuchten sie immer zu meiden. Wenn jemand anderes im Zimmer war, so hinderte sie das, auch nur irgend etwas zu tun, sei es auch nur, ihren Kopf in eine andere Richtung zu wenden, sich ein wenig umherzubewegen, den Platz zu wechseln oder sich umzudrehen. Sogar daß man sie anschaute, war ihnen unerwünscht. Sie wollten ganz für sich sein und mieden menschliche Gesellschaft gänzlich. Wenn wir in ihre Nähe kamen, schnitten sie Grimassen und zeigten manchmal die Zähne als Zeichen dafür, daß sie weder unsere Berührung noch unsere Gesellschaft wünschten. Dies konnte man jederzeit beobachten, auch bei Nacht.

Als sie einmal, am Samstag, dem 29. Januar 1921, ausreißen wollten, versuchte ein Mädchen namens Roda, ihre Flucht zu verhindern. Sie bissen und zerkratzten sie aber so, daß sie sie in Ruhe lassen mußte.

Sie rannten hinaus und verkrochen sich in die Lantana-Büsche außerhalb der Umzäunung. Sie liefen schnell wie Eichhörnchen und konnten nicht eingeholt werden. Sie kauerten im dichten Buschwerk und konnten nicht weiter verfolgt werden. Wir mußten auf das Gebüsch einschlagen, um von ihnen irgendein Zeichen zu erhalten. Es war wirklich eine Aufgabe, sie aufzufinden, denn sie blieben lautlos sitzen, bis sie entdeckt waren. Es war ihre zweite Natur, menschlicher Gesellschaft und Wohnung fernzubleiben. Man brachte sie nach Hause zurück, aber sie verharrten nach wie vor in ihrer mürrischen Haltung.

Sie hatten einen sehr ausgeprägten Geruchssinn und konnten Fleisch oder irgend etwas anderes aus großer Entfernung riechen wie Tiere. Am 15. September 1922 roch Kamala Fleisch über eine Entfernung von 70 Yards und rannte schnell zur Küchenveranda, wo das Fleisch gerade zugerichtet wurde. Mit wildem Blick versuchte sie es zu ergreifen, rollte die Augen und bewegte die Kiefer hin und her. Ihre Zähne klapperten, während sie schreckliche Knurrlaute von sich gab, die weder menschlich noch tierisch waren.

Kamala und Amala konnten nicht wie Menschen gehen. Sie gingen auf allen vieren: den Kopf aufrecht auf den breiten Schultern, den Körper gestreckt, auf das Hüftgelenk gestützt. Ober- und Unterschenkel stießen am Knie in einem stumpfen Winkel zusammen, das Bein ruhte auf der erhobenen Ferse; der vordere Teil des Fußes blieb mit gespreizten Zehen auf dem Boden und trug das ganze Körpergewicht. Der Oberkörper ruhte auf den ausgestreckten Händen, die mit den Handflächen und gespreizten Fingern auf den Boden gestützt waren.

Die Fortbewegung ging ruckweise vor sich: ein Heben und Senken zuerst des Kopfes, dann der Taille, ob sie langsam gingen oder schnell. Außerdem gingen sie, wenn sie sich langsam fortbewegten, meist auf Händen und Knien, aber dann konnten sie nicht schnell laufen. Auf allen vieren konnten sie sehr schnell laufen, und es war wirklich mühsam, sie einzuholen.

Kamala und Amala pflegten beide wie kleine Schweinchen oder junge Hunde einander überlappend zu schlafen. Wenn sie sich auf den Boden niederlegten, so schliefen sie im allgemeinen sitzend oder liegend bei zusammengerolltem Körper ein, wobei sich Hände und Füße berührten. Sie hatten einen leichten Schlaf, das leiseste Geräusch schreckte sie auf. Sie schliefen nie nach Mitternacht und strichen gern nachts umher, ganz ohne Furcht, nicht wie menschliche Kinder in diesem Alter.

Kamala und Amala konnten für Kinder von einem Jahr bzw. weniger als einem Jahr gelten, wenn wir auch ihr Alter auf acht und auf anderthalb Jahre schätzten. Man mußte sie wie kleine Kinder dieses Alters behandeln. Sie konnten nicht sprechen und hatten in jeder Hinsicht die Natur von Tieren. Sie hatten tierische Eigenschaften und Lebensbedingungen beinahe bis zur Vollkommenheit in der Tierwelt ausgebildet.

Kamalas Entwicklung von einer tierischen Existenz zu den Grundlagen eines menschlichen Lebens begann mit dem Essen. Die Kenntnis neuer Dinge begann damit, daß sie ganz neue Nahrungsmittel kennenlernte. Lange Zeit hatte sie nur an Fleisch und Milch Geschmack gefunden, wie die Wölfe im Dschungel. Von dem Augenblick an, da sie zu uns gekommen war, hatte sie neue Dinge gegessen und gesehen, und ihre Lebensweise in unserer Mitte war ihr auch ganz neu. Sie war aus dem Leben des Dschungels herausgenommen und in die menschliche Gesellschaft hineingeworfen worden. Ihr früheres Leben und diese menschliche Gesellschaft waren einander in jeder Hinsicht diametral entgegengesetzt, und so wurden Kamala und Amala ganz verwirrt und wußten nicht, was sie tun sollten. Deshalb versuchten sie denn auch mehrmals auszureißen. Menschliche Gesellschaft war ihnen neu und in jeder Hinsicht unangenehm. Die Gewohnheiten des Dschungellebens wurden schwer erschüttert. Diese Gewohnheiten dauerten zwar noch fort; aber da sie im praktischen Leben keine Verwendung finden konnten, wurden sie, weil die tierischen Vorbilder und Einflüsse fehlten, von Tag zu Tag schwächer. Jetzt kamen sie im Waisenhaus direkt unter den besonnenen und liebevollen Einfluß der menschlichen Gesellschaft.

In ihrem Geist ging ein großer Kampf vor sich, und die Umgebung und die Umstände verwirrten sie. Als die Gewohnheiten des Dschungels abgebaut wurden, setzten sich die neu erworbenen Begriffe von der neuen Umgebung in ihrem Geist fest, der vorher passiv dagelegen hatte. Solange ihr Geist diese Anschauungen in sich aufnahm, blieben Kamala und Amala passiv, wenn auch von Zeit zu Zeit ihre früheren Gewohnheiten durchbrachen in Form von Zorn und Laune. Das Ergebnis dieses inneren Kampfes zeigte sich zuerst in der Entwicklung des Geschmacksinns. Einiges von der neuen Nahrung, wie Zwieback und Kuchen, war das erste, das Kamala und Amala anzuziehen vermochte. Dies war der Anfang der Wandlung, die mit Kamala vor sich ging und derzufolge sie langsam als ein menschliches Kind heranwuchs, als sie etwa 11 Jahre alt war. Das Vergnügen, das sie beim Genuß der neuen Speisen empfand, war die Ursache dafür, daß sie unbemerkt und unbewußt schrittweise und sehr, sehr langsam unter menschlichen Einfuß geriet.

Sie begann ihre neue Nahrung gern zu haben, und von da aus war es nur ein Schritt zur Zuneigung zu der Person, die die Nahrung verteilte. Die menschliche Berührung während der Massage hatte einen besonders besänftigenden Einfluß auf sie und ließ sie ihre wilde tierische Natur aufgeben und an deren Stelle eine Art primitiver Liebe zunächst zu Mrs. Singh entwickeln. Hier nun hörte es nicht auf, wie es bei unseren Haustieren der Fall ist, sondern weil sie menschlichen Verstand besaß, kam sie weiter voran und wurde sich ihres Lebens inmitten dieser Kinder bewußt und erkannte, daß deren Verhalten ihr gegenüber vorbildlich für sie und auf die Dauer von ihr nachzuahmen sei. Mit anderen Worten, ihr geistiges Wachstum begann.

Nachdem sie Geschmack an der Nahrung gefunden und Neigung zu Mrs. Singh gefaßt hatte, begann sie auch andere Dinge zu lieben. Schrittweise fand sie Gefallen an den Kindern, an Kleidern, hauptsächlich roten, am Aufrechtstehen auf beiden Beinen, sobald ihre Gelenke dies gestatteten. Auf diese Weise gelangte sie unter den Einfluß von menschlicher Gesellschaft, von Freundschaft und mütterlicher Liebe zu einem Wissen über neue Dinge.

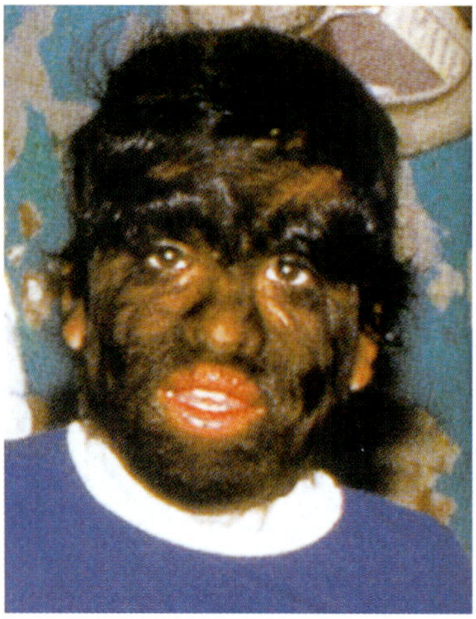

Junge aus einer mexikanischen Großfamilie, in der übermäßige Behaarung schon in der fünften Generation auftritt.

Kamalas Geisteszustand war am Anfang sehr schwer zu bestimmen. Sie war virtuell ein Tier. Nur dann und wann ließ sich ein Aufblitzen von Verstand bemerken, z. B. am Ausgang der Wolfshöhle, bevor wir Kamala einfingen: da hatte sie nach beiden Seiten ausgeschaut und war erst dann herausgesprungen und den Wolfsjungen gefolgt. Amala hatte dasselbe getan.

In den ersten drei Jahren, die sie unter uns verbrachte, lernte sie nur mit dem Kopf nicken, um ja zu sagen oder ihn hin und her zu schütteln, wenn sie ihre Ablehnung kundtun wollte, aber sie konnte kein einziges Wort hervorbringen. Dieses Nicken und Kopfschütteln ermöglichte es uns, richtig zu verstehen, was sie meinte, und führte uns nie fehl. Sie blieb immer ganz still und war – diese zwei Zeichen ausgenommen – stumm.

All dieses zeigt, daß Kamalas Geist arbeitete und daß ihr Verstand zunahm, wie der eines etwa einjährigen Kindes. Die menschlichen Hirnzellen hatten im Schlummer gelegen und die tierischen Hirnzellen während dieser acht Jahre ihres Lebens im Dschungel sich regen und entwickeln lassen. Aber da diese tierischen Hirnzellen nun keinen Spielraum für ihr Wirken mehr hatten, lagen sie ihrerseits nun im Schlummer und gaben den menschlichen Teil des Gehirns zur Wirkung und Entwicklung frei; so begann Kamala als ein Menschenkind zu wachsen."

Amala, das jüngere der beiden Kinder, starb dann auch binnen eines Jahres. Kamala aber lebte noch neun Jahre, also bis zu ihrem 17. Lebensjahr etwa. Sie lernte langsam, zu stehen, einige Worte zu sprechen und gekochte Speisen zu essen.

Der Wolf in der Bibel und in christlichen Legenden

Im Land der Bibel lebt der Graue Wolf (*Canis lupus*), der in seiner Farbe stark variiert, von bräunlich bis zu einem gelblichen Grau, mit schwarzgetüpfeltem Haar und helleren Unterseiten in den Unterarten: *C. l. arabs; C. l. familiaris; C. l. pallipes*.

Diese Wölfe sind viel kleiner als jene des Nordens. Die Wölfe der Negevwüste weisen etwa ein Drittel des Gewichts der Alaskawölfe auf.

Die Wölfe in Israel werden seit 1950 geschützt und können noch in der Wildnis gesehen werden sowie in Gefangenschaft im Hai-Bar Arava Biblical Wildlife Reserve.

In der Bibel wird der Wolf zwölfmal genannt:

AT: 1. Buch Mose 49:27
Jeremias 5:6
Hesekiel 22:27
Jesaja 11:6 und 65:25
Habakuk 1:8
Zephania 3:3
NT: Matthäus 7:5 und 10:16
Lukas 10:3
Johannes 10:12
Apostelgeschichte 20:29

Beispiele

Benjamin, der jüngste Sohn von Jakob und Rachel, trug das Zeichen des Wolfes als sein Merkmal, weil sein Stamm von Jakob „als raubender Wolf" beschrieben worden war.

„Benjamin soll rasen wie ein Wolf", prophezeit Genesis 49:27 (1. Buch Mose), und ein „Wolf des Abends" soll sie verderben (Jeremias 5:6).

Die Pferde des Habakuk und die Richter des Zephania sind wie „abendliche Wölfe" (Hab. 1:8 und Zeph. 3:3).

Und die Sünden von Jerusalem werden verdammt durch Hesekiel mit den Worten: „Ihre Fürsten in der Mitte sind wie beuteraubende Wölfe" (Hesekiel 22:27).

Die Israeliten selbst wurden in bezug auf ihre Unbesiegbarkeit mit Wölfen, Löwen und Schlangen verglichen; sie wurden von den Ägyptern gezwungen, Wölfe und Löwen für ihre Volksbelustigungen zu fangen.

In christlichen Legenden tritt der Teufel zwar oft in Gestalt eines Wolfes auf und gilt der Wolf als häufiger Begleiter von Hexen und Zauberern, doch gibt es auch viele Heilige, denen Wölfe zugeordnet werden. Wir vernehmen von Einsiedlern, die Wölfe speisen oder wie der heilige Franziskus mit ihnen Freundschaft schließen, aber auch von Wölfen, die sich als geradezu hilfreich und dienstbar erweisen. St. Hugo von Cluny ließ sich bei nächtlichen Wanderungen der Legende nach ebenso von einem Wolf leiten wie der blinde hl. Hervé, dessen Pflug er sogar zog. Immer wieder ist auch von Wölfen die Rede, die beim Bau von Kirchen und

Klöstern behilflich sind, etwa in der rheinischen Legende vom heiligen Remaclus, dem ein Wolf anstelle eines von ihm zerrissenen Esels Steine zum Bau seiner Abtei schleppt. In Frankreich wird sogar ein Fest zu Ehren eines Wolfes gefeiert, der der heiligen Osterberta stets die Klosterwäsche getragen hat.

Sprichwörter und Redewendungen zum Wolf

Wenn der Wolf alt wird, rupft auch ihn die Krähe.
Wie der Wolf der Mücke helfen wird, so wird auch eine Mücke ein Pferd überwältigen.
Wer sich vor dem Wolf fürchtet, sollte nicht in den Wald gehen.
Rufe den Wolf nicht aus dem Wald!
Solange die Welt besteht, wird der Wolf den Schafen kein Bruder sein.
Ist der Wolf satt, bleibt das Schaf unversehrt.
Der Wolf ändert wohl sein Haar, aber er bleibt wie er war.
Sich einen Wolf laufen.
Der Wolf im Schafpelz (geht auf die Bibel zurück: „Sehet euch vor vor den falschen Propheten, die in Schafskleidern zu euch kommen, inwendig aber sind sie reißende Wölfe").
Einen Wolfshunger haben.
Mich hungert wie 600 Wölfe.
Hungrig wie ein Wolf, wenn er ein Schaf blöken hört.
Wölfischer Appetit (= nimmersatt ist der Wolfsmagen).
Wenn man vom Wolf spricht, ist er nicht weit.
Der Wolf kommt meist g´rennt, wenn man ihn nennt.
Barmherzigkeit gegen den Wolf ist Unrecht gegen die Schafe.
Der Wolf wechselt das Fell, aber nicht den Sinn.
Wo man einen Wolf sieht, hat man mehrere zu erwarten.
Ein Hund, der mit den Wölfen geht, wird von den Wölfen erschlagen.
Der Wolf zieht die Natur in den Wald.
Der Mensch ist des Menschen Wolf (= um ein Wolf zu sein, braucht man nicht vier Füße: homo homini lupus).
Der Wolf verdient sein Fressen mit den Beinen.
Sie hat den Wolf gesehen (= sie hat die Unschuld verloren).
Ihn hat der Wolf gesehen (= bei sprachlosem Schrecken oder verlegenem Verstummen; nach Plinius d. Ä.).
Im Englischen wird mit „wolf" ein „Schürzenjäger" bezeichnet.
„Wolfssünden" sind Verführung, Heuchelei, Zaubern, Diebstahl und Lügen.
„Der Wolf" war bei den mittelalterlichen Bauern die Hungersnot.
Habgierige Grundbesitzer nannte man „Wölfe".
Der Wolf würgt aus Hunger, der Mensch aus Neid.
Wolfsherz (= mitleidlose Grausamkeit).
Wolfsdank (= Undank).

Wolf bleibt Wolf.
Wenn ein Wolf den anderen frißt, ist Hungersnot.
Der Wolf wird zwar älter, aber nicht frömmer.
Wenn der Wolf die Gänse beten lehrt, so frißt er sie auch für das Lehrgeld.
Es ist ein albern Schaf, das dem Wolf beichtet.
Wer sich zum Schaf macht, den fressen die Wölfe.
Wo der Wolf Richter ist, steht es schlimm um die Schafe.

Dem Wolf ein Lamm aus dem Rachen reißen (= sich zuviel zugemutet zu haben).
Wenn der Hirt und der Wolf eins sind, ist die Herde verloren.
Wenn der Wolf kommt, vergessen die Hunde zu beißen.
Man muß den Hund nicht füttern, wenn der Wolf schon im Dorf ist.
Jeder treibt, was er kann: Die Hunde bellen, die Wölfe heulen, und die Mönche lügen.
Wo Hund und Wolf sich verbünden, da helfe Gott der Herde.
Es wird nimmer lassen der Wolf vom Fassen, der Hund von Katzen, die Katze von Ratzen, der Fuchs vom Stehlen, der Teufel von Seelen.
Die Eul´ liebt nicht den Tag, und der Wolf liebt nicht den Hund.
Bliebe der Wolf im Walde, so würde er nicht beschrien.
Wer unter den Wölfen ist, muß mit den Wölfen heulen.
Wenn der Wolf heult, kehrt er das Maul zum Himmel.
Den Wolf bei den Ohren halten (= wenn man in Verlegenheit ist oder sich keinen Rat weiß).
Wer beim Wolf Gevatter stehen will, muß einen Hund unter dem Mantel haben (= gut gerüstet, mutig sein).
Wolfsgesang (= Scheinheiligkeit).
Wo die Wölfe Oberhand, steht es schlimm um Stadt und Land.
Niemanden haßt der Hund so wie den Wolf: Er erinnert ihn an seinen Verrat, sich dem Menschen verkauft zu haben (Kurt Tucholsky).

Namen des Wolfes in einigen Sprachen

Wissenschaftlicher Name: *Canis lupus* Linné 1758

Als „Isegrim" wurde der Wolf zum erstenmal 1112 im lateinischen Gedicht des Guibert von Nogent bezeichnet. Über den französischen „Roman de Renart" kam er ins niederdeutsche Tierepos. „Tabunamen" sind: „Gottes (Wotans, Thors) Jagdhund", „Untier", „Holzhund", „Räuber", „Dieb", „Vaddermann" (mecklenburgisch). Ein Hinweis auf den „Tabunamen" ist der Brauch, den Wolf in den zwölf heiligen Nächten zwischen dem 24. Dezember und 6. Januar nicht zu nennen.

Bei den Germanen wurde der Wolf idealisiert, was aus vielen Namen, die man Kindern gab, ersichtlich ist: Wolfgang (leise tretend), Wolfram (Wolfrabe), Rudolf (Ruhmwolf). Im 4. Jahrhundert gab es den Namen Wulfa. Bekannt sind derzeit 464 Vornamen mit den Endungen -of, -uf und -ulf. Auch in Familien- und Ortsnamen ist „Wolf" häufig anzutreffen. Dies weist auf die Bedeutung hin, die der Wolf früher hatte. Die Namen haben sogar seine Ausrottung überdauert!

Aber auch den weißen Atemhauch im Winter oder die in die Stube hereinziehende Kälte nennt man „Wolf". Aus dem Ofen herausschlagende Flammen heißen „Feuerwolf", bei großer Kälte spricht man von „Wolfskälte", verspäteter Schneefall heißt ebenfalls „Wolf". Die Monate November, Dezember, Januar, Februar werden in manchen Gegenden „Wolfsmonate" genannt, vielleicht, weil es die Ranzzeit der Wölfe ist oder weil die Tiere in diesen Monaten in kalten „Wolfsgegenden" näher an die Dörfer herankommen.

Bauernregel: „Wie der Wolfsmonat wittert, so wittert auch der März."

Gegenwärtige Namen des Wolfes in einigen Sprachen:
(Auf die Aussprachebezeichnung in der Lautschrift der Association Phonétique Internationale [IPA] wurde verzichtet.)

deutsch:	Wolf
englisch/amerikanisch:	wolf
niederländisch:	wolf
dänisch:	ulf
russisch:	wolk
polnisch:	wilk
lettisch:	vilks
litauisch	vilkas
slowakisch:	vlk
tschechisch:	vlk
ukrainisch:	bobk
bulgarisch:	woak
schwedisch:	varg
norwegisch:	varg
estnisch:	hunt
italienisch:	lupo
spanisch:	lobo
portugiesisch:	lobo
französisch:	loup
rumänisch:	lup
griechisch:	lukos
ungarisch:	farkas
türkisch:	kurt
hebräisch:	zeeb
vietnamesisch:	cho' soi'
mongolisch:	tschono

amerikanische Indianersprachen

Haida:	gooch
Kumeyaay:	hechkulk
Luiseno:	ishwut

Märchen

Der Honigtopf

Sorbisches Märchen

Vor langer Zeit, ganz früher, waren Fuchs und Wolf Freunde.
Sie wohnten zusammen in einem Häuschen im Wald, gingen gemeinsam auf Raub aus und teilten ihre Diebsbeute.
Eines schönen Tages im Spätsommer brachten sie einen Topf voll Heidehonig mit nach Hause und verwahrten ihn als Weihnachtsvorrat in ihrer Speisekammer. Dann legten sie sich zur Ruhe nieder, der Wolf hinter dem Ofen, der Fuchs auf der Ofenbank.
Den Fuchs aber ließ der Gedanke an den Honig nicht schlafen, und er schlug mit dem Schwanz an den Ofenkessel.
Das hörte der Wolf und befahl:
„Fuchs, geh die Haustür öffnen, es will jemand herein!"
Der Fuchs aber ging in die Kammer und schnitt den Honig an. Er leckte sich das Maul sauber und kam zurück in die Stube. Der Wolf fragte neugierig:
„Wer war denn da?"
„Denk dir, man hat mich als Taufpate geladen!"
„Wie soll denn das Kindchen heißen?"
„Anschnittchen."
Der Fuchs legte sich nieder, doch bald schlug er wieder an den Ofenkessel.
Der Wolf befahl:
„Fuchs, geh öffnen, es klopft jemand!"

Der Fuchs ging und fraß den Topf bis zur Hälfte leer. Als er in die Stube zurückkam, fragte der Wolf:
„Wer war denn da?"
„Denk dir, man hat mich schon wieder zum Taufpaten bestellt!"
„Wie soll den das Kindchen heißen?"
„Halbauslein."
Der Fuchs legte sich hin und klopfte bald wieder mit dem Schwanz.
Der Wolf befahl:
„Fuchs, es klopft jemand, geh, mach auf!"
Der Fuchs ging, fraß den Topf bis zum Grund aus, leckte ihn blank und – setzte einen Haufen hinein.
Als er in die Stube zurückkam, fragte der Wolf:
„Wer war denn da?"
„Denk dir, schon wieder will man mich als Taufpaten!"
„Wie soll denn das Kindchen heißen?"
„Blankleckerle-Vollkleckerle."
Der Fuchs legte sich wieder auf die Ofenbank. Nach einer Weile meinte er zum Wolf:
„Bruder Wolf, wie man hört, wird dieses Jahr allen Leuten der Honig schlecht. Wollen wir doch lieber gleich mal nach unserem sehen!"
Sie standen auf, sahen nach und fanden den Topf voller Unrat.
Der Fuchs verzog die Nase und meinte:
„Nein, wie schnell der Honig verderben kann!"
Da heulte der Wolf:
„O du falscher Taufpate! Aufgefressen hast du ihn!"
Darüber stritten sie hin und her. Schließlich sagte der Fuchs:
„Laß uns eine Probe machen. Wir wollen uns in die Sonne legen, und wem der Honig hinten herausschmilzt, der hat ihn ganz gewiß gefressen."
Sie legten sich in den Garten und sonnten sich. Der Wolf schlief bald ein und schnarchte, daß die Heide wackelte. Dem Fuchs aber rann der Honig hinten nur so heraus. Schnell stand er auf und schmierte dem Wolf reichlich davon unter den Schwanz. Dann weckte er ihn mit dem Ruf:
„Bei meiner Seel'! Du also hast den Honig gefressen! Sieh nur, wie er dir zum Hintern herausquillt!"

Des Wolfes glücklicher Tag

Sorbisches Märchen

Es geschah eines Morgens, daß der Wolf wie zerschlagen aufwachte. Er dehnte sich und streckte sich auf seinem Lager, grunzte und brummelte dabei. Und da eben traf ihn der erste Sonnenstrahl. Der Fuchs ging gerade vorbei und sagte:

„Gevatter Wolf, du wirst am heutigen Tage lauter Glück haben."
„Wieso?" brummte der Wolf.
„Weil die Sonne gerade über dir aufging, als du dich strecktest."
Das leuchtete dem Wolf ein. Würde der Fuchs denn so reden, wenn es nicht wahr wäre? Erfreut setzte er sich auf und sprach:
„Eigentlich wollte ich heute nicht ausgehen, aber wenn dem so ist, so will ich mich doch ein bißchen umschauen." Und er lief quer durch den Wald und traf auf zwei Diebe. Sie trugen einen Sack Speck, den sie im Dorf aus einer Räucherkammer gestohlen hatten. Als sie den Wolf erblickten, warfen sie den Speck weg und liefen davon.
Der Wolf beschnüffelte die Speckseiten und dachte: Welch schöner Speck! Der Fuchs hatte recht. Heute habe ich lauter Glück! Aber was werd' ich schon am Morgen Speck essen. Da hab ich dann den ganzen Tag großen Durst.
Er ließ den Speck liegen, ging weiter und kam auf eine Weide. Dort erblickte er eine Stute mit ihrem Fohlen. Und er dachte: Das ist schon besser.
„Meine liebe Stute!" sagte er. „Ich habe heute lauter Glück, und darum wirst du mir dein Fohlen zum Frühstück nicht verweigern."
Die Stute verneigte sich ehrfurchtsvoll vor dem Wolf und sprach:
„Sehr geehrter Herr! Es ist mir eine große Ehre, daß ein so berühmter Herr mein Fohlen verspeisen will. Aber würdet Ihr wohl so gut sein und mir vorher einen Gefallen tun? Ich habe gehört, Ihr seid ein vortrefflicher Arzt. Im rechten Hinterfuß sitzt mir ein gräßlicher Splitter, und ich bin bei diesem und jenem Doktor gewesen, aber keiner konnte mir helfen. Möchtet Ihr wohl so gütig sein und selbst 'mal nachschauen?"
Der Wolf dachte bei sich: Vortrefflicher Arzt! Das habe ich auch noch nicht von mir gewußt. Aber würde denn die Stute so reden, wenn es nicht stimmte?
„Zeig 'mal!" sprach er gewichtig und trat näher. Und die Stute hob das rechte Hinterbein, und als er es so recht besehen wollte, schlug sie aus und traf ihn mit dem Huf dermaßen vor den Kopf, daß er ohnmächtig umfiel. Dann lief sie mit ihrem Fohlen davon.
Als der Wolf wieder auf die Beine gekommen war, ärgerte er sich, daß ihn die Stute so betrogen hatte. Aber er überdachte es und sprach zu sich: Wer hat dich geheißen, dich für einen vortrefflichen Arzt auszugeben, wo du nicht Splitter und Huf unterscheiden kannst?
Er betastete seinen Kopf und tröstete sich: Glücklicherweise ist noch alles ganz. Und der Fuchs hat gesagt, ich würde heute lauter Glück haben. Da wird es wohl noch kommen.
Und er spürte, wie hungrig er war.
So trabte er weiter und kam an eine Mühle. Dort begegnete er einer Sau mit vielen Ferkeln. Und er dachte: Das trifft sich gut!
„Meine liebste Sau!" sprach er. „Ich habe heute lauter Glück, und darum will ich jetzt als Vesperbrot dein schönstes Ferkel verspeisen."
Die Sau machte einen artigen Knicks und sprach zu dem Wolf:
„Gnädiger Herr! Es ist mir eine große Ehre, daß ein Edelmann mein Ferkel verspeisen will. Aber ich kann es Euch doch nicht so schmutzig überlassen. Ich will es erst schön sauber waschen, damit es würdig ist, von dem vornehmen Herrn verspeist zu werden."
Der Wolf dachte: Edelmann! Vornehmer Herr! Das hab ich auch noch nicht von mir gewußt. Aber würde die Sau denn so reden, wenn es nicht stimmte?
„Wasch das schmutzige Ferkel ab!" sagte er nachsichtig und setzte sich geduldig ans Ufer.

Die Sau stürzte sich mit ihren Ferkeln in den Fluß und schwamm zur Mühle, und ehe sich's der Wolf noch versah, waren sie im Mühlenhof verschwunden.

Den Wolf aber ärgerte es ungeheuer, daß ihn die Sau so betrogen hatte. Aber er sagte sich: Wer hat dich geheißen, dich für einen Edelmann auszugeben, wo du nicht einmal fein reden kannst? Du hättest das Ferkel auch schmutzig verspeisen können. Jetzt wird sich die dumme Sau 'was darauf einbilden, daß sie dich hereingelegt hat.

Aber er tröstete sich: Der Fuchs hat gesagt, ich würde heute lauter Glück haben. Da wird es wohl noch kommen.

Und sein Magen knurrte vor Hunger.

So trottete er weiter und kam auf ein Feld. Dort gewahrte er zwei Ziegenböcke, die einander stießen, daß der Staub wirbelte. Und er dachte: Bocksfleisch? Darauf habe ich keinen rechten Appetit. Aber der Hunger ist ein böser Feind. Da will ich es eben mit Bocksfleisch versuchen.

„Meine Ziegenböcke!" sprach er. „Ich habe heute lauter Glück, und darum werde ich jetzt einen von euch zu Mittag verspeisen."

Die Ziegenböcke neigten respektvoll ihr Gehörn und sprachen:

„Zu Ehren! Das ist uns lieb. Wir schätzen es sehr hoch, daß ein so großer Herr einen von uns verzehren will. Aber zuvor möge Euer Ehren unsere Bitte erhören. Wir haben erfahren, Ihr seid ein angesehener Rechtsanwalt. Nun haben wir gerade einen gewaltigen Prozeß um dieses Feld und sind dahin gegangen und dorthin gegangen, um uns Rat zu holen, doch niemand konnte uns bis jetzt den rechten Weg weisen. Wir möchten aber gern noch vor unserem Tod erfahren, wem von uns das Feld eigentlich gehört. Vielleicht könnte Euer Ehren entscheiden. Ihr könntet Euch in die Mitte des Feldes setzen, und wir würden jeder an ein Ende gehen, und wer als erster bei Euch ist, der hat gewonnen."

Der Wolf hatte solch einen Hunger, daß er am liebsten auf der Stelle einen der beiden verschlungen hätte. Aber er dachte: Angesehener Rechtsanwalt. Euer Ehren! Das habe ich auch noch nicht von mir gewußt. Aber würden sie denn so sprechen, wenn es nicht an dem wäre? Selbst verkennt man oft seine eigene Größe.

Und er sagte: „So lauft!" und setzte sich in die Mitte des Feldes. Die Ziegenböcke aber nahmen an den beiden Enden des Feldes Anlauf und liefen und trafen beim Wolf mit solcher Wucht zusammen, daß sie ihn mit ihren Hörnern fast zerquetschten. Daraufhin entflohen sie.

Der Wolf lag lange dort, bevor er wieder zu sich kam. Dann ärgerte er sich ungeheuer über die Ziegenböcke. Aber er sagte zu sich: Wer hat dich geheißen, dich für einen angesehenen Rechtsanwalt auszugeben, wo du doch rein nichts vom Recht verstehst?

Er war jetzt schrecklich hungrig und sagte sich: Ich werde noch weiter gehen. Meinte doch der Fuchs, daß ich heute lauter Glück haben werde. Da muß es ja noch kommen.

Der Hunger zehrte an seinen Kräften, doch er schlich weiter und kam auf eine große Feldflur. Dort entdeckte er eine Herde Schafe in ihrem Pferch und sah keinen Schäfer und auch keine Hunde dabei. Das wird ein Fest für mich! dachte er bei sich. Jetzt beginnt mein Glück.

Und so sprach er zu den Schafen:

„Meine lieben Schafe! Ich habe heute lauter Glück, und darum werde ich jetzt eines von euch zum Abendbrot verspeisen."

Die Schafe tuschelten zuerst miteinander und sagten dann höflich:

„Großer Meister! Es ist uns eine ungeheure Ehre, daß ein so begnadeter Herr eins von uns verspeisen will. Aber könntet Ihr uns nicht zuvor einen Gefallen tun? Wir wissen, daß Ihr ein wohlgebildeter Sänger seid. Uns ist der schönste Bock, unser Kantor, gestorben, und nun haben wir Sorge, wer zur Trauerfeier den Chor leiten soll. Wir sind hierhin und dorthin gegangen, aber keiner kann richtig singen. Könntet Ihr, Meister, uns nicht aus der Not helfen?"

Dem Wolf gierte der Rachen nun sehr nach dem Fraße, aber er dachte bei sich: Großer Meister! Das hat mir noch keiner gesagt. Aber würden die Schafe denn so reden, wenn es nicht stimmte?

Er stieg auf das Dach der Schäferhütte hinauf, hob das rechte Vorderbein und schwenkte es würdevoll hin und her, damit sie sahen, wie er den Takt angab.

Dann rief er: „Nun, so gebt acht!"

Er begann aus vollem Hals zu heulen, und die Schafe blökten mit ihm, eines lauter als das andere, bis die Leute zusammenliefen und auch alle Hunde sich einfanden.

Der Wolf war gerade im schönsten Singen, als er einen Schlag erhielt und vom Dach der Hütte herunterstürzte. Unten begannen die Hunde, an ihm zu zerren, und die Leute droschen mit Knüppeln, Stangen und Gabeln auf ihn ein, stießen und stachen ihn, daß er nur mit Müh und Not entfliehen konnte. In einem Dickicht blieb er verprügelt und zermartert liegen und leckte sich wimmernd die Wunden.

Als er nun dort lag und seufzte, ärgerte er sich gewaltig über die Schafe und über sich selbst. Und er sagte sich: Wer hat dich geheißen, dich für einen gebildeten Sänger auszugeben, da du doch überhaupt nicht singen kannst!

Ihm war jetzt, als würde er vor Hunger verschmachten, und er besann sich auf den Speck, den er den Dieben abgejagt hatte. Das wird noch ein gutes Nachtmahl, tröstete er sich.

Und so schleppte er sich zurück über Flur, Feld und Wiese bis zum Wald. Unterwegs mußte er manche Pause machen und auch um das Dorf und den Mühlenhof, wo man auf ihn lauerte, einen großen Bogen schlagen.

Schließlich kam er an die Stelle, wo er die beiden Diebe vertrieben hatte. Er stöhnte, die Zunge hing ihm aus dem Maul, und er freute sich riesig auf den Speck. Aber der schöne Speck war weg.

Der Fuchs hatte ihn gefressen.

Wie der Fuchs über den Wolf zu Gericht saß

Weißrussisches Märchen

Einmal ging ein Mann in den Wald, um Baumstümpfe zu roden, und als er einige harzreiche gefunden hatte, grub er sie aus und wollte sie in seinen Sack stecken. Da lief ein Wolf herbei.
„Hilf mir aus der Not, lieber Mann", bat er „die Jäger sind hinter mir her. Ich will's dir auch reichlich lohnen und dir den Fuchs bringen. Aus dem kannst du dir einen Kragen machen."
„Und wie soll ich dir helfen?" fragte der Mann.
„Steck mich in den Sack und lade mich statt der Baumstümpfe auf deinen Rücken."
Der Mann war einverstanden, lud sich den Sack mit dem Wolf auf den Buckel und machte sich auf den Weg.
Die Jäger kamen.
„Was trägst du auf dem Buckel, Gevatter?" fragten sie.
„Baumstümpfe."
„Hast du irgendwo den Wolf gesehen?"
„Nein."
Nachdem die Jäger weitergeritten waren, nahm der Mann den Sack und knüpfte ihn auf.
„Kriech heraus", sagte er zum Wolf.
Der Wolf tat, wie ihm geheißen, und sprach: „Jetzt freß ich dich!"
„Aber Wolf!" rief der Mann erstaunt. „Ich habe dir das Leben gerettet, und du willst mich fressen? Nein, das ist wider das Gesetz!"
„Wieso?" knurrte der Wolf böse. „Das ist unser Wolfsgesetz."
„Gibt es denn kein Recht auf Erden?" beharrte der Mann.
„Nein!" sagte der Wolf.
„Doch!" antwortete der Mann. „Das gibt's! Laß uns fragen, wen du willst."
„Gut! Aber schnell!"
Sie wanderten fort, bis sie einem Hund begegneten, der alt und hinfällig war, nur Haut und Knochen.
„Hund", hielt der Mann ihn an, „sei du unser Richter!"
„Was habt ihr für einen Rechtsstreit?" fragte der Hund.
„Siehst du, es verhält sich so..." Und der Mann berichtete.
„Nein, es gibt kein Recht auf Erden", sagte der Hund, nachdem er den Mann angehört hatte. „Solange ich noch flink und jung war, fütterte und pflegte mich mein Herr. Als ich aber alt wurde, jagte er mich erbarmungslos vom Hof. Jetzt streife ich durch den Wald – vielleicht frißt mich ein hungriger Wolf, damit ich mich nicht mehr lange quälen muß."
„Nein, nein", versetzte der Wolf. „Zuvor fresse ich den Mann." Und er wollte sich zähnefletschend auf ihn stürzen.
„Warte noch!" sprach jener. „Der Hund richtet nach dem Recht, weil er entrechtet wurde und deshalb ungerecht ist. Laß uns weitergehen und einen anderen fragen."
So machten sie sich wieder auf den Weg und trafen den Fuchs.
„Sei du unser Richter, Fuchs", bat der Mann.
„Was habt ihr für einen Rechtsstreit?"

„Die Sache verhält sich so: Ich rodete im Wald Baumstümpfe, da lief der Wolf herzu und sagte: ‚Rette mich vor den Jägern, zum Lohn dafür will ich dir den Fuchs bringen, aus dem kannst du dir einen Kragen machen.' Nun, ich rettete ihn und steckte ihn in meinen Sack. Als aber die Gefahr vorbei war, wollte er mich fressen. Nun sage mir: Ist das wider das Gesetz? Gibt es kein Recht auf Erden?"
Der Fuchs überlegte. „Ich vermag kein Urteil zu fällen, bevor ich nicht mit eigenen Augen gesehen habe, wie sich alles zugetragen hat", sagte er dann. „Wir müssen eine Ermittlung am Tatort durchführen."
„Das kannst du machen", willigte der Wolf ein. „Aber schnell. Ich mag nicht mehr lange warten."
Sie kehrten dorthin zurück, wo der Mann die Baumstümpfe gerodet hatte.
„Hier hat es sich zugetragen", erklärte der Mann. „Hier traf ich den Wolf, und hier versteckte ich ihn auch in meinem Sack."
„Soso", antwortete der Fuchs, „dann wollen wir hier die Ermittlung durchführen." Er nahm den Sack, drehte ihn hin und her und meinte: „Du, lieber Mann, hast offenbar etwas Falsches gesagt. Pan Wolf paßt nie und nimmer in diesen Sack!"
„Vor Angst kriecht man nicht nur in einen Sack, sondern auch in eine Tabaksdose", widersprach der Wolf.
„In meiner Eigenschaft als Richter muß ich das bezweifeln!"
„Du glaubst mir nicht", knurrte der Wolf ärgerlich. „Dann schau her!"
Der Fuchs hielt den Sack weit auf, und – schwupp – sprang der Wolf hinein.
„Na, jetzt mußt du's glauben!"
„Freilich!" Der Fuchs zwinkerte dem Mann zu. „Jetzt sehe ich mit eigenen Augen, daß der Wolf haargenau in den Sack paßt! Man muß ihn nur noch fest zubinden."
Das ließ sich der Mann nicht zweimal sagen. Flugs verschnürte er den Sack.
„Aus dem Pan Wolf", lachte der Fuchs, „läßt sich auch kein schlechter Kragen machen."
Der Mann dankte dem Fuchs für das gerechte Urteil und sprach zum Wolf:
„Siehst du, und du glaubtest, daß es kein Recht auf Erden gibt!"
Damit lud er sich den Sack auf den Rücken und trug ihn heim, um dem Wolf das Fell abzuziehen.

Der Wolf bei der Beichte

Schwedisches Märchen

Einmal, vor langer, langer Zeit, war dem Wolf nicht recht wohl in seiner Haut. Mit gesenktem Kopf und eingezogenem Schwanz schlurfte er durch den Wald und konnte kaum die Beine schleppen. Aber niemand hatte Mitleid mit ihm, und alle wichen ihm lieber in großem Bogen aus. Nur der Häher, der sich nichts entgehen ließ, was im Wald vorging, rief dem Wolf zu: „Hast dich krank gefressen an jungen Lämmchen, du Vielfraß, aber wie, aber wie! Jetzt quält dich dein Gewissen, du Räuber, aber wie, aber wie!"

Der Wolf tat zwar, als hörte er den Häher nicht, aber bei sich dachte er, der freche Vogel könnte recht haben. Er wußte nicht genau, was ein Gewissen war, aber gerade darum bekam er Angst, ob es nicht etwas Böses sei. Er entschloß sich also, lieber rechtzeitig in die Kirche zur Beichte zu gehen, und er tat es auch sogleich.

Der Pfarrer war ein wenig überrascht, denn bisher war es noch nicht geschehen, daß ihm ein Wolf in die Kirche gelaufen kam, aber er mußte ihn doch einlassen. Er setzte sich also in den Beichtstuhl und forderte den ungewöhnlichen Gast auf, ihm anzuvertrauen, was er auf dem Herzen habe.

„In der letzten Zeit ist mir nicht wohl", klagte der Wolf. „Ich bin traurig, nichts freut mich, nicht einmal ein Häschen schmeckt mir."

„Aber, aber", wunderte sich der Herr Pfarrer.

„Mir kommt es vor, als schleppe ich einen schrecklich schweren Stein hinter mir her, und ich kann mich kaum noch auf den Beinen halten", klagte der Wolf.

„Ach, das kenne ich! Dich bedrückt das böse Gewissen, Bruder", sagte der Pfarrer.

„Das hat mir auch der Häher nachgeschrien", brummte der Wolf, „Aber warum sollte gerade ich ein böses Gewissen haben?"

„Hast du etwa nicht genug Tiere getötet?" erinnerte ihn der Pfarrer. „Du bist doch jetzt noch voller Blutflecken!"

„Nun, das ist wahr, ich habe schon viele Tiere umgebracht, aber darum bin ich doch lange nicht so schlecht, daß mir nicht verziehen werden könnte", wehrte sich der Wolf und seufzte zum Schein.

„Da müßtest du, Freundchen, deine Taten aufrichtig bereuen... und dann, du hast doch bisher noch niemals etwas Gutes getan!" sagte der Pfarrer streng.

„Ich? Ich hätte noch nichts Gutes getan?" heulte der Wolf beleidigt. „Du weißt recht gut, Pfarrer, daß ich noch viel mehr töten könnte! Ich hätte Schafe und Lämmer, Ziegen und Zicklein, Kühe und Kälber, Pferde und Fohlen erwürgen können, wo immer ich sie traf! Sogar Menschenblut hätte ich gern gekostet, das schmeckt besonders süß."

„Das glaub ich gern, du Mörder, daß du das fertigbrächtest!" rief der Pfarrer entrüstet.

„Aber ich hab's nicht getan", sagte der Wolf listig. „Bedenke doch, Pfarrer, wie vielen Tieren ich doch eigentlich das Leben geschenkt hab, indem ich sie verschonte! Nicht einmal dich hab ich totgebissen! Das alles mußt du mir jetzt zum Guten anrechnen. Dafür sollte ich belohnt werden, meinst du nicht?"

„Ja, du kriegst eine Belohnung. Ich will sie dir sogleich auszahlen!" rief der Pfarrer zornig, ergriff einen Stock und jagte den frechen Wolf aus der Kirche.
„Nicht einmal nach dem Tod wird deine schwarze Seele erlöst werden, du kecker Mörder!" rief er ihm nach. „Und zur Strafe sollst du Unkraut und Disteln von den Brachfeldern fressen. Das ist mein Ablaß!"
Seit der Zeit frißt der Wolf auf den Brachfeldern Unkraut, sooft ihn das Gewissen bedrückt. Der Himmel blickt drohend auf ihn herab, und gewöhnlich kommt dann Regen. Aber lange hält die Sühne bei dem Wolf nicht vor! Sobald ihm wieder der Magen knurrt, erwürgt er ein Schaf oder ein Lämmchen. Der wird nie mehr anders.
Und darum ist auch noch kein Wolf in den Himmel gelangt.

Jacob (1785-1863) und Wilhelm (1786-1859) Grimm

Rotkäppchen

Es war einmal ein kleines süßes Mädchen, das hatte jedermann lieb, der es nur ansah, am allerliebsten aber seine Großmutter, die wußte gar nicht, was sie alles dem Kinde geben sollte. Einmal schenkte sie ihm ein Käppchen von rotem Sammet, und weil ihm das so wohl stand und es nichts anderes mehr tragen wollte, hieß es nur das Rotkäppchen. Eines Tages sprach seine Mutter zu ihm:
„Komm, Rotkäppchen, da hast du ein Stück Kuchen und eine Flasche Wein, bring das der Großmutter hinaus; sie ist krank und schwach und wird sich daran laben. Geh aber hübsch sittsam und lauf nicht vom Weg ab, und wenn du in ihre Stube kommst, so vergiß nicht, guten Morgen zu sagen, und guck nicht erst in allen Ecken herum."
„Ich will schon alles gut machen", sagte das Rotkäppchen zur Mutter und gab ihr die Hand darauf. Die Großmutter aber wohnte draußen im Wald, eine halbe Stunde vom Dorf. Wie nun Rotkäppchen in den Wald kam, begegnete ihm der Wolf. Rotkäppchen aber wußte nicht, was das für ein böses Tier war, und fürchtete sich nicht vor ihm.

„Guten Tag, Rotkäppchen", sprach er. – „Schönen Dank, Wolf." – „Wo hinaus so früh, Rotkäppchen?" – „Zur Großmutter." – „Was trägst du unter der Schürze?" – „Kuchen und Wein: Gestern haben wir gebacken, da soll sich die kranke und schwache Großmutter

etwas zu gut tun." – „Rotkäppchen, wo wohnt deine Großmutter?" – „Noch gut eine Viertelstunde weiter im Wald, unter den drei großen Eichbäumen, da steht ihr Haus", sagte das Rotkäppchen.
Der Wolf dachte bei sich: Das junge zarte Ding, das ist ein fetter Bissen, der wird noch besser schmecken als die Alte: du mußt es listig anfangen, damit du beide erschnappst. Da ging er ein Weilchen neben Rotkäppchen her, dann sprach er:
„Rotkäppchen, sieh einmal die schönen Blumen, die ringsumher stehen, warum guckst du dich nicht um? Du gehst ja für dich hin, als wenn du zur Schule gingst, und ist doch so lustig außen im Wald."
Rotkäppchen schlug die Augen auf, und als es sah, wie die Sonnenstrahlen durch die Bäume tanzten und alles voll schöner Blumen stand, dachte es: Wenn ich der Großmutter einen frischen Strauß mitbringe, der wird ihr auch Freude machen; es ist so früh am Tag, daß ich doch zur rechten Zeit ankomme; lief vom Weg ab in den Wald hinein und suchte Blumen. Und wenn es eine gebrochen hatte, meinte es, weiter hinaus stände eine schönere, und geriet immer tiefer in den Wald hinein. Der Wolf aber ging geradewegs nach dem Haus der Großmutter und klopfte an die Türe.
„Wer ist draußen?" – „Rotkäppchen, das bringt Kuchen und Wein, mach auf!"
„Drück nur auf die Klinke", rief die Großmutter, „ich bin zu schwach und kann nicht aufstehen." Der Wolf drückte auf die Klinke, die Tür sprang auf, und er ging, ohne ein Wort zu sprechen, gerade zum Bett der Großmutter und verschluckte sie. Dann tat er ihre Kleider an, setzte sich ihre Haube auf, legte sich in ihr Bett und zog die Vorhänge vor.
Rotkäppchen aber war nach den Blumen herumgelaufen, und als es so viel zusammen hatte, daß es keine mehr tragen konnte, fiel ihm die Großmutter wieder ein, und es machte sich auf den Weg zu ihr. Es wunderte sich, daß die Türe offenstand, und wie es in die Stube trat, so kam es ihm so seltsam darin vor, daß es dachte: Ei du mein Gott, wie ängstlich wird mir's heute zumut, und bin sonst so gern bei der Großmutter! Es rief: „Guten Morgen", bekam aber keine Antwort. Darauf ging es zum Bett und zog die Vorhänge zurück: Da lag die Großmutter und hatte die Haube tief ins Gesicht gesetzt und sah so wunderlich aus.
„Ei, Großmutter, was hast du für große Ohren!" – „Daß ich dich besser hören kann." – „Ei, Großmutter, was hast du für große Hände!" – „Daß ich dich besser packen kann." – „Aber Großmutter, was hast du für ein entsetzlich großes Maul!" – „Daß ich dich besser fressen kann."
Kaum hatte der Wolf das gesagt, so tat er einen Satz aus dem Bette und verschlang das arme Rotkäppchen.
Wie der Wolf sein Gelüsten gestillt hatte, legte er sich wieder ins Bett, schlief ein und fing an, überlaut zu schnarchen. Der Jäger ging eben an dem Haus vorbei und dachte: Wie die alte Frau schnarcht, du mußt doch sehen, ob ihr etwas fehlt. Da trat er in die Stube, und wie er vor das Bett kam, so sah er, daß der Wolf darin lag.
„Finde ich dich hier, du alter Sünder", sagte er, „ich habe dich lange gesucht."
Nun wollte er seine Büchse anlegen, da fiel ihm ein, der Wolf könnte die Großmutter gefressen haben, und sie wäre noch zu retten: schoß nicht, sondern nahm eine Schere und fing an, dem schlafenden Wolf den Bauch aufzuschneiden. Wie er ein paar Schnitte getan hatte, da sah er das rote Käppchen leuchten, und noch ein paar Schnitte, da sprang das Mädchen heraus und rief:

„Ach, wie war ich erschrocken, mir war's so dunkel in dem Wolf seinem Leib!"
Und dann kam die alte Großmutter auch noch lebendig heraus und konnte kaum atmen. Rotkäppchen aber holte geschwind große Steine, damit füllten sie dem Wolf den Leib, und wie er aufwachte, wollte er fortspringen, aber die Steine waren so schwer, daß er gleich niedersank und sich tot fiel.
Da waren alle drei vergnügt; der Jäger zog dem Wolf den Pelz ab und ging damit heim, die Großmutter aß den Kuchen und trank den Wein, den Rotkäppchen gebracht hatte, und erholte sich wieder, Rotkäppchen aber dachte: Du willst dein Lebtag nicht wieder allein vom Wege ab in den Wald laufen, wenn dir's die Mutter verboten hat.

GRIGORIJ PAWLOW

Rotkäppchen

Das war vor vielen, vielen Jahren in good old Germany. Es war einmal ein nettes Girl, ein smarter Teenie. Alle liebten sie, aber die Oma, ein Oldie, ein komischer Gruftie, liebte sie am meisten, und da sie ein Faible für Rouge hatte, schenkte sie der Enkelin auch ein Rotkäppchen. Das neue Outfit war in und sehr hipp, und alle begannen sie nur so zu nennen: Rotkäppchen.
Leggins, City-Shirt, Ohrclips, Shorts – nichts war out of season – alles an ihr war nach der letzten Fashion-Mode, und ein bißchen Make-up machte das übrige.

Ei, war das ein schmuckes Glamourgirl, ein wirkliches Covergirl!
Eines Tages sprach seine Mutter zu ihr: „Komm, Rotkäppchen, unsere Oma ist krank. Wir müssen sie mit etwas erfreuen."
Sie packte ein Stück Cheddar, Chips, Brandy (den Oma irrtümlicherweise für einen Longdrink hielt) und ein paar Snacks in einen Korb.
„Okay", sagte Rotkäppchen und überlegte sich, ob es nicht lieber mit seinem Montainbike führe, dann entschied es sich doch für einen Openair-walk: zwei Kilometer war'n nur Peanuts und total easy für es.
Wie nun Rotkäppchen in den Wald kam, begegnete ihm der Wolf. Von einem Wolf in Märchen zu lesen ist das eine, und einen Wolf live und face-to-face zu sehen, ist etwas anderes. Kein Wunder, daß Rotkäppchen bei seinem Anblick ein eigenartiges Feeling verspürte. Ein Horror packte es, was bekanntlich zehnmal schrecklicher ist als Schrecken. Es war wie in einem Thriller oder einem Grusical.
Noch vor einigen Jahren war dieser Wolf ein nettes Wolfs-Kid. Aber mit Bodybuilding, Catching, Stretching, Fitness Training, mit allerlei Wrestling und Thai-Boxing outete er sich zu einem coolen Killer und Headhunter. Das war ein Selfmade-Wolf. Alles andere als ein Softy. Fair play war nichts für ihn, Off-limits-Tricks und Below-the-line-Schläge waren sein Lifestyle. Das war ein Allround-Schurke, der vor keinem Crime zurückschreckte, ein Outsider, ein Rowdy und Tätowierungsfan, der mit seinem dangerousen Military-Look alle crazy machte. Aber der Wolf pfiff auf die Public-opinion und alle Mass-Media im Walde und die ganze Political correctness. Das war ein Tycoon des deutschen Waldes.
Diesmal aber beschloß der Wolf, sein Play clever zu managen, er begann zu bluffen: „Hi", sagte er mit einem Pokerface zu Beginn seines Entertainments oder, wenn Sie wollen, eines Small talks. Bald wußte er alles – daß die Oma krank ist und wo ihr Haus liegt.
Als der Wolf sah, wie sexy Rotkäppchen in seinen Leggings, Shorts and so on aussah, dachte er sogleich an einen Quicky, ließ es aber, da er sie beide, Rotkäppchen und Oma, zu fressen beschloß.
Er gab dem Rotkäppchen einen Klaps auf die „Software", sagte bye-bye und rannte zum Haus von Oma ohne Tempolimit.
Es begann ein fürchterlicher Countdown, aber der eigentliche Showdown stand noch bevor. Auf solche Weise wurde Rotkäppchen gehandicapt, und als es auf das Haus zukam, war die Oma schon im Wolfsbauch und der Wolf in Omas Bett.
Im Moonwalk näherte sich Rotkäppchen dem Bett.
„Ei, Großmutter, was hast du für Outsize-Augen und -Ohren?"
„Daß ich dich besser sehen und hören kann!"
„Aber Großmutter, was hast du für ein entsetzliches Mega-Maul?"
„Daß ich dich besser fressen kann!"
Das ist Fuzzy-logic, wollte das Rotkäppchen sagen, aber der Wolf ließ es nicht bis zu Ende sprechen und verschlang es. Und das war sein Brunch.
Bald schlief er ein und begann überlaut zu schnarchen. Das war ein toller Sound! Just in time ging ein Jäger vorbei. Der Trouble-Shooter des Waldes, der sein Supervising im Wald ausübte. Er kam in die Stube und sah den Wolf:
„Finde ich dich hier, du alter Outlawer", sagte er und versetzte ihm einen Crash. Dann wurde dem Wolf der Bauch aufgeschnitten, Rotkäppchen und die Großmutter wurden daraus

recycled. Da das Sit-in im Bauch nur kurz dauerte, war auch das Comeback nicht schwer. Nach dem glücklichen Revival gab es Shakehands, und alle flippten vor Freude ganz aus. Und die Vöglein brachten die frohe Message durch den ganzen Wald.
Der Jäger zog dem Wolf den Pelz ab und ließ ihn nackt durch den Wald laufen. Der unfreiwillige Stripteaser rannte wie wild durch die Gegend. Ach, war das ein Gag und Stunt, Slapstick und Happening!
Mit der Zeit wurde der Wolf zum Punching-Bag im Walde, und das war noch schlimmer als ein uncooler Tod. Alles just for fun! Rotkäppchen aber und Mutter und Oma lebten noch lange glücklich, und wenn sie nicht gestorben sind, dann sind sie up-to-day alive.

Gebrüder Grimm

Der Wolf und die sieben Geißlein

Es war einmal eine alte Geiß, die hatte sieben junge Geißlein und hatte sie lieb, wie eine Mutter ihre Kinder lieb hat. Eines Tages wollte sie in den Wald gehen und Futter holen, da rief sie alle sieben herbei und sprach:
„Liebe Kinder, ich will hinaus in den Wald, seid auf eurer Hut vor dem Wolf, wenn er hereinkommt, so frißt er euch alle mit Haut und Haar. Der Bösewicht verstellt sich oft, aber an seiner rauhen Stimme und an seinen schwarzen Füßen werdet ihr ihn gleich erkennen."
Die Geißlein sagten: „Liebe Mutter, wir wollen uns schon in acht nehmen, Ihr könnt ohne Sorge fortgehen." Da meckerte die Alte und machte sich getrost auf den Weg.
Sie war aber nicht lange fort, so klopfte jemand an die Haustür und rief:
„Macht auf, ihr lieben Kinder, eure Mutter ist da und hat jedem von euch etwas mitgebracht."
Aber die Geißerchen hörten an der rauhen Stimme, daß es der Wolf war.
„Wir machen nicht auf, du bist unsere Mutter nicht", riefen sie, „die hat eine feine liebliche Stimme, aber deine Stimme ist rauh; du bist der Wolf."
Da ging der Wolf fort zu einem Krämer und kaufte sich ein großes Stück Kreide: die aß er und machte damit seine Stimme fein. Dann kam er zurück, klopfte an die Haustür und rief:
„Macht auf, ihr lieben Kinder, eure Mutter ist da und hat jedem von euch etwas mitgebracht."
Aber der Wolf hatte seine schwarze Pfote ins Fenster gelegt, das sahen die Kinder und riefen:
„Wir machen nicht auf, unsere Mutter hat keinen schwarzen Fuß wie du: du bist der Wolf."
Da lief der Wolf zu einem Bäcker und sprach: „Ich habe mich an den Fuß gestoßen, streich mir Teig darüber." Und als ihm der Bäcker die Pfote bestrichen hatte, so lief er zum Müller und sprach: „Streu mir weißes Mehl auf meine Pfote."
Der Müller dachte: Der Wolf will einen betrügen, und weigerte sich, aber der Wolf sprach: „Wenn du es nicht tust, so fresse ich dich." Da fürchtete sich der Müller und machte ihm die Pfote weiß. Ja, so sind die Menschen.

Nun ging der Bösewicht zum drittenmal zu der Haustüre, klopfte an und sprach:
„Macht mir auf, Kinder, euer Mütterchen ist heimgekommen und hat jedem von euch etwas mitgebracht."
Die Geißerchen riefen: „Zeig uns erst deine Pfote, damit wir wissen, daß du unser liebes Mütterchen bist." Da legte er die Pfote ins Fenster, und als sie sahen, daß sie weiß war, so glaubten sie, es wäre alles wahr, was er sagte, und machten die Türe auf.
Wer aber hereinkam, das war der Wolf. Sie erschraken und wollten sich verstecken. Das eine sprang unter den Tisch, das zweite ins Bett, das dritte in den Ofen, das vierte in die Küche, das fünfte in den Schrank, das sechste unter die Waschschüssel, das siebente in den Kasten der Wanduhr. Aber der Wolf fand sie alle und machte nicht langes Federlesen: eins nach dem andern schluckte er in seinen Rachen; nur das jüngste in dem Uhrkasten, das fand er nicht. Dann trollte er sich fort, legte sich draußen auf der grünen Wiese unter einen Baum und fing an zu schlafen.
Nicht lange danach kam die alte Geiß aus dem Walde wieder heim. Ach, was mußte sie da erblicken! Die Haustüre stand sperrweit offen: Tisch, Stühle und Bänke waren umgeworfen, die Waschschüssel lag in Scherben, Decke und Kissen waren aus dem Bett gezogen. Sie suchte ihre Kinder, aber nirgends waren sie zu finden. Sie rief sie nacheinander bei Namen, aber niemand antwortete. Endlich, als sie an das Jüngste kam, da rief eine feine Stimme:
„Liebe Mutter, ich stecke im Uhrkasten."
Sie holte es heraus, und es erzählte ihr, daß der Wolf gekommen wäre und die andern alle gefressen hätte. Da könnt ihr denken, wie sie über ihre armen Kinder geweint hat.
Endlich ging sie in ihrem Jammer hinaus, und das jüngste Geißlein ging mit. Als sie auf die Wiese kam, so lag da der Wolf an dem Baum und schnarchte, daß die Äste zitterten. Sie betrachtete ihn von allen Seiten und sah, daß in seinem angefüllten Bauch sich etwas regte und zappelte. Ach Gott, dachte sie, sollten meine armen Kinder, die er zum Abendbrot hinuntergewürgt hat, noch am Leben sein? Da mußte das Geißlein nach Haus laufen und Schere, Nadel und Zwirn holen. Dann schnitt sie dem Ungetüm den Wanst auf, und kaum hatte sie einen Schnitt getan, so streckte schon ein Geißlein den Kopf heraus, und als sie weiter

schnitt, so sprangen nacheinander alle sechse heraus, und waren noch alle am Leben und hatten nicht einmal Schaden gelitten, denn das Ungetüm hatte sie in der Gier ganz hinuntergeschluckt. Das war eine Freude! Da herzten sie ihre liebe Mutter und hüpften wie ein Schneider, der Hochzeit hält. Die Alte aber sagte:
„Jetzt geht und sucht Wackersteine, damit wollen wir dem gottlosen Tier den Bauch füllen, so lange es noch im Schlafe liegt."
Da schleppten die sieben Geißerchen in aller Eile die Steine herbei und steckten sie ihm in den Bauch, soviel sie hineinbringen konnten. Dann nähte ihn die Alte in aller Geschwindigkeit wieder zu, daß er nichts merkte und sich nicht einmal regte.
Als der Wolf endlich ausgeschlafen hatte, machte er sich auf die Beine, und weil ihm die Steine im Magen so großen Durst erregten, so wollte er zu einem Brunnen gehen und trinken. Als er aber anfing zu gehen, so stießen die Steine in seinem Bauch aneinander und rappelten. Da rief er:

„Was rumpelt und pumpelt
In meinem Bauch herum?
Ich meinte, es wären sechs Geißlein,
So sind's lauter Wackersteine."

Und als er an den Brunnen kam und sich über das Wasser bückte und trinken wollte, da zogen ihn die schweren Steine hinein, und er mußte jämmerlich ersaufen. Als die sieben Geißlein das sahen, da kamen sie herbeigelaufen und riefen laut: „Der Wolf ist tot! Der Wolf ist tot!" und tanzten mit ihrer Mutter vor Freude um den Brunnen herum.

Welpe und der Wolf

Nordamerikanisches Märchen

In der Früh kam die Indianerfrau aus ihrem Zelt gelaufen, raufte sich die Haare und rief: „So ein Unglück! Der graue Wolf hat meinen Mann erwürgt."
Die Jäger liefen herbei, aber den Toten konnten sie nicht wieder zum Leben erwecken.
„Dort läuft er!" rief der Jäger Bärentatze, und er zeigte zum Wald hin.
Ein grauer Wolf, groß wie ein Kalb, verschwand im Dickicht.
In der kommenden Nacht schlich der graue Wolf wieder ins Dorf, erwürgte zwei Männer und verschwand.
Die dritte Nacht kostete drei Dorfbewohner das Leben.
„Wir müssen in den Wald gehen und den Wolf töten", entschied der Häuptling und schickte vier Jäger aus. Aber keiner kehrte von der Jagd zurück.
Also schickte der Häuptling fünf Männer in den Wald, doch auch sie kamen nicht wieder.
Da ließ der Häuptling überall verkünden, was geschehen war, und bat um Hilfe.

Als erster kam ein Engländer ins Dorf. Er trug kurze Hosen und ein langes Gewehr. „Ich werde den Wolf erschießen", brüstete er sich, „am Abend bringe ich euch sein Fell. Aber zuerst will ich noch Tee trinken, um mich für die Jagd zu stärken."

Er setzte sich ans Feuer und kochte in einem kleinen Kessel Wasser. Als er aber gemächlich den heißen Tee schlürfte, schlich sich aus dem Dickicht der graue Wolf heran und erwürgte den Engländer.

Am nächsten Tag kam ein Deutscher ins Dorf geritten. „Zuerst muß ich in den Büchern studieren, wie man Wölfe jagt", sagte der Deutsche, setzte sich unter einen großen Eichenbaum, zog drei dicke Bücher aus dem Rucksack und blätterte darin.

Aus dem Dickicht schlich der graue Wolf heran und erwürgte den Deutschen.

Am dritten Tag erschienen in einer eleganten Kutsche zwei Franzosen. Sie setzten sich nahe an das Dickicht, aus dem der Wolf aufzutauchen pflegte, tranken Wein und warteten. Endlich blitzten im Walddunkel die Augen des Wolfs.

Der erste Franzose hob das Gewehr und zielte.

Dann senkte er es aber wieder, reichte es dem andern Franzosen und sagte höflich: „Nach Ihnen, mein Herr."

Ehe der andere Franzose zielen konnte, sprang der graue Wolf aus dem Gebüsch und erwürgte beide Jäger.

Ein paar Tage später kamen drei Amerikaner ins Dorf. Sie hatten schöne glänzende Gewehre und die Jagdtaschen voll mit Beefsteaks. Sie brieten das Fleisch am Rost, aßen und tranken Milchkaffee und begannen langsam damit ihre Gewehre zu putzen und mit Leinöl zu schmieren.

Inzwischen hatte sich leise der graue Wolf aus dem Dickicht herangeschlichen. Er erwürgte die drei Amerikaner, noch ehe sie ihre Gewehre laden konnten.

Unten im Tal pflückten mexikanische Tagelöhner auf einer Plantage die Baumwolle. Mit ihnen arbeitete auch ein kleiner Junge, den sie Welpe nannten. Die Tagelöhner sprachen bei der Arbeit über den grauen Wolf, und Welpe hörte aufmerksam zu.

Er warf den Leinensack mit den Baumwollkapseln hin und sagte: „Ich werde den Wolf töten." Alle lachten ihn aus. „Das schlag dir aus dem Kopf, Junge, dem Wolf konnte nicht einmal der Engländer beikommen, der hat auch den Deutschen, die Franzosen und die Amerikaner erwürgt. Und du hast noch nicht einmal ein Gewehr!"

Aber Welpe ließ sich nicht von seinem Vorhaben abbringen und machte sich sofort auf den Weg ins Indianerdorf.

Er nahm nichts anderes mit als drei Spiegel. Einen großen, einen kleineren und einen ganz kleinen.

Als er das Dorf erreicht hatte, fragte er, von wo sich der graue Wolf denn heranschleiche.

Die Jäger zeigten zum Wald hin und bedauerten den Jungen, der sein junges Leben so nutzlos aufs Spiel setzte.

Welpe zog den größten Spiegel aus dem Sack, lehnte ihn an einen Baum und verbarg sich hinter einem Stein.

Nach einer Weile schlich der graue Wolf aus dem Wald heran und sah sich im Spiegel.

Ich wußte gar nicht, daß ich so groß bin. Da brauche ich ja den stärksten Feind nicht zu fürchten. Und gleich rannte er ins Dorf und erwürgte zwei Pferde.

Der Häuptling war böse und sagte zu Welpe: „Du hast uns wahrhaftig gut geholfen."

Welpe beschwichtigte den Häuptling: „Habt Geduld, Ihr werdet es sehen, ich töte den Wolf."
Am nächsten Tag ging der Mexikanerjunge wieder in die Nähe des Waldes, zog den kleineren Spiegel aus dem Sack und lehnte ihn an einen Baum.
Der graue Wolf kam aus dem Dickicht hervor und schritt geradewegs auf den Spiegel zu. Er schaute hinein und brummte: „Wie sonderbar! Gestern war ich so groß, daß ich nicht davor zurückschreckte, zwei Pferde zu erwürgen. Wieso bin ich nur über Nacht kleiner geworden? Ob ich mich vielleicht zu sehr angestrengt habe? Ob zwei Pferde einfach zuviel für mich sind?"
Und der graue Wolf schlich ins Dorf und erwürgte ein Fohlen.
Dieses Mal machte der Häutling Welpe keinen Vorwurf. Vielleicht hatte der Junge doch mehr Verstand im Kopf als man dachte.
Am anderen Tag begab sich Welpe zum drittenmal in die Nähe des Waldes. Aus dem Sack zog er den ganz kleinen Spiegel, lehnte ihn an einen Baum und versteckte sich hinter einem Stein.
Nicht lange danach kam der Wolf aus dem Wald hervor und lief geradewegs zu dem Spiegelchen.
Kaum hatte er hineingeschaut, begann er zu jammern: „Oh, dies ist mein Ende! Ich habe mich über Nacht in ein Wolfsjunges verwandelt. Nur schnell weg von hier, sonst fangen mich noch die Jäger und ziehen mir das Fell über die Ohren."
Und der Wolf zog den Schwanz zwischen die Hinterbeine und flüchtete in den Wald.
Welpe, der Mexikanerjunge, wurde von dem Häuptling ins Indianerdorf geführt. Dort bewirtete man ihn reichlich und schenkte ihm das schönste Pferd und einen Hut mit einer breiten Krempe dazu.

Von den Wolfsbrüdern

Kroatisches Märchen

Eine Mutter hatte zehn Kinder, neun Knaben und ein Mädchen, das noch in der Wiege lag. Ihren Mann hatte beim Holzfällen ein Baum erschlagen, und so stand sie mit ihren zehn Kindern allein in der Welt und mußte in die Dörfer betteln gehen. Alles, was sie erbettelte, brachte sie nach Hause und gab es ihren Kindern, doch es langte nie. Kaum hatte sie die Kleine in der Wiege beruhigt, da begannen schon wieder die Knaben zu schreien, sie hätten Hunger. Und so ging es jeden Tag.

Die unglückliche Mutter war schon ganz verzweifelt, und als wieder einmal alle neun Jungen nach Essen riefen, da sprach sie in ihrer Not: „Jungen, Jungen, ihr seid unersättlich wie die Wölfe. Ach, wäret ihr doch Wölfe, da könntet ihr euch euer Essen selbst beschaffen, und ich wäre alle Sorgen los!"

Kaum hatte sie dies gesagt, da verwandelten sich die neun Brüder in neun weiße Wölfe, blickten die Mutter traurig an und liefen in den Wald.

Wie die Zeit verging, wurde aus dem Kind in der Wiege ein kleines Mädchen und aus dem kleinen Mädchen eine schöne Jungfrau.

Eines Tages ging das Mädchen ins Dorf, und böse Zungen hinterbrachten ihr, sie hätte neun Brüder gehabt, die sich in weiße Wölfe verwandelt hätten.

Da ging es nach Hause und fragte die Mutter, ob es wahr sei, was die Leute berichteten.

„Es ist wahr, mein liebes Töchterchen", antwortete die Mutter. „Ich hatte außer dir noch neun Söhne und litt große Not. Alles, was ich in den Dörfern erbettelte, das gab ich ihnen, doch es war nie genug. Und als ich eines Tages gar nichts mehr hatte, was ich ihnen hätte geben können, und sie nicht aufhörten, nach Essen zu schreien, da habe ich sie in meiner Not verflucht. Sie verwandelten sich in weiße Wölfe und liefen in den Wald."

Da sagte das Mädchen: „Backe mir einen Kuchen, Mutter, ich will in die Welt gehen und meine Brüder suchen, vielleicht gelingt es mir, den Fluch zu lösen."

Die Mutter bat: „Gehe nicht, mein Töchterchen. Ich habe neun Söhne verloren, und nun soll ich auch noch mein einziges Töchterchen verlieren und habe niemanden mehr auf der Welt."

Aber alle Bitten waren vergebens. Das Mädchen nahm Abschied von der Mutter und zog in die Welt hinaus. So kam es eines Tages in einen tiefen Wald, und mitten im Walde fand es eine Hütte, in der ein altes Mütterchen wohnte.

„Ach bitte, Mütterchen", bat das Mädchen, „laßt mich bei Euch übernachten. Im Walde würden mich die Wölfe und andere wilde Tiere zerreißen."

„Wie gern würde ich dich aufnehmen", antwortete die Alte. „Aber das geht nicht. In der Hütte wohnen neun weiße Wölfe, die kommen jeden Abend nach Hause, und wenn sie dich hier fänden, so würden sie dich zerreißen. Doch wenn dich ein Unglück in diesen finsteren Wald getrieben hat, so erzähle es mir, vielleicht kann ich dir helfen."

Da erzählte das Mädchen: „Ich bin ausgezogen, meine neun Brüder zu suchen. Meine arme Mutter hatte auf der ganzen Welt nur diese neun Söhne und mich. Sie mußte in die Dörfer betteln gehen, und alles, was sie erbettelte, das gab sie mir. Doch die Brüder waren immer hungrig. Und so sagte sie einmal in ihrer Not, als sie nichts mehr hatte, was sie ihnen hätte

geben können, sie seien wie hungrige Wölfe und sollten sich ihr Essen im Walde selbst beschaffen. Und die Brüder verwandelten sich nach diesen Worten tatsächlich in neun weiße Wölfe, liefen in den Wald und sind seit dieser Zeit verschwunden. Ich aber will sie suchen, um den Fluch von ihnen zu nehmen."
„So komm nur herein, Töchterchen", sprach die Alte. „Ich werde dich auf dem Boden verstecken, damit dich die Wölfe nicht finden."
Am Abend erwartete die Alte ungeduldig die Wölfe.
„Guten Abend, Mütterchen", sagten sie, als sie eintraten.
„Guten Abend, Jungen", antwortete die Alte.
Den ganzen Tag liefen die Brüder im Wolfspelz im Walde umher. Aber am Abend, wenn sie in die Hütte traten, warfen sie den Pelz an der Tür ab und erhielten ihre Menschengestalt wieder.
Als die Alte ihnen an diesem Abend das Essen vorsetzte, sprach sie: „Meine lieben Söhne, noch nie habe ich euch gefragt, wer ihr seid und wie es kommt, daß ihr am Tage Wölfe seid, in der Nacht aber Menschengestalt habt. Doch heute hatte ich einen seltsamen Traum. Mir träumte, ihr hattet eine arme, alte Mutter und ein Schwesterlein, das nun wohl schon sechzehn Jahre alt ist. Und dann träumte mir noch, daß sich eure Schwester aufgemacht hat, euch zu suchen und von dem Fluch zu befreien."
Die Jungen sagten der Alten, daß ihr Traum wahr gewesen sei.
„Und möchtet ihr gern euer Schwesterlein sehen?" fragte die Alte.
„Ach Mütterchen", riefen alle neun einstimmig. „So gern, wie wir die helle Sonne sehen, so gern würden wir unsere tapfere Schwester schauen!"
Da ging die Alte auf den Boden und holte das Mädchen in die Stube. Als die Brüder ihre Schwester sahen, herzten und küßten sie sie und berichteten ihr dann, wie sie sie befreien könnte.
„Du müßtest unseretwegen großes Leid auf dich nehmen, Schwesterchen", sagten sie, „doch das können wir nicht von dir verlangen."
„Und wenn ich bis an mein Ende leiden sollte, für euch werde ich es gern tun, Brüder", antwortete das Mädchen. „Von dem Augenblick an, da du uns verläßt, darfst du neun Jahre lang kein Sterbenswörtchen über deine Lippen bringen", erklärten ihr die Brüder.
Das Mädchen versprach, neun Jahre lang kein Wort zu sprechen, nahm am Morgen von den Brüdern Abschied und kehrte nach Hause zurück.
„Hast du die Brüder gefunden?" fragte die Mutter.
Das Mädchen nickte mit dem Kopf, doch es sprach kein Wort. Dann fragte die Mutter, ob es die Brüder im Walde gefunden hätte, und wieder nickte das Mädchen. Auf alle Fragen nickte es oder schüttelte den Kopf, es kam kein Wort über ihre Lippen.
Da begriff die Mutter, daß das Mädchen mit seinem Schweigen die Brüder erlösen wollte. Sie erbettelte etwas Geld, kaufte für das Geld eine Kuh und schickte das Mädchen jeden Morgen mit der Kuh auf die Weide.
Eines Tages kam an der Wiese, auf der das Mädchen die Kuh hütete, ein Königssohn vorbeigeritten. Als er das schöne Mädchen sah, ritt er näher und sagte:
„Ich bin ein Königssohn, und wenn du willst, schönes Mädchen, so werde ich dich zur Frau nehmen."
Das Mädchen nickte mit dem Kopf, und so führte sie der Königssohn auf sein Schloß. Aber

niemandem im Schloß, nicht einmal der alten Königin, wollte es gefallen, daß die junge Braut stumm war.
„Was hast du dir nur für eine Braut ausgesucht?" fragte die Königin ihren Sohn. „Anstelle einer Königstochter bringst du ein Hirtenmädchen ins Haus, und noch dazu ein stummes. Alle Menschen werden uns auslachen!"
Der Königssohn beachtete diese Worte nicht und heiratete das stumme Mädchen.
Nach einiger Zeit mußte er in ein fernes Land reisen, und er wünschte sich, bei seiner Rückkehr einen Sohn vorzufinden. Doch kaum war das Söhnlein geboren, da warf die alte Königin das Kind aus dem Fenster in den See und legte an seine Stelle ein junges Hündchen. Doch das Knäblein war nicht in den See gefallen, unter dem Fenster hatte ein weißer Wolf gestanden, das Kind aufgefangen und davongetragen.
Der Königssohn kehrte von der Reise zurück und fand anstelle eines Sohnes ein kleines Hündchen in der Wiege. Doch sagte er seiner Frau kein böses Wort. Und als die alte Königin von ihm verlangte, die junge Frau zu töten, weil sie ihm einen Hund geboren hätte, so hörte er nicht auf sie.
Im nächsten Jahr mußte der Königssohn wieder in ein fernes Land ziehen. Und wieder gebar ihm seine stumme Frau ein Söhnlein. Die böse Königin aber legte anstelle des Kindes ein Hündchen in die Wiege und warf das Kind zum Fenster hinaus. Dort aber wartete schon ein weißer Wolf, der fing das Kind auf und trug es in den Wald.
Auch diesmal machte der Königssohn seiner Frau keine Vorwürfe, als er anstelle des Sohnes ein Hündlein in der Wiege fand, und er hörte auch nicht auf die bösen Worte seiner Mutter, die den Tod der jungen Frau verlangte.

Als der Königssohn zum drittenmal auf Reisen war, gebar seine Frau ein drittes Söhnlein. Und wieder tauschte es die alte Königin gegen einen neugeborenen Hund aus und warf das Kind aus dem Fenster. Unter dem Fenster aber wartete der Wolf, fing das Kind auf und trug es in den Wald.
Als der Königssohn nach Hause kam, sagte die alte Königin: „Zum drittenmal hat dir deine Frau einen Hund geboren. So wirst du nie einen Erben haben. Du mußt sie töten, denn sie ist eine Hexe!"
Dem jungen König blieb nichts anderes übrig. Er entschloß sich, seine Frau selbst zu henken, und sogleich führte er sie zum Richtplatz.
Die arme Frau sprach auf dem ganzen Weg kein Wort, nur große Tränen rollten aus ihren Augen. Der König wischte ihr die Tränen ab und sprach traurig:
„Zürne mir nicht, aber nur dein Tod kann den schrecklichen Zauber brechen."
Sie waren schon nahe beim Galgen, als aus der Ferne neun weiße Reiter auf weißen Pferden herbeigejagt kamen.
„Wartet, wartet auf uns!" riefen die Reiter schon von weitem.
Der König und seine unglückliche Frau blieben stehen, da waren die neun Reiter auch schon herangekommen, und drei von ihnen hielten in den Armen drei schöne Knaben.
Da sprach der erste Reiter: „Hier hast du deinen ältesten Sohn, Schwesterlein. Gerade heute sind die neun Jahre vorüber, und du darfst wieder sprechen."
Der zweite Reiter reichte ihr den zweiten Knaben: „Nimm deinen zweitgeborenen Sohn, Schwesterlein. Die neun Jahre sind vorüber, und du darfst wieder sprechen."
Und der dritte Reiter legte ihr den kleinsten der Knaben in den Arm und sprach: „Wiege, Schwesterlein, deinen jüngsten Sohn und fürchte nichts. Der Bann ist gebrochen, du darfst wieder sprechen."
Aber das Mädchen fürchtete, ein einziges Wort könnte die Brüder für immer in Wölfe verwandeln.
Da ließ sich der Jüngste der Brüder vernehmen: „Fürchte nichts, liebes Schwesterchen. Die neun Jahre sind wirklich vorüber, der Fluch der Mutter ist von uns genommen, wir sind wieder Menschen, und dich bindet kein Versprechen mehr. Du kannst ruhig deinem Mann erzählen, wie alles vor sich gegangen ist."
Da umarmte das Mädchen ihre drei Söhne und sagte: „Das sind die Söhne, die ich geboren habe. Deine Mutter hat sie aus dem Fenster geworfen und geglaubt, sie seien in dem See ertrunken. Aber drei weiße Wölfe, meine verzauberten Brüder, haben die Kinder aufgefangen und in den Wald getragen. Und heute haben sie mir meine Söhne zurückgebracht."
Der junge König ließ sogleich seine Mutter rufen: „Sagt ihr, sie soll kommen und sehen, wie ich meine Frau hinrichte!"
Als das die alte Königin hörte, freute sie sich und eilte sogleich zum Galgen.
Aber als sie sah, wie ihre bösen Pläne vereitelt worden waren, begann sie vor Wut zu schreien.
Der Königssohn sprach zu ihr: „Ich sollte dich, Mutter, ums Leben bringen, so wie du meine Söhne und meine Frau ums Leben bringen wolltest. Aber ich will nicht Gleiches mit Gleichem vergelten. Ich lasse dich nicht hinrichten, doch ich jage dich aus meinem Land!"
Und so jagte er die böse Königin davon, übernahm selbst die Herrschaft und lebte mit seiner Frau und seinen drei Söhnen glücklich auf seinem Schloß.

Warum die Hirsche nicht richtig lachen können

Indianermärchen

Einst trafen sich am Ufer des Flusses Nass die Wölfe der ganzen Gegend, um sich mit Spiel und anderer Kurzweil die Zeit zu vertreiben. Sie kamen in ganzen Rudeln, junge und ältere, ja nicht einmal der graue Wolf, der alte Griesgram, war zu Hause geblieben.
Anfangs sangen sie ihre langgedehnten Wolfslieder in Ruhe und Ordnung, aber nach und nach wurde eine solche Katzenmusik daraus, daß sich die anderen Tiere des Waldes die Ohren zuhielten und wie von Sinnen über Stock und Stein liefen, um nichts mehr davon zu hören. Die meisten Fische verkrochen sich unter Sand und Steinen, aber die Lachse, die sich lieber unter dem Wasserspiegel tummelten, übersprangen Stromschnellen und Wasserfälle und flüchteten stromaufwärts, um dem ohrenbetäubenden Geschrei am Ufer zu entgehen. Wie es heißt, hat der Lachs damals erst gelernt, über Stromschnellen zu springen und auch jedes andere Hindernis spielend zu überwinden.
Nicht einmal der Sonne wollte das Geheule der Wölfe gefallen. Sie legte sich an jenem Tag besonders früh schlafen und mummelte sich bis zum Kinn hinauf in rosige Abendwolken ein, denn auch sie wollte Ruhe haben. Aber dafür ließ sich der neugierige Mond von dem Wolfsgesang bis zu den Wipfeln der Tannen locken. Die Wölfe verdoppelten ihre Anstrengungen – endlich hatten sie einen dankbaren Zuhörer gefunden!

Freilich dauerte es nicht lange, und die Meute war so heiser geworden, daß sie sich nach einem anderen Vergnügen umsehen mußte. Und wie das bei derartigen Zusammenkünften so üblich ist, fingen sie schließlich an, längst vergessene Heldengeschichten zu erzählen. Manch alter Krieger zeigte den jungen Wölflein seine Narben, Erinnerungen an Wunden, die er in ruhmreichen Kämpfen davongetragen hatte. So saßen sie lange und erzählten, bis der Nebel über dem Fluß aufstieg.
Um diese Zeit kamen die Hirsche ans andere Ufer. Der Wind trug die Worte der Wolfsgeschichten an ihre Ohren, und sie konnten sich nicht helfen, sie mußten laut herauslachen,

denn die Tiere glauben nur Geschichten, die ihnen ihre eigenen Stammesgenossen erzählen. Gerade als das Gelächter seinen Höhepunkt erreicht hatte, rief eine Stimme über den Fluß: „Wer wagt es, die tapferen Wölfe zu verhöhnen?"
Da mußten sich die Hirsche den Bauch halten vor Lachen, und die Wölfe warteten vergebens auf Antwort. Da der Nebel sehr dicht war, hatten die Hirsche vor den Wölfen nicht die mindeste Angst, aber da kam plötzlich die Sonne, rieb sich die Augen, und mit dem Nebel war es vorbei.
„Hirsche! Hallo, Hirsche!" riefen die Wölfe. Und spotteten: „Ihr könnt ja nicht einmal richtig lachen! Guckt euch das an! Ha, ha, ha!" Dabei fletschten sie die Zähne, daß sich die Sonnenstrahlen darin spiegelten und das Echo durch den Urwald hallte.
„Jetzt wir!" schrien die Hirsche: „Hmhmm, hmhm, hm..." Dieses unterdrückte Lachen bei geschlossenen Kiefern reizte die Wölfe noch mehr zum Spott: „Ha, ha, ha! Wenn ihr lachen wollt, wie sich's gehört, müßt ihr die Mäuler aufreißen!"
„Hmhm, hmhm, hm..." machten die Hirsche wieder, und erst jetzt sahen die Wölfe, daß das Gebiß ihrer Widersacher sehr dürftig war. Aha, also deshalb können sie nicht anständig lachen! Bei dem Gedanken an die sichere Beute lief ihnen das Wasser im Munde zusammen. Sie sprangen in den Fluß und schwammen ans andere Ufer. Die Hirsche ergriffen die Flucht. Sie stoben nach allen Richtungen auseinander, aber die Wolfsmeute blieb ihnen auf den Fersen und verfolgt sie bis heute.
Denn seit jener Zeit wissen die Wölfe, daß ihnen die Hirsche mit ihrem unvollkommenen Gebiß nicht gewachsen sind und daher spielend von ihnen erjagt werden können.

Strohkälbchen Teerbauch

Ukrainisches Märchen

Es waren einmal ein Mann und eine Frau. Der Mann kochte Teer, und die Frau wirtschaftete im Haus herum.
Eines Tages setzte sie dem Alten zu: „Mach mir ein Kälbchen aus Stroh!"
„Alte Närrin, was willst du denn damit?"
„Ich werde es hüten."
Der Alte – was sollte er weiter tun? – machte ein Kälbchen aus Stroh, und die Seiten verklebte er mit Teer.
Am nächsten Morgen nahm die Alte ihren Spinnrocken unter den Arm und machte sich auf, um das Kälbchen zu hüten.
Sie setzte sich auf eine Anhöhe, fing an zu spinnen und sprach dabei:
„Weide, weide, Kälbchen Teerbauch, weide, weide, Kälbchen Teerbauch!"
Sie spann und spann, und schließlich schlief sie ein.
Plötzlich kam aus dem finstern Wald, wo die dunklen Fichten stehn, der Bär gelaufen.
Er sprang auf das Kälbchen zu und fragte: „Was bist du für ein Tier?"

„Strohkälbchen Teerbauch."

„Gib mir ein bißchen Teer. Die Hunde haben mir die ganze Seite eingerannt."

Das Kalb blieb stumm. Da wurde der Bär böse, packte es an dem mit Teer verklebten Bauch – und blieb natürlich hängen.

Die Frau erwachte und rief den Mann: „Alter, komm schnell! Unser Kalb hat einen Bären gefangen!"

Der Mann ergriff den Bären und sperrte ihn in den Keller.

Am nächsten Tage nahm die Frau ihren Flachs und ging wieder auf die Anhöhe, das Kälbchen zu hüten, fing an zu spinnen und sprach dazu: „Weide, weide, Kälbchen Teerbauch, weide, weide, Kälbchen Teerbauch!" Sie spann und spann und schlief wieder ein.

Plötzlich kam aus dem Walde der Wolf gelaufen und erblickte das Kälbchen: „Was bist du für ein Tier?"

„Strohkälbchen Teerbauch."

„Gib mir ein bißchen Teer. Die Hunde haben mir die ganze Seite eingerannt."

„Nimm dir nur."

Da langte der Wolf nach dem Teerbauch des Kälbchens und blieb ebenfalls hängen. Die Frau erwachte und schrie: „Alter! Alter! Unser Kalb hat einen Wolf gefangen!"

Der Mann kam gelaufen, packte den Wolf und sperrte ihn auch in den Keller.

Am dritten Tage hütete die Alte wieder das Kälbchen. Sie spinnt, spinnt und schläft ein...

Nicht lange, so kommt der Fuchs gelaufen und fragt: „Was bist du für ein Tier?"

„Strohkälbchen Teerbauch."

„Gib mir ein bißchen Teer, die Hunde haben mir das ganze Fell zerrissen."

„Nimm dir nur."

Da blieb auch er hängen. Und als die Frau erwachte und ihren Mann rief, sperrte er auch den Fuchs in den Keller.

Was hatte sich da schon alles angesammelt!

Der Alte setzte sich auf die Kellertreppe, wetzte sein Messer und sprach: „Ich werde dem Bären das Fell abziehen. Das wird ein Mantel, der sich sehen lassen kann!"

Als der Bär das hörte, erschrak er und rief: „Tu mir nichts, laß mich lieber frei! Ich will dir auch Honig bringen!"

„Betrügst du mich auch nicht?"

„Nein, ich betrüg' dich nicht."

„Nun, so lauf!"

Damit ließ er den Bären hinaus.

Das Messer aber wetzte er weiter.

Da fragte der Wolf: „Alter, warum schleifst du denn dein Messer?"

„Ich will dir das Fell über die Ohren ziehen und mir eine Pelzmütze für den Winter daraus machen."

„Ach laß mich frei! Ich fange dir auch viele Lämmer ein!"

„Nun, so lauf! Doch betrüge mich nicht!"

So ließ der Mann auch den Wolf frei. Aber das Messer wetzte er weiter.

„Sag mir, Alterchen, wozu schleifst du dein Messer?" fragte das Füchslein.

„Du hast einen prächtigen Balg," antwortete der Alte, „das gibt einen warmen Kragen für meine Frau."

„Oh, nimm mir nicht mein Fellchen! Ich will dir auch Hühner, Enten und Gänse dafür bringen!"
„Nun, so lauf! Aber täusche mich nicht!" Damit ließ der Mann auch noch das Füchschen frei.
Am nächsten Morgen, noch vor Tau und Tag, klopfte es „poch-poch-poch!" an die Türe.
„Du, Alter, da klopft doch jemand! Steh auf und sieh nach!"
Da stand der Bär und brachte einen ganzen Bienenkorb voll Honig angeschleppt.
Der Alte nahm den Honig und stellte ihn weg, aber derweilen klopfte es schon wieder an die Tür „poch-poch-poch!"
Jetzt brachte der Wolf die versprochenen Lämmer und dann der Fuchs die Hühner, Gänse und Enten.
Da freute sich der Alte, und die Frau freute sich auch, und beide lebten in Saus und Braus.

Die Schweinehirtin und Prinz Wolf

Spanisches Märchen

Es war einmal ein Mädchen, dem waren Vater und Mutter gestorben, als es noch in der Wiege lag, und so stand es ganz allein in der Welt und mußte sich schon von klein an sein Brot bei fremden Leuten verdienen. Zunächst half die arme Waise im Haus und in der Küche und, als sie größer wurde, im Stall. Am häufigsten aber hütete sie die Schweine.
Als sie eines Tages wieder die Schweine hütete, hörte sie aus dem nahen Wald ein klägliches Heulen.
Die Schweinehirtin erschrak und wäre am liebsten mitsamt den Schweinen davongelaufen. Aber das Heulen klang immer jämmerlicher, und unsere Hirtin war ein tapferes Mädchen. Sie ging in den Wald, immer dem Heulen nach. Im Wald aber fand sie einen großen Wolf, der hatte sich einen Dorn in die Pfote getreten und konnte keinen Schritt tun. Das Mädchen fürchtete sich vor dem Wolf, es hatte Angst, er würde es fressen, aber schließlich tat ihm das arme Tier doch so leid, daß es seine Furcht überwand und ihm den Dorn aus der Pfote zog.
Und siehe da, der Wolf tat ihm nichts. Er leckte ihm dankbar die Hand und lief davon. Unsere Schweinehirtin wollte zu ihrer Herde zurückkehren, doch als sie aus dem Wald kam, da war die Wiese leer. Die Schweine waren verschwunden.
Sicher hat sie ein anderer Hirte mitgenommen und treibt sie am Abend zurück, tröstete sich die Hirtin. Und weil sie den Tag nicht untätig verbringen wollte, lief sie in den Stall und trieb eine Herde Schafe auf die Weide. Kaum aber war sie mit ihren Schafen auf der Wiese angelangt, da hörte sie wieder ein klägliches Heulen aus dem Wald.
Was ist denn nun wieder los? dachte die Hirtin und lief noch einmal in den Wald. Wieder war es der große Wolf, der da so heulte. Er hatte sich in die zweite Pfote einen Dorn getreten und konnte keinen Schritt tun. Sein Heulen klang zwar schrecklich, aber die liebe Hirtin fürchtete sich schon weniger.

Wenn er mich beim ersten Mal nicht gefressen hat, so wird er mir auch diesmal nichts tun, dachte sie und zog ihm den Dorn aus der Pfote. Der Wolf leckte ihr dankbar die Hand und rannte tiefer in den Wald hinein. Die Hirtin aber lief zu ihren Schafen zurück. Doch als sie aus dem Wald trat, da war die Weide wieder leer, die Schafe waren verschwunden.

Sie werden allein in den Stall gelaufen sein, tröstete sich das Mädchen, und weil seine Herrschaft gewiß zürnen würde, wenn es den Tag müßig verbrachte, lief es ins Dorf und trieb eine Herde Kälber auf die Weide.

Auch diesmal erging es ihm nicht besser. Kaum war es mit den Kälbern auf der Weide angelangt, da heulte wieder im Wald der Wolf, der sich einen dritten Dorn, noch viel größer als die ersten beiden, in die Pfote getreten hatte und nun keinen Schritt tun konnte. Die Hirtin erbarmte sich seiner und zog ihm auch den dritten Dorn heraus, doch als sie aus dem Wald trat, da waren auch die Kälber von der Wiese verschwunden.

Den ganzen Tag suchte die arme Hirtin im Wald die Herden, aber sie fand kein einziges Schwein, kein einziges Schaf und kein einziges Kalb. Was nun? Ohne die Herden getraute sie sich nicht zu ihrer Herrschaft zurück.

Lieber gehe ich in die Welt hinaus! sagte sich die Hirtin. Die Nacht verbrachte sie im Wald. Zum Schutz vor wilden Tieren kletterte sie auf einen Baum und machte sich dort aus Zweigen und Laub ein Lager zurecht, doch auch wenn sie hier in Sicherheit war, so konnte sie doch vor Furcht kein Auge schließen.

Um Mitternacht blinkte plötzlich im Wald ein Licht auf. Und das Licht kam immer näher, bis es schließlich so hell leuchtete wie die Sonne. Und in seinem Schein stand unter dem Baum, auf dem die junge Hirtin saß, ein Jüngling, schön wie der Tag, schaute zu ihr hinauf und sprach:

„Fürchte dich nicht, schönes Hirtenmädchen. Ich bin ein Prinz, den ein böser Riese in einen Wolf verwandelte. Ich war es, dem du heute dreimal geholfen hast. Dafür hat dir auch der böse Zauberer deine Herden weggetrieben. Ich danke dir, daß du mir die Dornen herausgezogen hast, aber noch mehr könntest du mir helfen, wenn du mich erlösen wolltest."

Der schöne Prinz tat dem Mädchen leid, und so versprach es: „Gern erlöse ich dich, schöner Prinz, du mußt mir nur sagen, was ich tun soll."

Und der Prinz antwortete: „Den bösen Riesen versöhnt nur ein Kleid, das aus den Haaren einer Prinzessin gewebt ist. Wenn du mir ein solches Kleid brächtest, so würde der Riese den Zauber lösen, und du sollst dann meine Frau werden."

Da sagte die Hirtin: „Ich bringe dir ein Kleid aus den Haaren einer Prinzessin, und wenn ich bis ans Ende der Welt gehen müßte."

Und gleich am Morgen machte sich die Hirtin auf den Weg in die Stadt der Prinzessinnen. Drei Tage und drei Nächte ging sie zu Fuß über Berg und Tal, durch Wald und Wüste, bis sie endlich die Türme der Stadt vor sich sah.

In der Stadt der Prinzessinnen ging die Hirtin von Straße zu Straße und rief: „Wer braucht eine Kammerfrau, wer sucht eine Dienstmagd?"

Im siebenten Haus in der siebenten Straße saß am Fenster eine Prinzessin mit langem, herrlichem Haar, das ihr bis zum Knöchel reichte. Die Prinzessin winkte das Mädchen mit ihrer weißen Hand heran und sagte:

„Du kommst gerade recht. Gestern hat mich meine Kammerfrau verlassen, und nun habe ich niemanden, der mich kämmt."

Und so begann die Hirtin ihren Dienst und kämmte der Prinzessin das wunderschöne, lange Haar. Und wie sie es kämmte, da mußte sie an den verwunschenen Prinzen denken, und sie seufzte tief.
„Was seufzt du so, Mädchen?" fragte die Prinzessin.
„Ach, Herrin, ich mußte gerade an einen unglücklichen Prinzen denken", antwortete die Hirtin, und sie erzählte der Prinzessin von dem Prinzen, den der böse Riese in einen Wolf verwandelt hatte. „Wenn Ihr mir nur einen Eurer Zöpfe geben wolltet, so wäre der Prinz gerettet!"
„Gut, du sollst den Zopf haben", sagte die Prinzessin, „aber nur, wenn der Prinz mich dann zur Frau nimmt."
Was sollte da die arme Hirtin tun? Nahm sie den Zopf nicht, so mußte der Prinz für immer und ewig als Wolf umherlaufen. Und wenn sie ihn nahm und ein Kleid für den Riesen daraus webte, so würde der Prinz nicht sie, sondern die Prinzessin heiraten.
Doch weil die Hirtin den Prinzen wirklich von ganzem Herzen liebte, war ihr das Schicksal des Prinzen wichtiger als ihr eigenes, und sie nickte: „Gut, der Prinz wird Euch heiraten, sobald er erlöst ist."
Dann nahm sie eine Schere, schnitt der Prinzessin den Zopf ab und machte sich an die Arbeit. Sie verspann das Haar zu einem goldenen Faden, aus dem Faden webte sie goldenes Tuch, und aus dem Tuch nähte sie ein Kleid für den Riesen. Als das Kleid fertig war, band sie es in ein Bündel und eilte zu dem Wolf. Drei Tage und drei Nächte lief sie über Berg und Tal, durch Wald und Wüste, bis sie schließlich in dem bekannten Wald war. Doch, o weh, als der Wolf dem Riesen das Kleid brachte, da zeigte sich, daß es zu kurz war.
Der Wolf kam mit hängendem Kopf zu dem Mädchen zurück und sagte betrübt:
„Ich danke dir, schönes Hirtenmädchen, aber all deine Mühe war umsonst. Das Kleid ist dem Riesen zu kurz, er will es nicht, ich muß weiter ein Wolf bleiben."
„Sei nicht traurig, mein lieber Wolf", tröstete ihn da die Hirtin, „ich werde dir schon helfen."
Und sie eilte zurück in die Stadt der Prinzessinnen. Drei Tage und drei Nächte lief sie über Berg und Tal, durch Wald und Wüste, bis sie wieder vor dem siebenten Haus in der siebenten Straße stand.
Ihre Herrin hielt schon nach ihr Ausschau und rief ungeduldig:
„Beeile dich, Mädchen, eine ganze Woche hat mich niemand gekämmt!"

Und so trat die Hirtin wieder ihren Dienst an und kämmte das goldenen Haar der Prinzessin. Und wie sie es kämmte, da mußte sie an den verwunschenen Prinzen denken und seufzte tief.
„Was seufzt du so, Mädchen?" fragte die Prinzessin.
„Ach, Herrin, ich mußte wieder an den unglücklichen Prinzen denken." Und es erzählte seiner Herrin, daß das Kleid zu kurz gewesen war und der Riese es nicht angenommen und den Zauber nicht gelöst hatte.
„Aber wenn Ihr mir auch Euren zweiten Zopf geben wolltet, so wäre dem Prinzen gewiß geholfen."
„Du sollst ihn haben", meinte die Prinzessin, „aber nur, wenn mich der Prinz dann auch wirklich zur Frau nimmt."
Dem armen Mädchen wollte das Herz brechen, wenn es daran dachte, daß es nie die Frau des Prinzen werden würde, aber seine Liebe war so groß, daß es nickte und versprach: „Er wird Euch heiraten, Herrin, sobald der Zauber gebrochen ist."
Und dann nahm es eine Schere, schnitt der Prinzessin auch den zweiten Zopf ab und machte sich an die Arbeit. Es verspann das Haar zu einem goldenen Faden, aus dem Faden webte es goldenes Tuch, und mit dem goldenen Tuch verlängerte es das Kleid für den Riesen. Als es fertig war, band es das Kleid in ein Bündel und eilte damit zu dem Wolf. Drei Tage und drei Nächte lief es über Berg und Tal, durch Wald und Wüste, bis es schließlich bei dem Wolf anlangte. Doch, o weh, als der Riese das Kleid anprobierte, fehlte immer noch ein kleines Stück.
Traurig kam der Wolf zu der Hirtin zurück. „Ich danke dir, schönes Hirtenmädchen", sagte er betrübt. „Doch all deine Mühe war umsonst. Das Kleid ist dem Riesen immer noch zu kurz, er will es nicht haben, und ich muß weiter ein Wolf bleiben."
„Sei nicht traurig, mein lieber Wolf", tröstete ihn die Hirtin. „Ich werde dir helfen."
Und dann eilte sie wieder in die Stadt der Prinzessinnen zurück. Drei Tage und drei Nächte lief sie über Berg und Tal, durch Wald und Wüste.
Die Prinzessin hielt schon nach ihr Ausschau und rief ungeduldig:
„Beeile dich, Mädchen, eine ganze Woche lang hat mich niemand gekämmt!"
So trat die Hirtin wieder ihren Dienst an. Sie kämmte das Haar der Prinzessin, das nun kurz war, und dabei flossen ihr heiße Tränen über die Wangen.
„Warum weinst du, Mädchen?" fragte die Prinzessin.
„Ach, Herrin, ich weine, weil ich wieder an den unglücklichen Prinzen denken mußte." Und sie erzählte ihrer Herrin, daß das Kleid noch immer ein kleines Stück zu kurz war und der böse Riese es nicht angenommen und den Zauber nicht gelöst hatte.
„Aber wenn Ihr mir all Eure Haare geben wolltet, die Euch noch geblieben sind, so wäre dem Prinzen gewiß geholfen."
„Gut, du sollst sie haben", meinte da die Prinzessin. „Aber du mußt mir schwören, daß ich auch mit kahlem Kopf des Prinzen Frau werde!"
Dem armen Mädchen blutete das Herz, doch seine Liebe war so groß, daß es unter Tränen versprach: „Er wird Euch heiraten, Herrin, wenn er nur wieder seine Prinzengestalt zurück erhält."
Und dann nahm die Hirtin eine Schere und schnitt der Prinzessin alle Haare ab. Sie verspann das Haar zu einem goldenen Faden, aus dem goldenen Faden webte sie goldenes Tuch, und

mit dem goldenen Tuch verlängerte sie das Kleid für den Riesen. Als sie damit fertig war, band sie das Kleid in ein Bündel und eilte zu dem Wolf. Drei Tage und drei Nächte lief sie über Berg und Tal, durch Wald und Wüste, bis sie dem Wolf das Kleid übergeben konnte.
Diesmal kam der Wolf frohgemut und ohne Kleid von dem Riesen zurück. Das Kleid war nun lang genug, und der Riese war zufrieden.
„Aber wenn du mich erlösen willst, so mußt du noch eine Prüfung bestehen", sagte der Wolf und reichte dem Mädchen das Schwert des Riesen. „Wenn du willst, daß der böse Zauber von mir genommen wird und ich wieder ein Mensch werde, so mußt du mir den Kopf abschlagen!"
Da erschrak die Hirtin.
„Das kannst du nie und nimmer von mir verlangen, lieber Wolf. Das bringe ich nicht übers Herz!"
Der Wolf ließ den Kopf hängen und sagte traurig: „Wenn du es nicht tust, so muß ich für immer und ewig ein Wolf bleiben."
Was sollte die arme Hirtin tun? Sie packte das Schwert mit beiden Händen und trennte dem Wolf mit einem einzigen Hieb den Kopf vom Rumpf. Und siehe da, kaum war der häßliche Wolfskopf ins Gras gerollt, da sprang aus der Wolfshaut der Prinz heraus und war noch schöner als zuvor.
„Nun bin ich erlöst! Nun wirst du meine Frau!" jubelte er.
Doch das liebe Hirtenmädchen seufzte traurig und schüttelte den Kopf: „Nein, lieber Prinz, deine Frau darf ich nicht werden, denn ich habe dich einer anderen versprochen."
Und dann erzählte sie, was sie der Prinzessin geschworen hatte, um das Haar für das Kleid des Riesen zu erhalten.

„So muß ich dein Wort einlösen, denn du hast es ja in meinem Namen gegeben", sagte darauf der Prinz.
Traurig wanderten die beiden der Stadt der Prinzessinnen zu. Drei Tage und drei Nächte gingen sie über Berg und Tal, durch Wald und Wüste, bis sie vor dem siebenten Haus in der siebenten Straße standen.
Die Prinzessin hielt schon nach ihnen Ausschau und rief ungeduldig:
„Beeile dich, Mädchen, und führe meinen Bräutigam herauf, damit ich ihn mir aus der Nähe betrachten kann!"
Da führte das Mädchen den Prinzen zu seiner Herrin hinauf, öffnete die Tür und ließ ihn eintreten.
Kaum aber hatte der Prinz die Schwelle überschritten, da schlug die Prinzessin die Hände zusammen und rief: „Wen hast du mir denn da als Bräutigam gebracht, Mädchen? Das ist ja mein lieber Bruder, den ich sieben Jahre lang in der ganzen Welt gesucht habe."
Und so waren schließlich doch alle glücklich.
Die Prinzessin war froh, daß sie ihr Haar für ihren Bruder geopfert hatte, und der Prinz war froh, daß er das schöne Hirtenmädchen heiraten konnte. Am glücklichsten aber war die ehemalige Schweinehirtin. Wer hätte ihr wohl damals, als sie noch die Schweine fremder Leute hütete, prophezeit, daß sie dereinst einen schönen Prinzen zum Mann bekommen würde? Aber sie hatte sich ja mit ihrem guten Herzen und ihrer treuen Liebe ihr Glück wirklich verdient.

Die Wolfswimpern

Japanisches Märchen

In einem Dorf lebte ein reicher Schmied mit seiner einzigen Tochter, der lieblichen Akiko. Die Mutter war kurz nach der Geburt des Mädchens gestorben, und der Schmied hatte zum zweitenmal geheiratet, denn er brauchte eine Frau für die große Wirtschaft. Doch er hatte nicht glücklich gewählt. Die Frau war geizig und böse, nichts konnte sie erfreuen, am meisten aber ärgerte sie sich über Akiko, denn sie beneidete sie um ihr fröhliches Wesen und ihr freundliches Lächeln. Je größer das Mädchen wurde, um so mehr Arbeit lud ihr die Stiefmutter auf, so daß die junge Akiko bald die ganze Wirtschaft führte. Die Frau des Schmiedes saß nur faul da und erteilte Befehle, und am Abend beschwerte sie sich bei Akikos Vater, daß ihr das Mädchen dies oder jenes nicht recht gemacht habe.
Zwar weinte Akiko, wenn sie von den Verleumdungen hörte, aber am Morgen war alles vergessen, und sie ging wieder fröhlich ihrer Arbeit nach. Alles fiel ihr leicht, und die Mägde hörten nie ein böses Wort von ihr. Akiko war freundlich zu allen, wußte sie doch nur zu gut, wie bitter Ungerechtigkeit schmeckt. Und ebenso freundlich und gut war sie zu dem fahrenden Volk, das sich in jedem Dorf befindet, zu all den Mönchen, Bettlern und Bettlerinnen – nie ging jemand mit leeren Händen von ihrer Tür. Auch den Lehrjungen steckte sie ab und zu

eine Kupfermünze von dem Geld, das für den Haushalt bestimmt war, zu. Jedermann hatte das Mädchen gern. Wenn ihre Lieder durchs Haus klangen, wurde allen froh ums Herz, sie arbeiteten um so fleißiger, und mit der Wirtschaft des Schmiedes ging es voran.
Der Stiefmutter aber war Akikos Verhalten ein Dorn im Auge, und es verging kein Abend, an dem sie nicht geklagt hätte: „Mit jedem Hergelaufenen läßt sie sich ein, als ob sich das für ein Mädchen aus gutem Hause schickte. Sie wird uns noch alle Kunden vertreiben!" Oder: „So kommen wir bestimmt noch ins Schuldgefängnis. Wenn ich einen Augenblick nicht aufpasse, verteilt sie, was ihr unter die Hände kommt. Ja, ausgeben kann sie wohl, aber selbst bringt sie keine Kupfermünze ins Haus. Wenn das so weitergeht, gehen wir bald betteln, dann wirst du schon merken, wie weit es das gute Herz deiner Tochter gebracht hat!"
So verleumdete sie Akiko Tag für Tag, und der Vater schenkte ihr Glauben. Er mußte sein Geld schwer genug verdienen und sah es deshalb nicht gern, wenn etwas unnütz ausgegeben wurde. Akiko verteidigte sich nie gegen die Anklagen der Stiefmutter. Sie stand nur traurig mit gesenktem Kopf vor dem Vater und wischte sich die Tränen aus den Augen. Doch am nächsten Morgen klangen wieder ihre fröhlichen Lieder durchs Haus.
Sie nimmt die gut gemeinten Ratschläge nicht ernst, sagte sich der Vater, wenn er sie so singen hörte, und mit der Zeit verhärtete sich sein Herz. Und als sich die Stiefmutter am Abend vor Neujahr mit lautem Geschrei beschwerte, Akiko wolle Unglück auf das Haus herabrufen, sie habe den Gott des Glückes beleidigt, denn sie habe den Teig für die Neujahrskuchen nicht aus dem besten Reis, der im Hause sei, bereitet, sondern aus alten Vorräten, da jagte der Vater seine Tochter aus dem Haus.
Traurig ging Akiko durchs Dorf. Überall waren die Neujahrsvorbereitungen in vollem Gang, und so beachtete niemand die Tochter des Schmieds. Sie folgte der Straße, bis sie ins Nachbardorf kam. Sie fror und war hungrig, doch sie fand keinen Dienst, um sich das bißchen Essen und ein Nachtlager zu verdienen – überall wies man ihr hartherzig die Tür.
Akiko konnte vor Schwäche kaum noch laufen, und so klopfte sie an die Tür eines Wirtshauses und bat um etwas heißen Tee.
„Herr Wirt, ich habe kein Geld, aber ich will Euch meine gesteppte Jacke als Pfand dalassen. Gebt mir doch etwas Warmes zu essen."
„Da könnte jeder kommen", antwortete der Wirt. „Ich gebe dir zu essen, und dann bekomme ich nichts für die Jacke. Nein, erst lasse ich die Jacke verkaufen, dann werden wir ja sehen, was sie wert ist."
Akiko zog die Jacke aus und blieb im leichten Kimono vor dem Haus stehen. Der Wirt schickte einen Knecht aus, um die Jacke zu verkaufen, und das Mädchen wartete, vor Kälte zitternd, bis er mit dem Geld zurückkam.
Wenn er das Geld bringt, so esse ich etwas Warmes, und gewiß bleiben noch ein paar Kupfermünzen für den weiteren Weg übrig. Vielleicht finde ich auch mitleidige Menschen, die mir Arbeit geben und mich bei sich übernachten lassen, tröstete sie sich selbst. Lange wird es nicht dauern, der Vater sieht sicher sein Unrecht ein und ruft mich zurück; denn eine solche Ungerechtigkeit kann es ja auf der Welt nicht geben.
Die Gäste kamen und gingen, Diener und Knechte liefen aus dem Haus und wieder hinein, aber niemand beachtete das an der Schwelle kauernde Mädchen. Schließlich, als sie es vor Kälte und Hunger nicht mehr aushielt, rief sie leise den Wirt.
„Was belästigst du mich, Bettelgesindel! So jung und treibt sich schon herum, du mußt ja

ein schönes Früchtchen sein. Mach, daß du fortkommst, du vertreibst mir noch die Kunden!" fuhr der Wirt sie an.
Akiko erinnerte ihn mit bebender Stimme an die Jacke, die sie ihm zum Verkauf gegeben hatte: „Es war eine gute Jacke, und sicher habt Ihr so viel dafür bekommen, daß Ihr mir warmen Reis mit Fisch und ein Schälchen heißen Tee dafür geben könnt."
„Haha, sie will mir eine Jacke gegeben haben", lachte der Wirt verächtlich. „Eine schöne, wertvolle Jacke, ein ganzes Vermögen! Haha! Und einen Beutel mit Geld hast du mir wohl auch anvertraut? Der scheint dir auch zu fehlen! Hat man je eine solche Unverschämtheit erlebt? Ich werde einer Bettlerin die Jacke verkaufen! Wenn du eine gute Jacke hättest, würdest du schön zu Hause sitzen und dich nicht in den Dörfern herumtreiben!" Der Wirt schrie so laut, daß die Gäste aus dem Haus gelaufen kamen und das arme Mädchen verspotteten.
Akiko begann zu weinen. Ja, die Kälte und der Hunger waren schrecklich, aber nichts tat so weh wie diese zum Himmel schreiende Ungerechtigkeit.
„Hier hast du!" Der Wirt warf ihr einen harten Kloß und einen geflickten Sack hin. „Damit du siehst, daß ich ein mitleidiger Mensch bin und an diesem Feiertag nicht einmal eine so unverschämte Bettlerin wie dich mit leeren Händen von meiner Schwelle weggehen lasse. Und nun mach, daß du fortkommst, sonst hetze ich die Hunde auf dich!"
Akiko warf sich den geflickten Sack über und lief unter dem Gespött und Gelächter der Gäste schamrot aus dem Dorf. Nur fort von hier! Erst am Waldrand machte sie halt. Es begann zu schneien, und das Mädchen wußte weder wo sie war noch wohin sie sich wenden sollte. Verzweifelt sagte sie sich: Auf dieser Welt erwartet mich nichts Gutes. Soll ich, den Menschen zum Gespött, irgendwo am Wege verhungern oder erfrieren? Nein, lieber setze ich meinem Leben selbst ein Ende. Ich will in den Wald gehen und mich von den Wölfen auffressen lassen!
Und um ihren grausigen Beschluß in die Tat umzusetzen, wich sie vom Wege ab und trat in den finsteren Wald.
In den Bergen gibt es viele Wölfe, und im Winter sind sie hungrig. Sicher werden sie bald kommen und meiner Pein für immer ein Ende bereiten, überlegte sie.
Unter solchen Gedanken kam sie auf eine kleine Lichtung, setzte sich auf einen Stein und wartete auf die Wölfe. Langsam brach die Dämmerung herein, der Schnee fiel immer dichter. Im Wald war es still, kein Blatt bewegte sich, und nicht der leiseste Laut war zu hören.
Vielleicht ist dies nicht der richtige Ort, dachte Akiko, als sich kein Wolf blicken ließ. Ich war ja noch nie im Wald und weiß nicht, wo sich diese Tiere aufhalten. Ich werde sie suchen müssen.
Und sie stand auf und ging weiter. Sie bahnte sich einen Weg durch dichtes Gestrüpp, lief einsame Wege entlang und rief ständig: „Wolf, lieber Wolf, so komm doch und friß mich auf, ich will nicht mehr leben!"
Lange war sie durch den Wald geirrt, als auf einmal etwas im Gebüsch am Wege knackte. Die Zweige schoben sich auseinander, und ein riesiger violetter Wolf mit großen roten Augen sprang heraus. Er duckte sich, als wollte er sich jeden Augenblick auf Akiko stürzen, bleckte die scharfen Hauer und sah das Mädchen durchdringend an.
Akiko blieb stehen und verstummte. Jetzt, da sie die scharfen Zähne vor sich sah und den heißen Atem des Wolfes spürte, bekam sie doch Angst, aber dann dachte sie an all die Erniedrigungen und Ungerechtigkeiten, die ihr die Menschen angetan hatten, und an den Hungertod, der sie erwartete, und ihr Entschluß wurde wieder fest.

Sie sah den Wolf zwar furchtsam an, doch sprach sie mit fester Stimme: „Friß mich auf, Wolf! Mich erwartet auf der Welt nichts Gutes mehr!"
Der Wolf duckte sich noch mehr, blinzelte und schaute Akiko scharf an. Dann setzte er sich auf die Hinterläufe und sprach unerwartet freundlich:
„Nein, dich fresse ich nicht. Ich fresse keine Menschen, wenigstens keine anständigen. Und du bist ein Mensch, wie er sein soll. Dein Unglück kommt nur daher, daß du zu vertrauensselig bist und die guten Menschen nicht zu erkennen vermagst. Doch ich will dir helfen!"
Er zupfte sich vorsichtig zwei Wimpern aus und reichte sie Akiko: „Wenn du wissen willst, wen du vor dir hast, so halte diese beiden Wimpern vor deine Augen und sieh ihn dir genau an. Vertraue dem, der sich nicht verändert, so aufmerksam du ihn auch betrachtest. Mit einem solchen Menschen wirst du glücklich werden. Den anderen aber glaube nicht, sie mögen schöntun, so viel sie wollen!"
Überrascht dankte Akiko dem Wolf und kehrte um. Vor lauter Verwunderung hatte sie Hunger und Kälte vergessen. Bald fand sie aus dem Wald heraus und kam in ein Städtchen.
Sie stellte sich an eine Wegkreuzung. Um sie wogte eine Menschenmenge. Einige trugen Körbe und Reisigbündel auf dem Rücken. Die einen führten Pferde zum Markt, andere wieder schleppten ihre Einkäufe nach Hause. Und wie viele geputzte Frauen und würdige Männer kamen vorbei! Alle sahen ordentlich und ehrlich aus. Weshalb sollte sie diesen Menschen nicht vertrauen? Sie beschloß, das Mittel des Wolfes auszuprobieren, hielt sich die Wimpern vor die Augen und betrachtete den Trubel. Oh, wie veränderten sich auf einmal all die würdig und ehrlich dreinschauenden Städter! Zum Beispiel die ehrwürdige Matrone, die dort, in schwere Seide gekleidet, einherschreitet, umgeben von Dienerinnen und der Kinderfrau, die einen kleinen Knaben an der Hand führt: Über dem Seidenkimono trägt sie einen Hühnerkopf, der hungrig nach allen Seiten pickt. Und die Dienerinnen sind lauter Mäuse und Hennen. Dort naht ein Beamter mit seinem Gefolge: Über dem steifen Kragen des Festtagskimonos erhebt sich stolz ein Schweinekopf. Aus einer Nebenstraße kommt ein Kaufmann, aus seinem Fuchskopf schauen schlaue Äuglein flink nach allen Seiten. Wohin Akiko auch sieht, überall erblickt sie nichts als Tierköpfe, nirgends ein menschliches Antlitz!
Das Mädchen wurde traurig. So ist das also! Lebt denn in der ganzen Stadt kein einziger wahrer Mensch?
Schon wollte sie die Hoffnung aufgeben, da sah sie einen jungen Köhler in ärmlicher Kleidung und mit einem Sack Holzkohle auf dem Rücken näher kommen. Er ging langsam, man merkte, daß er einen weiten Weg hinter sich hatte. Zögernd legte Akiko noch einmal die Wimpern an die Augen. Was für ein Tier würde sie wohl diesmal an Stelle des Vertrauen erweckenden Gesichts erblicken? Sie schaute aufmerksam, der Köhler veränderte sich nicht. Sie mochte die Wimpern drehen und wenden, wie sie wollte, und ihre Augen noch so anstrengen, der Köhler behielt seinen hübschen Jünglingskopf.
Akiko freute sich – doch wie sollte sie den fremden Menschen ansprechen? Was würde er von ihr denken? Also beschloß sie, dem Köhler heimlich zu folgen. So würde sie sehen, wo er wohnte, und unterwegs würde ihr schon etwas einfallen.
Der Köhler tauschte seine Kohle auf dem Markt gegen Tee, Reis und Salz ein und lenkte dann, ohne sich irgendwo aufzuhalten, seine Schritte den Bergen zu. Akiko folgte ihm in einiger Entfernung und bemühte sich, ihn nicht aus den Augen zu verlieren. Der Jüngling war schnell zu Fuß, und Akiko mußte sich anstrengen, ihm zu folgen. Sie gingen an Reisfel-

dern vorbei und schlugen dann einen Waldweg ein. Hier entschwand der Köhler ihrem Blick – er war jung und stark, Akiko aber vom Hunger und von der langen Wanderung geschwächt. Doch zum Glück sah sie in der Ferne Rauch aufsteigen, dort war sicher der Meiler des Köhlers. Sie ging dem Rauch nach und kam wirklich auf eine Lichtung, wo neben einem Meiler eine kleine Hütte stand.

Akiko näherte sich der Hütte und schaute hinein. Es war niemand darin, aber auf dem Feuer stand ein Kessel mit Wasser, der Köhler konnte also nicht weit sein. Müde setzte sich das Mädchen auf die Schwelle und wartete.

Nach einer Weile trat der Bursche aus dem Wald, blieb ein Stück vor Akiko stehen und rief: „Bist du mir bis hierher gefolgt, du Gespenst! Geh deiner Wege, bei mir findest du nichts!"

Akiko stand auf, grüßte höflich und versicherte, sie sei kein Gespenst, sondern ein gewöhnliches Menschenkind. Schließlich schenkte ihr der Köhler Glauben.

„Natürlich habe ich gemerkt, wie du mir von der Stadt aus nachgelaufen bist. Deshalb habe ich eine schnellere Gangart vorgelegt, aber du bliebst immer hinter mir. Ich dachte, du wärst ein Gespenst, ein Mädchen geht doch nicht allein in den Wald. Deshalb bin ich auch nicht in der Hütte geblieben. Ich dachte mir, wenn mich das Gespenst nicht findet, wird es schon wieder verschwinden. Doch sage mir, was du hier suchst. Du siehst nicht wie eine Herumtreiberin aus, zumindest hast du einmal bessere Tage gesehen."

Akiko berichtete von ihrer bösen Stiefmutter und von der Ungerechtigkeit ihres Vaters, auch davon, wie sie sich von den Wölfen hatte fressen lassen wollen. Schließlich bat sie den Köhler, sie in der Hütte bleiben zu lassen.

„Ich kann kochen und dir die Wirtschaft führen. Du wirst mit mir zufrieden sein."

„Ich schon, aber ich weiß nicht, ob es dir bei mir gefallen wird. Ich bin ein einfacher Köhler, der sich mühselig von seiner Hände Arbeit ernährt. Bei mir geht es nicht wie in einem reichen Hause zu."

Akiko jedoch hatte kein Verlangen nach Wohlleben; sie war froh, ein Dach über dem Kopf zu haben und wünschte sich nichts sehnlicher, als bei dem Köhler bleiben zu dürfen. Und weil ihre Füße von der langen Wanderung schmutzig waren und sie die Hütte so nicht betreten wollte, fragte sie den Jüngling, wo sie sich waschen könne.

„Hinter dem Meiler ist am Waldrand eine Quelle."

Die Quelle war von Holzbalken eingefaßt. Akiko beugte sich zu dem Wasser hinab, das funkelte, als ob sich die Sonne darin spiegelte.

Es ist doch schon Abend, wo sollten jetzt Sonnenstrahlen herkommen? fragte sie sich und schaute genauer hin. Der funkelnde Schein ging von den Kieseln auf dem Grund der Quelle aus. Akiko nahm einen der Kiesel in die Hand und besah ihn genauer. Dann wusch sie sich die Füße und bückte sich, um von dem Wasser zu trinken, das aus einem Bambusrohr floß. Sicher holt der Köhler hier sein Wasser zum Kochen, dachte sie, doch dann hielt sie erstaunt im Trinken inne. Was da aus dem Bambusrohr kam, war kein Wasser, sondern der feinste Reiswein. Akiko nahm einen der goldenen Kiesel und eilte zu der Hütte zurück.

„Weißt du, was das für ein Stein ist?" fragte sie den Köhler.

„Natürlich, das ist ein ganz gewöhnlicher Stein. In der Quelle und rundum gibt es genug davon. Sie sind sehr schön, schau nur, wie sie glänzen! Und sie verlieren ihren Glanz auch nicht, wenn sie trocknen", sagte der Köhler ruhig. „Sieh nur, ich habe meine Feuerstelle damit geschmückt. Und wenn du willst, kann ich den ganzen Weg zur Quelle damit pflastern, so viele liegen hier herum!"

„Das ist kein Stein, das ist reines Gold", erklärte ihm Akiko. „Dafür kannst du in der Stadt bekommen, was du willst – und brauchst dein Brot nicht mehr so mühselig zu verdienen."

„Für einen Stein sollte ich Reis bekommen? Dir hat gewiß die Müdigkeit die Sinne verwirrt. Für Kohle ja, dafür kann ich in der Stadt eintauschen, was ich brauche – wenn ich nur genug davon hätte!" Der Köhler ließ sich nicht aus der Ruhe bringen.

„Und weißt du auch, was aus dem Bambusrohr bei der Quelle fließt?"

„Was sollte es schon sein?" brummte der Köhler. „Gutes, reines Wasser. Ich trinke es seit vielen Jahren, und noch nie ist mir etwas passiert."

Akiko mußte lachen, ihre gute Laune kehrte zurück. „Gutes, reines Wasser! Ja, weißt du denn nicht, daß es der beste Reiswein ist, den ich je getrunken habe?"

Und dann erklärte sie dem jungen Köhler, inmitten welcher Reichtümer er bisher sein Leben kümmerlich gefristet hatte. „Gleich morgen schaffen wir etwas von dem Gold in die Stadt und tauschen es für Geld ein. Und dann lassen wir Handwerker kommen und bauen an der Reisweinquelle ein Wirtshaus. Du wirst staunen, wie gut wir leben werden!"

Zwar wollte der Köhler dem Mädchen nicht glauben, doch als er sah, wie die traurige und müde Akiko auflebte und fröhlich wurde, mochte er sie nicht betrüben. So trugen sie gleich am Morgen die goldenen Kiesel in die Stadt. Und es dauerte nicht lange, da stand auf der Lichtung das Wirtshaus „Zum verlorenen Meiler". Schon bald war es wegen seines guten Weins und seiner freundlichen Wirtin in der Umgebung bekannt, und von weit und breit kamen Händler und Samurai gezogen und kehrten bei Akiko ein. Ja, einmal machte sogar der Fürst der Provinz hier halt, und der köstliche Reiswein, der direkt aus dem Felsen sprudelte, mundete ihm so, daß er ihn sich seit dieser Zeit in den Palast schicken ließ und keinen anderen Wein mehr trank.

Auf der Lichtung ging es immer lustig zu – nach den hohen Gästen kamen auch die weniger edlen und schließlich all das fahrende Volk: Mönche, Bettler und Bettlerinnen. Aber die Wirtin hatte für alle ein freundliches Lächeln.

Und was war inzwischen in Akikos Dorf geschehen?

Als der Vater Akiko aus dem Haus gejagt hatte, fand die Stiefmutter endlich Ruhe. Nur mußte sie nun alle Arbeit allein verrichten, und so war sie bald wieder genauso unzufrieden wie zuvor, bis sie schließlich an ihrem mürrischen Wesen starb. Doch auch dem Schmied wollte nichts mehr gelingen. Es war wie verhext. Seine Sensen, die sonst in der ganzen Umgegend begehrt gewesen waren, brachen auf einmal entzwei, noch ehe sie den ersten Schnitt getan hatten. Wollte er eine gute Hacke schmieden, so wurde eine schlechte Axt daraus. Verge-

bens zankte er mit den Lehrjungen und entließ die Gehilfen – die Werkstatt verkam immer mehr, bis ihm nichts mehr blieb und er betteln gehen mußte. So hatte sich erfüllt, was die Stiefmutter einst vorausgesagt hatte, wenn auch aus einem anderen Grund.
Eines Tages kam der alte Schmied mit einem Häuflein Bettler zum Wirtshaus „Zum verlorenen Meiler“. Er erkannte seine Tochter nicht, doch er war überrascht, als man ihnen anstelle grober Schimpfworte eine Schüssel fetter Suppe und ein Schälchen des besten Reisweins vorsetzte. Diese Gastfreundlichkeit armen Bettlern gegenüber erinnerte ihn an seine Tochter, war sie doch ebenso freundlich und mitleidig gewesen wie diese Wirtin. Erst jetzt wußte er, was ein freundliches Wort für einen gequälten und müden Menschen bedeutet, und er bereute, damals so voreilig und unüberlegt gehandelt zu haben.
„Ach, meine Akiko, was mag aus ihr geworden sein. Ob sie wohl auch so unglücklich durch die Welt irrt wie ich oder gar umgekommen ist?“ So seufzte der Alte, und Tränen rannen ihm über die Wangen.
Akiko bediente unweit davon ihre Gäste, aber ein unbestimmtes Gefühl zog sie zu den Bettlern hin. Vor allem jener alte Mann kam ihr bekannt vor – bis sie endlich in ihm ihren Vater erkannte. Lange zögerte sie, ob sie sich zu erkennen geben sollte. Sie dachte an all das Ungemach und die bösen Worte, mit denen er sie aus dem Hause gejagt hatte. Doch als sie die bitteren Tränen sah, die der Alte um seine Tochter weinte, vergaß sie alles und trat zu ihm.
„Vater, weint nicht mehr, ich bin Eure Akiko!“
„Akiko, mein Töchterchen“, schluchzte der Schmied. „Siehst du, so hat mich das Schicksal für meine Ungerechtigkeit bestraft.“
Akiko rief auch ihren Mann herbei, und dann weinten sie alle drei und erzählten einander ihr Schicksal.
Der alte Schmied blieb bei seiner Tochter und deren Mann, und sie lebten glücklich und zufrieden. Und später erzählte der Alte seinen Enkeln immer wieder die Geschichte ihrer Eltern und des Gasthauses „Zum verlorenen Meiler“.

Wie der Iltis zu seinem Gestank kam

Indianermärchen

Vor langer, langer Zeit, als Anansi den anderen Tieren noch seine Streiche spielte, war alles anders als heute, und viele Tiere sahen auch anders aus.
Wer würde beispielsweise glauben, daß der schwarze und der graue Wolf den Iltis zum Bruder hatten? Und doch war es so.
Während die Wölfe aber ihre Erdentage mit Jagd und Beute ausfüllten – und oft bestanden sie harte Kämpfe mit starken Feinden –, stahl der Iltis den Vögeln die Eier aus den Nestern, ließ sich Grashüpfer schmecken oder schnappte nach Fliegen. Überall, wo der Iltis aufkreuzte, scholt man ihn einen Feigling und Dieb.
Die Wölfe schämten sich ihres Bruders, der ihrer Familie nur Schande brachte. Beklagten sich

doch die Vögel bei ihnen, wieviele Eier er ausgeraubt, wieviele Nester er beschädigt habe. Und eines Tages fanden die Wölfe es an der Zeit, seinen Diebstählen ein Ende zu setzen...

Der schwarze Wolf ging zum Iltis und sagte:

„Lieber Bruder, wir hören nur Beschwerden über dich. Warum erbeutest du keinen Hasen? Warum gehst du nicht mit uns auf Jagd? Schließlich gehörst du zu unserer Wolfsfamilie!"

„Mir schmecken aber Eier besonders gut", antwortete der Iltis, an dessen Maul frisches Eigelb klebte. Der schwarze Wolf schüttelte seinen Kopf und sagte: „Es ist eine Schande! Eier! Wie kann einer aus unserer Familie nur Eier essen!" Dann lief er davon.

Der graue Wolf hörte weiter zu, was die Vögel über den Iltis sagten. Und als es ihm zuviel wurde, berief er eine große Versammlung ein.

„Sagt mir, was euch der Iltis alles angetan hat!" rief er den vielen Tieren, die gekommen waren, zu. „Ich will..."

„Er hat meine Eier aufgefressen!" unterbrach die Taube barsch und wütend die Worte des grauen Wolfes.

„Meine auch!" – „Meine auch!" riefen alle Vögel im Chor.

Die Maus klagte:

„Er hat mich so an meinem Schwanz gezogen, daß er seither unbehaart ist. Seht ihn euch nur an..."

„Meinen Schwanz hat er sogar abgebissen", rief die Eidechse aufgebracht. „Und ich glaube nicht, daß er wieder wächst!"

So klagten die Tiere, und ihre Klagen und Beschwerden wollten kein Ende nehmen.

Da erwiderte der graue Wolf:

„Nun sagt, was sollen wir mit dem Iltis machen?"

„Töte ihn, töte ihn!" riefen die aufgebrachten Tiere.

Der graue Wolf versprach es ihnen zwar, aber kämpfen wollte er mit dem Iltis nicht. So wartete er, und erst als der Iltis in seinem Erdloch einen bleiernen Schlaf schlief, schlüpfte er in dessen Bau, schliff ihm mit einem Stein Zähne und Krallen ab und drückte ihn so zu Boden, daß der Iltis klein wie ein Marder wurde und mit einem Schmerzensschrei aus dem Schlaf emporfuhr.

„Was ist denn los?" schrie er.

„Nichts, Brüderchen, gar nichts. Ich bin nur gekommen, um dich zu fressen!" rief der graue Wolf und zeigte seine großen Hauer.

Der Iltis erschrak natürlich furchtbar und lief, daß es nur so staubte, aus seinem Bau hinaus. Trotzdem konnte er noch die letzten Worte hören, die der graue Wolf hinter ihm herrief:

„Lauf, wohin du willst, ich finde dich überall!"

Der Iltis lief wirklich um sein Leben, und als er endlich an einen Felsen kam, kletterte er geschwind hinauf und hielt vorsichtig Ausschau nach dem grauen Wolf.

Die Nacht war vorüber, doch der graue Wolf war nirgends zu sehen, dafür kam der schwarze Wolf zum Felsen. Er rief:

„Fürchte dich nicht, Bruder! Komm herunter, ich habe dir etwas mitgebracht, das dich vor deinen Feinden schützen wird!"

„O nein, lauf nur weiter, ich traue dir nicht. Du willst mich doch auch nur auffressen! Lauf weiter! Auf solche Brüder verzichte ich!"

„Ach was", sagte der schwarze Wolf, „du bist so klein geworden, daß dich niemand mehr

für unseren Bruder halten wird. Und wir haben ja ohnehin nie recht zusammengepaßt! Wölfe sind nicht so ängstlich wie du. Aber weil ich nicht will, daß man dir etwas antut, habe ich dir ein Zaubermittel mitgebracht!"
Mit diesen Worten zog er einen kleinen Beutel hervor.
„Und der soll mir vor meinen Feinden Schutz bieten?" fragte der Iltis mißtrauisch.
Darauf öffnete der schwarze Wolf den Beutel, und im Nu verbreitete sich ein so fürchterlicher Gestank, daß der Iltis ein Stück weglief.
„Siehst du!" lachte der Wolf gutmütig. „Aber du mußt wissen, dem Besitzer des Beutels macht der Gestank nicht das geringste aus!"
„Was ist denn in dem Beutel?" fragte der Iltis neugierig.
„Das ist ein Geheimnis. Doch dir will ich es anvertrauen: Vor langer Zeit, als unsere Urmutter ein verdorbenes Entenei fand, mischte sie es mit dem Atem des Geiers, dem Schweiß des Bären und der Kloake des Panthers und steckte alles zusammen in diesen Beutel. Daraufhin gab sie mir den Beutel mit dem Befehl, daß er einem in Not geratenen Wolf oder Iltis ausgehändigt werden soll. Und weil du jetzt in Not geraten bist, habe ich an dich gedacht..."
Der schwarze Wolf legte den Beutel am Fuß des Felsens nieder und verschwand. Der Iltis aber nahm den Beutel auf und trennte sich auch nicht mehr von ihm, denn er sah bald: Er brauchte den Beutel wirklich nur ein ganz klein wenig zu öffnen... und alle seine Feinde laufen, kaum daß sie ihre Zähne gefletscht haben, eilig wieder davon.

Wie der Rabe dem Krebs und dem Wolf mitspielte

Sibirisches Märchen

Einmal badete der Rabe im Meer. Er planschte in der Nähe des Ufers und scheuchte die Fische, die dort in der Sonne spielten. Und wie er sie so vor sich hintrieb, weckte er einen alten Krebs unter einem Stein.
„Wer weckt mich?" schimpfte der Krebs, und schon zwickte er den Raben kräftig ins Bein.
„Ach, Krebs, laß mich los! Es tut so furchtbar weh", schrie der Rabe verzweifelt.
„Dann hättest du mich nicht aufwecken sollen. Jetzt werde ich dich essen."
„Laß mich los, Krebs!" bat der Rabe wieder. „Ich werde dir dafür ein schönes Tschum aus Renleder bauen."
„Was soll ich mit einem Tschum?" lachte der Krebs und kniff noch ein bißchen fester zu. „Mir reicht ein Stein."
„Ich werde dir einen neuen Kajak bringen, wenn du mich freiläßt."
„Was soll ich mit einem Kajak? Ich kann ja selbst gut schwimmen."
„Ich werde dir ein schönes Ren bringen", schrie der Rabe am Ende und wimmerte vor Schmerz.
„Ein Ren? Sagtest du ein Ren?" fragte der Krebs und leckte sich schon gierig das Maul. „Nun gut, dann hole mir ein fettes Ren. Ich habe schon lange kein Renfleisch gegessen."
Der Krebs ließ den Raben los, und dieser sprang schnell zum Ufer zurück.

„Aber vergiß dein Versprechen nicht!" rief der Krebs ihm nach. „Wage dich ohne das Ren nicht in meine Nähe! Es würde sonst ein schlimmes Ende mit dir nehmen."
Der Rabe konnte nur mühsam die Flügel bewegen, darum lief er lieber nach Hause. Unterwegs traf er jedoch den Wolf.
„Wohin geht's denn, Rabe?" fragte der Wolf.
„Nach Haus", sagte der Rabe und guckte den Wolf mißtrauisch an.
„Nirgends gehst du mehr hin, weil ich dich fressen will!" heulte der Wolf. „Ich habe nämlich großen Hunger."
„Ich werde dir nicht schmecken, Wolf", sagte der Rabe. „Aber wenn du mich freiläßt, sage ich dir, wo es viele Fische gibt."
„Nun gut", knurrte der Wolf. „Aber ich kann keine Fische fangen."
„Dem ist leicht abzuhelfen", lachte der Rabe. „Du mußt nur den Schwanz ins Wasser stecken, und die Fische fangen sich von selbst daran."
„Einverstanden", sagte der Wolf und ging mit dem Raben ans Meer. Sie erreichten das Ufer genau an der Stelle, wo der Krebs unter dem Stein war.
„Und nun stecke deinen Schwanz ins Wasser hinein!"
Der Wolf steckte den Schwanz ins Wasser. Der Rabe beugte sich über den Stein.
„Komm schnell, Krebs!" flüsterte er. „Ich habe dir das Ren gebracht."
Der Krebs kam eilig gekrochen, klappte seine Scheren zu und fing den Wolf am Schwanz.
„Wer beißt mich in den Schwanz?" schrie der Wolf und rannte mit dem Krebs in den Wald.
„So, jetzt freßt euch auf!" lachte der Rabe. „Das kommt davon, wenn man einen Raben wie mich aufessen will."

Vom Stern der Diebe

Sibirisches Märchen

Einmal töteten Jäger ein Ren. Da sie keinen Schlitten bei sich hatten, ließen sie das erlegte Tier vorerst zurück.
Ein Bär hatte alles beobachtet und wollte die Beute stehlen.
Aber auch ein Wolf hatte die Absicht, das erlegte Tier zu holen, und die beiden Diebe trafen sich.
„Schämst du dich nicht, den Jägern die Beute zu stehlen?" fuhr der Wolf den Bären an.
„Wenn ich das Ren nicht stehle", brummte der Bär, „frißt du es auf."
„Das ist nicht wahr!" rief der Wolf. „Du lügst, und deshalb wirst du bestraft. Du fliegst sofort in den Himmel und nimmst an seinem Rande Platz! Die Menschen werden dich den Stern der Diebe nennen."
Und schon flog der Bär in den Himmel. Unterwegs rief er dem Wolf zu: „Und du jagst in der Zukunft nur noch in der Nacht, damit ich sehen kann, ob du nicht etwas stiehlst."
Seit dieser Zeit jagt der Wolf in der Nacht, wenn der Stern der Diebe am Himmel erstrahlt. Weil er kurz nach dem Untergang der Sonne sichtbar wird, nennen ihn die Menschen auch den Abendstern. Wenn er vor Sonnenaufgang noch zu sehen ist, nennen ihn die Menschen den Morgenstern. Und der verfolgt stets den Wolf, damit er nicht irgendwelchen Unfug treibt.
Aber der Wolf kümmert sich um den Stern der Diebe überhaupt nicht. Er stiehlt trotzdem alles, was er kann.

„Balten, gieß!"

Flämisches Märchen

Vor vielen, vielen Jahren, als die Tiere noch sprechen konnten, war in Flandern ein großer, großer Wald, und in dem Wald stand eine kleine Hütte, in der wohnten zwei Brüder. Der eine hieß Hans und der andere Balten. Beide waren sehr arm, denn sonst hätten sie nicht in der kleinen Hütte in dem großen Walde gelebt.
Eines Tages nun stand Hans am Fenster und war dabei, eine Peitsche zu flechten, Balten aber stand am Herd und rührte in der Suppe. Auf einmal kam ein Wolf hereingesprungen, der hatte das Maul weit offen und lief stracks auf Hans zu. Der aber merkte die Gefahr, sah hin zu Balten und rief: „Balten, gieß! Balten, gieß!"
Und Balten verstand, was Hans wollte. Schnell wie der Wind ergriff er den Topf, in dem die heiße Suppe war, und goß sie dem Wolf über den Rücken.
Heulend vor Schmerz rannte der Wolf aus der Hütte; und als Hans und Balten, die sich von ihrem Schreck erholt hatten, ihn mit eingezogenem Schwanz davonlaufen sahen, mußten sie lachen und konnten gar nicht wieder aufhören.

Als der Wolf sie so laut lachen hörte, packte ihn die Wut, er drehte sich um und rief:
„Ihr Schurken, jetzt lacht ihr, aber wartet! Wer mir von euch beiden zuerst unter die Augen kommt, der soll es mir bezahlen."
Und damit verschwand er zwischen den Bäumen.
Einige Zeit danach war Hans im Wald. Er wollte Eicheln suchen für ihr Schwein. Da sah er auf einmal einen Wolf durch das Gehölz streichen. Hans erschrak ganz gewaltig, aber sein Schrecken wurde noch größer, als er auf dem Rücken des Wolfes eine kahle Stelle erblickte.
Auch der Wolf hatte Hans erkannt, er sprang auf ihn zu und rief:
„Alter Schurke! Du bist einer von den beiden Brüdern, die mich so schändlich zugerichtet haben, daß ich mich beinahe nicht mehr unter meinesgleichen sehen lassen kann. Warte! Jetzt geht es dir an den Kragen!"
Und er kam noch näher auf Hans zu. Der aber hatte eingesehen, daß ihm Widerstand wenig nützen würde, und schnell wie eine Katze kletterte er auf den nächsten Baum. Hier saß er nun ganz sicher, und sein Feind konnte ihn nicht erreichen.
Aber der Wolf hatte schon seinen Plan. Er verschwand wieder im Wald.
Ich will mich ganz ruhig verhalten, dachte Hans, dem Burschen ist nicht zu trauen.
Und es war nur zu gut, daß er auf dem Baum geblieben war, denn kaum waren fünf Minuten vergangen, da kam der Wolf zurück, und ungefähr zwölf andere Wölfe kamen mit ihm.
„He!" rief er Hans zu, „diesmal sollst du mir nicht entwischen."
Und was tat nun der Wolf? Er stellte sich auf die Hinterfüße und lehnte sich mit den Vorderfüßen an den Baumstamm. Und dann wandte er den Kopf zu seinen Kameraden, denen er etwas zuflüsterte.
Und bald sprang ein zweiter Wolf auf seine Schultern. Auf den sprang ein dritter, auf den wieder ein vierter und so fort. Als Hans sah, wie die Tiere so gleichsam eine Leiter bildeten, machte ihm das Spaß, wie sie sich so anstrengten, und hatte sogar seinen Spott mit ihnen.
Aber Freude und Lachen vergingen ihm, als er einsehen mußte, daß es den Wölfen wirklich ernst war, denn die Wolfsleiter war immer höher geworden, und Hans mußte nun immer höher in den Baum klettern. Und die Leiter wuchs immer noch.
„Habt ihr ihn?" rief der unterste Wolf.
„Noch ein wenig", antwortete der oberste.
„Daß er nur nicht entwischt", rief der unterste wieder, „er ist ein guter Bissen und soll uns gut schmecken. Ich weiß gar nicht mehr, wie Menschenfleisch schmeckt, so lange ist es her, daß ich welches aß."
„Ich auch nicht, ich auch nicht", riefen die anderen, und dann fingen sie laut an zu lachen. Und das Wolfslachen ging Hans durch Mark und Bein.
„Ach, lieber Gott, soll ich so elendiglich sterben? Soll ich bei lebendigem Leib aufgefressen werden? Und dabei habe ich nichts, womit ich mich verteidigen könnte, nichts, gar nichts, nicht einmal eine heiße Suppe."
Inzwischen war der letzte Wolf auf den Rücken der anderen in die Höhe geklettert und reichte bis ganz dicht an Hans heran. In dieser allergrößten Not rief Hans laut:
„Balten, gieß! Balten, gieß!"
Und die Worte hatten eine ganz wunderbare Wirkung. Der unterste Wolf, der alle die andern auf seinen Schultern trug und wohl wußte, was „Balten, gieß!" zu bedeuten hatte, glaubte, daß Balten wirklich hinter dem Baume stünde, um ihm den Topf mit der kochend-

heißen Suppe wieder über den Leib zu gießen. Und da bekam er solche Angst, daß er auf einmal fortrannte in den dichten Wald. In demselben Augenblick aber stürzte die Wolfsleiter in sich zusammen; die Wölfe heulten und bellten: Der eine hatte die Pfote gebrochen, der andere sich den Fuß verstaucht, wieder ein anderer hatte eine tiefe Wunde am Kopf, und alle verfluchten ihren feigen Kameraden, der sie so schändlich im Stich gelassen hatte. Und die, die noch einigermaßen gut davongekommen waren, eilten dem Feigling nach und hatten ihn auch bald erreicht. Da fielen sie über ihn her, zerrissen ihm das graue Fell und bissen ihm ein Ohr ab. So zugerichtet, ließen sie ihn laufen.
Hans aber hatte sich inzwischen von seinem Schreck erholt und mit viel Vergnügen zugesehen, wie die Wölfe übereinanderpurzelten; das sah zu lustig aus!
Was so ein paar Worte doch alles zuwege bringen, dachte er bei sich, kletterte vom Baum und ging nach Hause.
Ein Jahr mochte vergangen sein, und Hans und Balten hatten den Wolf nicht wiedergesehen.
Eines Tages nun mußte Hans mit dem gemästeten Schwein auf den Markt, um es zu verkaufen. Als er es verkauft hatte und mit manchem Taler in der Tasche auf dem Heimweg war, fielen Räuber über ihn her; die schlugen ihn, nahmen ihm das Geld ab und steckten ihn in eine leere Tonne, die sie in der Nähe fanden; die Tonne aber nagelten sie zu. Da saß Hans nun in der dunklen Tonne, und ihm wollte nichts einfallen, wie er wohl wieder aus der Tonne herauskäme. Während er nun mit den Händen die Wand betastete, fühlte er plötzlich das Spundloch. Das war so groß, daß er seine Hand hindurchstecken konnte. Das ist schon etwas, dachte er, kommt Zeit, kommt Rat.
Als er nun schon viele Stunden in der Tonne gesessen hatte, hörte er, wie ein Tier die Tonne beschnüffelte. Er sah ganz vorsichtig durch den Spund, und siehe da! Es war wieder der alte Wolf. Da hatte Hans gleich seinen Plan. Als der Wolf mit dem Schwanz in die Nähe des Spundloches kam, streckte er flugs die Hand heraus und ergriff den Schwanz. Und kaum hatte er den gepackt, da rief er: „Balten, gieß, Balten, gieß!"
Und wieder hatte der Ruf die wunderbarste Wirkung. Der Wolf fing an zu laufen, zu laufen und zog die Tonne mit dem Hans hinter sich her. Hans aber hielt den Schwanz fest und rief von Zeit zu Zeit: „Balten, gieß! Balten, gieß!" Und jedesmal lief der Wolf schneller. Und die Tonne wurde von einem Baum an den anderen geschleudert, und endlich flog sie in Stücke. Da war Hans frei. Nur ein paar kleine Schrammen hatte er abbekommen. Der Wolf aber lief immer weiter, und ist er nicht steh'ngeblieben, läuft er heute noch.

Der Bär, der Wolf und der Fuchs

Grusinisches Märchen

Ein Bär, ein Wolf und ein Fuchs hausten zusammen. Als nun einmal tiefer Schnee fiel, wurden sie hungrig. Der Bär suchte sich verfaulte Holzstücke und fraß sie; der Fuchs aber riet dem Wolf, den Bären aufzufressen.

„Schweig!" antwortete der Wolf, „wenn er dich hört, schlägt er uns beide tot und frißt uns."
„Laß das meine Sorge sein", sagte der Fuchs, „tu du nur, was ich dir sage. Leg dich jetzt hin und stell dich tot. Und wenn wir dich nachher ins Wasser werfen, wirst du wieder lebendig."
Der Wolf war's zufrieden, legte sich hin und spielte den Toten. Als der Bär nach Hause kam und den toten Gefährten sah, weinte er und wehklagte. Der Fuchs aber tröstete ihn:
„Ich weiß ein Wasser, das macht Tote lebendig; dahin tragen wir unsern Freund."
So taten sie denn auch, und der Wolf wurde gleich wieder lebendig. Dann wandte sich der Fuchs an den Bären und schlug ihm einen Handel vor:
„Wir wollen dich jetzt auffressen, dafür bekommst du nächsten Herbst fünfundzwanzig Schafe, und wir werfen dich gleich, wenn wir dich gegessen haben, in jenes Wasser."
Der Bär war damit einverstanden und wurde von seinen Gefährten aufgefressen.

Aus Furcht, von einer Ziege und einem Widder gefressen zu werden, verspricht der Wolf ein gutes Lösegeld

Finnisches Märchen

Auf dem Gebiet des Hofes von Ilwola stand eine Kate, und in ihr lebte eine arme Familie, die einen Schafbock und eine Ziege, aber kein Futter hatte, um die Tiere zu unterhalten. Da sprach das Haupt der Familie zu seiner Frau:
„Wäre es nicht am besten, unsere hungerleidenden Haustiere zu schlachten, denn sie gehen doch ein, wenn wir ihnen nichts zu fressen geben?"
„Was bringt es uns für einen Nutzen, sie abzuschlachten, da sie derartig mager sind!" erwiderte die Frau. „Wir wollen sie vorher noch auf den Feldweg treiben, damit sie sich etwas erholen. Dort finden sie zu fressen und können leben bleiben."
So machte man es also. Die Tiere wurden hinausgelassen, und draußen schlugen sie sich eine Zeitlang durch, fraßen dürres Gras, Blätter und was sie sonst irgendwie aufstöberten. Nachdem nun einige Zeit verstrichen war, bekamen die Tiere im Freien allmählich Angst.
„Vielleicht werden uns die Wölfe und Bären zusetzen", meinte die Ziege, „man müßte sich etwas vorbereiten, damit sie uns nicht einfach auffressen."

„Jawohl, das müßte man", stimmte der Widder zu, „aber woher sollen wir ein sicheres Schutzmittel bekommen?"
„Ich wüßte wohl schon einen Weg, wenn du mir nur einen Sack besorgen könntest", äußerte sich die Ziege sehr entschlossen.
Als der Widder begriffen hatte, ging er auf die Suche nach dem, was seine Gefährtin sich wünschte, und bald darauf fand er auf dem Weg tatsächlich einen alten Sack, den irgendein Wanderer dort hatte liegen lassen. Er brachte ihn eilends der Ziege, die ihn angeblich so nötig brauchte, und forderte sie auf, nun ihre gepriesene Kunst zu zeigen.
„Das will ich dir gleich vorführen", sagte die Ziege selbstbewußt, „diesen Sack muß man mit Holz und Knüppeln füllen, und wenn der Wolf kommt, dann wird er einen solchen Schreck bekommen, daß er angstbebend vor uns die Flucht ergreift."
Kaum hatte die Ziege die Erklärung ihrer Erfindung beendet, als sich ihnen auch schon der Wolf aus dem Wald nahte. Die Ziege fand gerade noch Zeit, einige Stöckchen in den Sack zu stecken und ihn auf den Rücken zu nehmen. So lief sie nun unerschrocken dem Wolf entgegen.
Als dieser die Ziege mit dem Sack auf dem Rücken gewahrte, fragte er sofort:
„Was trägst du da auf dem Buckel?"
„Ach, nichts weiter, da sind bloß Wolfsköpfe und Wolfsbeine zum Fressen drin. Wir laufen schon einen ganzen Monat lang im Wald umher und haben nichts anderes erbeutet als ein paar Wölfe. Von den Köpfen und Knochen haben wir dann noch bis heute gelebt, aber nun fängt uns der Hunger bereits ordentlich zu plagen an. Nur gut, daß du gerade gekommen bist, allerliebster Isegrim, wir warten schon! Schafbock, los an die Arbeit, kannst wieder einen Wolf totschlagen!" Die letzten Worte schrie die Ziege mit wütender Stimme, die sich beinahe überschlug.
Durch eine solche Kühnheit aus der Fassung geraten, brach Isegrim zitternd zusammen und begann demütig zu winseln:

„Tötet mich nicht, ihr Guten! Brüderchen, laßt mich ungeschoren gehen, und ich bringe euch zwölf andere Wölfe zum Fressen."
„Wenn du es ehrlich meinst, lassen wir dich ziehen", ließ sich die Ziege erweichen.
„Laßt mich, liebe Brüder! Wahrhaftig, ich betrüge euch nicht", bat der Wolf kläglich.
„Also, so geh deines Wegs und denk an dein Versprechen!" meckerte die Ziege streng und so drohend, wie sie nur konnte, und ließ den Wolf laufen.
Der Entlassene rannte schnurstracks zu seinen Artgenossen und warnte sie:
„Flieht, liebe Brüder, ich bitte euch, die Ziege und der Schafbock wollen uns fressen!"
Erstaunt versetzten die anderen: „Wie können sie uns fressen, wo wir doch dreizehn sind, und dort sind ihrer nur zwei! Laßt uns zum Streit antreten, kein Zweifel, daß wir gewinnen!"
In solcher Stimmung machten sie sich also auf den Weg, um sich mit dem Gegner zu messen. Als die Ziege sie anrücken sah, sagte sie verzweifelt zum Widder:
„Sie kommen und werden uns den Garaus machen, man muß sich verdrücken."
Ganz in der Nähe erblickten sie eine krumme Tanne, die der Wind gebeugt hatte. Die Ziege kletterte am Stamm hinauf, und von oben befahl sie dem Schafbock hinterherzuklettern, denn die Wölfe waren bereits dicht herangekommen.
Der Widder bemühte sich zwar, auf die Tanne zu klettern, aber vor Angst und Schrecken kam er nur ein kurzes Stück hinauf. Dort klammerte er sich fest und zitterte am ganzen Körper.
Inzwischen hatten die Wölfe der Spur folgend den Weg bis zur Tanne gefunden und saßen abwartend unter dem Baum. Darauf hatte die Ziege wohl nur gewartet, denn kaum sah sie die Grauröcke unten beisammen, da schrie sie den Widder an:
„Pack zu, die Wölfe sind da!" und außerdem drohte sie mit Todesverachtung, daß sie gleich selbst vom Baume steigen würde, um ein Strafgericht abzuhalten. Der Schafbock bekam einen heftigen Schreck und stürzte kopfüber vom Baum herunter, mitten zwischen die Wölfe, denen er direkt auf die Rücken fiel. Ob dieses unerwarteten Falles packte jene ein solches Entsetzen, daß sie nach allen Seiten auseinanderstoben und nicht mehr an eine Rückkehr dachten.
So wurden Widder und Ziege ihre große Sorge los und lebten seit dem Tage unbehelligt und in Frieden vor den Wölfen.

Der Wolf betrinkt sich als Gast des Hundes und fängt dabei an zu singen

Finnisches Märchen

Der Wolf ging wieder einmal wegen seines knurrenden Magens auf Beute aus und strolchte im Wald umher. Da er nirgendwo einen verlockenden Happen ergattern konnte, näherte er sich dem Gehöft von Ilwola, um Umschau zu halten, ob dort für ihn nicht vielleicht ein Huhn oder gar ein Schwein zu greifen wäre. Aber weder ein Huhn noch ein Schwein kamen ihm in erreichbarem Abstand vor die Schauze. Nur ein altersschwacher Köter lag im Schutz eines

Misthaufens. Das war alles. Darum ergriff der Wolf den armseligen Hund, der fest geschlafen hatte, und wollte ihn mit sich fortschleppen. Aber der Hund begann zu bitten und rief: „Kollege, laß ab von mir, wir sind beide gleich traurige Gestalten. An mir hast du doch nicht mehr als magere Knochen, wo ich schon so heruntergekommen und ganz von Kräften bin. Wir wollen ein Abkommen treffen! Wenn du mich leben läßt, besorge ich dir eine Flasche Schnaps."

„Wie soll ich denn in den Besitz der Flasche kommen?" fragte der Wolf den Hund.

„Komm nachts, wenn es dunkel ist, hier zu unserem Haus, dann lasse ich dich in die Stube", setzte ihm der Hund auseinander.

Der Wolf war damit einverstanden und nahte sich in der Nacht dem Gebäude, wo er, um in die Stube zu gelangen, vorsichtigerweise mehrmals verstohlen an der Tür heulte. Daran merkte der Hund, daß sein Gläubiger gekommen war, um die Flasche Schnaps einzutreiben, und er öffnete ihm heimlich die Tür.

Der Wolf trat behutsam in die Stube und verlangte vom Hund die Einlösung seiner Verpflichtung. „Hast du die Flasche Schnaps schon bereitgestellt?" fragte er.

„Hab keine Sorge, und gedulde dich nur ein Weilchen", beruhigte ihn der Hund, „offenbar verwahrt mein Herr seine Flaschen dort unter der Bank hinter dem Klotz, und ich werde jetzt hingehen und ihm heimlich eine wegnehmen!"

Es dauerte auch wirklich nicht lange, so brachte er aus dem Versteck eine Flasche herbei, die er dem Besucher überließ.

„Trink du zuerst, Väterchen", forderte ihn der Wolf auf, nachdem er das Gewünschte zwischen seinen Tatzen hatte. Der Hund tat ihm den Gefallen und trank zuerst einen Schluck, worauf er dem anderen die Flasche wieder überreichte. Dieser nahm nun einen tüchtigen Zug, der ihn bald in eine gehobene Stimmung versetzte, und er begann den Hund außerordentlich freundlich zu behandeln. Und so ging es weiter.

Die beiden beschäftigten sich einige Zeit angelegentlich mit der Flasche, fühlten sich sehr behaglich, rollten sich ein bißchen auf dem Fußboden, stimmten zunächst ein leises Gebrumm an, und schon drängte der Wolf seinen Gastgeber, den Hund:

„Singen, Schwager, ein Lied! Los, soll ich singen?"

„Sing nicht, Schwager, nein“, wehrte der Hund, der fürchtete, sein Herr könnte aufwachen, und es gelang ihm diesmal, den Wolf zu beruhigen.
Aber als jener einen weiteren Schluck in die Kehle bekommen hatte, wurde er noch munterer, und die Lust zum Singen erwachte in ihm immer lebhafter, so daß er seinen Zechkumpan, den Hund, von neuem bedrängte: „Soll ich singen, Schwager? Warum soll ich nicht singen?“
„Laß das sein, lieber Schwager!“ warnte der Hund, „deine Stimme zittert schon, und wenn die Leute im Haus erwachen, dann geht es uns schlecht.“
Der Wolf ließ sich zureden und sah ein, daß es besser sei, sich ruhig zu verhalten.
Der Hund, der nüchtern geblieben war, gestattete dem Gast sogar noch einmal einen Schluck, damit er sich ganz zufrieden gäbe. Der Wolf, den die Schnapsgier so richtig erfaßt hatte, trank für sein Leben gern, aber nun wurde er doch stark betrunken und kümmerte sich weder um die Vorsicht noch um sonst etwas.
„Zum Teufel, was heißt hier, ich soll nicht singen!“ lallte er vor sich hin und hörte nicht mehr auf seinen Kameraden. „Singen will ich, Schwager! Ich singe, was ich singen kann, hik!“ Und er begann aus vollem Halse zu grölen: „O-o-oh-oo-oh!“
Davon wurde das ganze Haus wach. „Wer hat hier den Wolf in die Stube gelassen?“ schrie der Hausherr, und einer griff nach einem Feuerhaken, der andere nach einem Kochlöffel, der dritte nach sonst einem erreichbaren Gegenstand, und sie begannen den Wolf entsetzlich durchzuwalken.
Mit knapper Not entrann der unglückselige Isegrim endlich den fleißig prügelnden Händen. Mit einem Fußtritt flog er schließlich durch die Tür aufs Feld und konnte von Glück sagen, daß er nicht totgeschlagen worden war.

Der Fuchs wird Kindermädchen beim Wolf

Finnisches Märchen

Der Bär, der Wolf und der Fuchs lebten in verschiedenen Behausungen in der Gegend von Ilwola. Eines Tages bekam Isegrims Frau drei Junge, und sie selbst starb im Wochenbett. Der Wolf war nun Witwer geworden, konnte die Jungen nicht warten und pflegen, lief in seiner Bedrängnis umher und suchte nach einer geeigneten Wärterin für die Kleinen.
Er durchstreifte den Taigawald, wanderte weit über Land und stieß endlich nach vielem Umherirren auf ein Schneehuhn, mit dem er sogleich über seine Notlage sprach:
„Möchtest du nicht als Kindermädchen bei mir anfangen?“
„Warum nicht?“ meinte das Hühnchen.
„Nett von dir, daß du kommen willst“, freute sich Isegrim. „Aber kannst du auch singen, um meine Jungen mit Liedern in den Schlaf zu lullen?“
„Das kann ich“, antwortete das Schneehuhn und sang dem Wolf gleich etwas vor: „Kopei, kopei, kopei!“
Der Gesang des Vogels gefiel dem Wolf jedoch nicht sonderlich, und er meinte:

„Du hast keine schöne Stimme, davon werden die Jungen nicht einschlafen." Mit diesen Worten ließ er das Huhn stehen und ging weiter.
Nachdem er eine Weile gegangen war, begegnete er im Wald einem Hasen. Der ließ sich in ein Gespräch mit dem Wolf ein und fragte:
„Was hast du vor, Isegrim, wohin läuft du?"
„Ich muß mir dringend ein Kindermädchen besorgen", entgegnete der Wolf.
„Da kannst du doch mich in Dienst nehmen!" bot sich der Hase an.
„Kannst du denn Kinder wiegen?" fragte der Wolf.
„Natürlich kann ich das, und es kommt mir sogar sehr gelegen, an der Wiege zu sitzen, da ich ein wenig lahm bin", erklärte Freund Langohr.

„Wie bist du zu deinem Gebrechen gekommen?" erkundigte sich der Wolf teilnahmsvoll.
„Joukahainen verwünschte mich, weil ich ihm am Fuße des Kuituri-Berges einen Haferschlag verdorben habe", erklärte Jussi, der Hase. „Wenn der Unhold heute noch am Leben wäre, dann würde ich ihn zum Lohn dafür krüpplig schlagen."
„Also, wenn du nun lieber Kindermädchen werden willst, kannst du ja den Kleinen etwas von deinen Abenteuern vorsingen. Probier doch mal, wie das Singen geht!" forderte ihn der Wolf auf.
Der Hase suchte sein Bestes herzugeben und quäkte entsetzlich, um den Wolf von seinen Fähigkeiten zu überzeugen, doch dieser fand den Gesang weder schön noch melodisch.
„O weh, das ist ja ein ziemliches Spektakel, das du da machst", meinte er geringschätzig, wandte sich ärgerlich ab und zog weiter, um sein Kindermädchen anderswo zu suchen.
Weit brauchte er nicht zu gehen, da traf er im Gebüsch den Fuchs und begann gleich mit ihm darüber zu reden:
„Schönen guten Tag, liebster Freund, möchtest du nicht als Kinderfräulein bei mir eintreten? Meine Frau ist nämlich im Wochenbett gestorben, und ich habe nun niemand, der sich um die Kleinen kümmert. Du kannst sicher auch singen?"
„Selbstverständlich", versicherte der Fuchs und stimmte sogleich einen Probegesang an:

„Hübsche Knäblein, zierliche Mägdelein hat der große Wolf; sie werden gefüttert und werden getränkt und leis in den Schlaf gewiegt, Kekkuli-Matti, Kekkuli-Matti!" Der Wolf, dem die Art und die Stimme des Fuchses wohl gefielen, nahm ihn gern als Kindermädchen in sein Haus. Dann ging er gleich wieder auf die Suche, um den Jungen Nahrung zu verschaffen. Bald entdeckte er auf einer Wiese ein Pferd und riß es zu Boden. Er nahm sich eine Keule von der Beute zwischen die Zähne, schleppte sie heim und übergab sie dem Fuchs, wobei er ihn nochmals ermahnte, gut und sorgsam auf die Jungen aufzupassen, damit sie ja keinen Mangel litten. Dann begab er sich wiederum auf seine gewöhnlichen Streifzüge.
Inzwischen fraß der Fuchs in aller Ruhe das Pferdefleisch Stück um Stück auf, und da er davon immer noch nicht satt geworden war, verspeiste er noch eines von den Wolfsjungen zum Nachtisch dazu.
Der alte Wolf kehrte erst am nächsten Tag wieder heim und fragte das Kindermädchen am Eingang zum Nest:
„Haben die Jungen auch genügend zu fressen bekommen?"
„Sei unbesorgt", erwiderte der Fuchs, „sie wurden gefüttert, wurden getränkt und vorsichtig zur Ruhe gebracht, Kekkuli-Matti, Kekkuli-Matti!"
Den Wolf verlangte es im Augenblick nicht danach, seine Jungen genauer anzuschauen, da er ja glaubte, sie seien bei ihrer umsichtigen Wärterin, die so schöne Worte machte, gut aufgehoben.
Als er dann aber erst am dritten Tage zurückkehrte, gab er sich mit der Antwort des Fuchses allein nicht mehr zufrieden, sondern wünschte, die Jungen selbst im Nest zu besichtigen.
Der Fuchs, der sich gerade den letzten Nachkommen seines Herrn einverleibt hatte, traute sich nicht, den Wolf ins Nest zu lassen, in dem er nun als einziger mit gefülltem Bauch gelegen hatte, und sprach:
„Deine Jungen, Gevatter, sind schon so groß gewachsen, daß wir beide gleichzeitig hier drin nicht mehr Platz haben. Laß mich also erst heraus, wenn du unbedingt hinein willst!"
Der einfältige Wolf ließ den Fuchs wahrhaftig aus dem Nest, begab sich selbst ins Innere und fand natürlich seine Jungen nicht vor, denn von ihnen war im ganzen Lager nichts anderes übriggeblieben als die blanken Knochen.
Als der Wolf die Bescherung sah, verfinsterte sich seine Miene, doch nachdem er sich einigermaßen von seinem Schreck erholt hatte, machte er sich unverzüglich an die Verfolgung des Übeltäters, um ihn für seine Verbrechen zu betrafen.
Schon hatte er den verhaßten Widersacher beinahe erwischt, da entschlüpfte ihm dieser doch unversehens wieder und verkroch sich unter einen Stein, so daß nichts weiter von ihm sichtbar blieb als eine seiner Pfoten. Der Wolf bemerkte dies sofort, biß sich in die Pfote fest und suchte sie herauszuzerren.
Nun wäre es dem Fuchs wohl schlecht ergangen, wenn ihm nicht wieder seine alte Verschlagenheit aus der Patsche geholfen hätte. „Ach du Dummkopf!" rief er dem Wolf zu. „Sieh doch richtig hin, was du da in der Schnauze hast!"
Der Wolf glaubte im Augenblick tatsächlich auch, er habe sich geirrt. Er lockerte den Griff ein wenig, um sich zu vergewissern – da rutschte ihm die Pfote weg und Reineke gewann Zeit, sich besser unter dem Stein einzurichten.
Als der Wolf sah, daß er wieder einmal geprellt worden war, schlich er in schlechtester Stimmung heimwärts.

Der Hase und der Wolf

Siebenbürgisches Märchen

Einmal, zur Winterszeit, begegnete ein hungriger Wolf einem Hasen und rief:
„Bleib steh'n! Ich bin hungrig und will dich fressen!"
Der Hase erwiderte: „An mir wirst du keinen guten Bissen haben. Ich bin selbst ganz ausgehungert und abgemagert. Laß mich leben, und im nächsten Herbst werde ich dir alle meine Jungen bringen, dann kannst du sie fressen. Wenn du aber jetzt so großen Hunger hast, dann geh ins nächste Dorf, dort sind die Bauern alle betrunken, weil sie eine Hochzeit feiern. Da kannst du leicht ein paar Schafe abwürgen!"
„Auch gut!" versetzte der Wolf, „aber im nächsten Herbst bringst du alle deine Jungen hierher!" Hierauf schieden sie voneinander.
Der Sommer verging, und der Herbst begann. Da begegnete der Wolf dem Hasen, und er sprach zu ihm:
„Nächsten Sonntag in der Frühe bring deine Jungen an den verabredeten Ort! Ich habe schon lange kein Hasenfleisch mehr gegessen!"
„Ja, ich werde sie bringen!" versetzte der Hase und sprang hurtig davon. Am nächsten Sonntag, zeitig und in aller Frühe, machte er sich mit seinen sechs Jungen auf den Weg. Sie näherten sich dem Ort, an dem sie den Wolf antreffen sollten, und der alte Hase hieß sie in ein Maisfeld laufen und jedes einen Maiskolben abbrechen. Als sie damit zurückkehrten, sprach er:
„Nehmt das untere Ende des Maiskolbens ins Maul und wartet hier, bis ich euch rufe, und dann kommt ihr recht langsam an!"
Hierauf lief der Hase an den verabredeten Platz. Der Wolf war schon da und schrie ihn an:
„Was? Willst du mich betrügen? Wo sind deine Jungen?"
„Gedulde dich ein Weilchen!" versetzte der Hase, „gleich werden sie hier sein! Es sind wilde Kerle geworden, meine Jungen. Seit sie Löwenfett gegessen haben, sind sie so stark, daß ich nicht mehr mit ihnen fertig werde. Ich will froh sein, wenn du ihnen den Garaus machst!"
Hierauf rief er seine Jungen. Langsam, wie der Alte gesagt hatte, kamen sie heran. Der Wolf bemerkte die Maiskolben und fragte:
„Was haben deine Jungen denn im Maul?"
„Ach, lieber Freund", erwiderte der Hase, „ich habe dir ja schon gesagt, seit der Zeit, da sie Löwenfett gegessen haben, sind sie so stark, daß sie jedes Tier auffressen, das ihnen in den Weg läuft. Eben haben sie sechs Wölfe abgefangen und mit Haut und Haaren aufgefressen, und nun spielen sie mit den Schwänzen."
Als der Wolf das hörte, bekam er es mit der Angst und lief davon. Der Hase aber mit seinen sechs Jungen hoppelte vergnügt nach Hause.

Der Bär, der Wolf, der Fuchs und der Hase auf dem Medwischer Margrethi

Siebenbürgisches Märchen

Der Bär, der Wolf, der Fuchs und der Hase saßen einmal vergnügt im grünen Waldhaus beisammen. Da sprach der Fuchs:
„Wie wäre es, wenn wir auch einmal auf den Medwischer Margrethi gingen; es soll dort gar lustig zugehen!"
Da antwortete der Bär: „Ich bin schon alt und schwach; wenn aber der Wolf mitgeht und uns schützen will, so ist es mir recht; denn das Menschenkind ist falsch und aufsässig!"
„Was? Ich fürchte mich nicht!" schrie der Wolf trotzig, „ich gehe mit, und ihr sollt weder Schaden noch Schande haben!"
„Auch ich will mit, auch ich!" rief froh der Hase.
„Halts Maul, Junge, du bist noch zu dumm", sprach der Fuchs, „du würdest überallhin gaffen und große Augen machen und uns nur in Not bringen!"
Da schmiegte sich der Hase an den Wolf, als wollte er sagen:
„Macht, daß ich auch mitgehe!" Dem Wolf gefiel das, und er sprach: „Das Häschen muß auch mit!" und streichelte ihm übers Gesicht.
„Aber wofür sollen wir uns ausgeben?" fragte der Bär, „es muß doch jedermann etwas vorstellen, der auf den Margrethi geht."
„Ach was, das ist leicht", sprach der Wolf, „für ‚Sänger'! Ihr singt den Baß, der Fuchs den Alt, der Hase Diskant; ich will Kantor sein und die Melodie leiten und halten!"
Als sie alles gehörig besprochen hatten, machte jeder seinen Pelz rein – denn man muß auf dem Margrethi geputzt erscheinen –, und dann brachen sie auf. Sie getrauten sich aber doch nicht recht, am hellen Tage in die Stadt zu gehen, und warteten, bis die Dämmerung hereinbrach. Dann kamen sie auf den Zehen ganz leise in die Vorstadt. Sie gingen aber hintereinander, wie die Hunde nach Blasendorf gehen, der Wolf zuerst, dann folgte der Fuchs,

dann der Bär, zuletzt der Hase. In der Vorstadt ist das große Wirtshaus, wie ihr wißt. Der Wirt hatte gerade Schweine geschlachtet, und es roch ihnen die frische Wurst entgegen.
„Da müssen wir hinein", sprach der Wolf, „und uns gütlich tun! Da kennt man uns nicht!" Der Fuchs wollte nicht recht und sah sich zuerst die Gelegenheit genau an; es sah ihm gefährlich aus. „Gevatter, seid nicht so hitzig!" Der Wolf aber roch nur die Wurst, hörte nichts und klinkte gleich die Türe auf.
„Nur herein, willkommen!" sprach der Wirt. Da gingen alle hinein. „Frische Wurst und Wein her!" schrie der Wolf, „aber viel!" Der Kellner brachte. Sie setzten sich und aßen und tranken, und wie nur etwas auf den Tisch kam, gleich war es verschwunden. Der Kellner konnte nicht genug bringen.
Endlich waren sie satt. Da kam der Wirt mit der Kreide und sprach: „Zahlen!" Ja, ja, da fing ihre Not an. Der Wolf allein hatte den Mut zu reden und sprach: „Wir sind Sänger und wollen uns morgen durch Ansingen etwas verdienen und dann zahlen!"
„Das ist alles recht schön!" sagte der Wirt, „laßt indessen nur eure Mäntel zum Pfande!" Der Wirt aber hatte gleich beim Eintreten der Gäste ihnen angesehen, was für Zahler sie seien und hatte im stillen den Kürschner herbeikommen lassen. „Mein Freund da, der Kürschner, wird das Ausziehen besorgen!" Als sie den Namen Kürschner hörten, sprangen alle voll Entsetzen auf und eilten zur Türe, die war jedoch wohlverschlossen. Der Kürschner und der Wirt suchten nun einen nach dem andern zu packen und zu binden. Der Bär brummte, der Wolf heulte, der Fuchs bellte, nur der Hase war vor Furcht stumm und starr, und die Augen

standen ihm heraus; der Diskant versagte ihm, und bis heute hat er die Stimme nicht zurückerhalten. Ja, das war einmal ein Gesang!
Der Wolf und der Fuchs sprangen dem Kürschner und dem Wirt immer wieder zwischen den Händen durch. Da fingen sie zuerst den Hasen, und das war leicht, denn der regte und rührte sich ja nicht von der Stelle, und nagelten ihn am Zagel an die Wand! Dann machten sie sich über den Bären; den überwältigten sie auch ohne große Mühe, denn er war alt und schwerfällig, nagelten ihn auch am Schwanze an die Wand. Jetzt, Wolf und Fuchs, haltet euch! Die sprangen unter Geheul und Gebell wild herum, auf und ab, bald an die Türe, bald an das Fenster. In der äußersten Angst und Not sprang der Wolf mit aller Kraft noch einmal wider den Fensterladen, der plumpste hinaus, der Wolf mit; er brach ein Bein, aber er raffte sich dennoch auf und lief unter Jammergeheul davon. Als der Fuchs das Fenster offen sah, sprang er sogleich nach. Die Wirtin aber, die Milchrahm zu Butter rühren sollte, hatte gerade den rahmigen Löffel in der Hand und stand an der Fensteröffnung. Als sie den Fuchs springen sah, schlug sie mit dem Löffel nach ihm, traf aber nur die Zagelspitze, und die ist bis auf den heutigen Tag rahmig.
Der Kürschner und der Wirt waren hinausgeeilt, um den Wolf noch zu fangen und den Fensterladen wieder anzumachen, damit der Fuchs nicht hinaus könne; indessen war dieser auch schon über alle Berge. Auch der Bär war aber jetzt nicht müßig, als er die Öffnung sah und wie Wolf und Fuchs glücklich entwischt waren. Er zog, er riß, er wand sich – schubski! ward er los; aber der Zagel hing an der Wand. Und auch dem Hasen war auf einmal der verlorene Mut wiedergekommen. Er machte es wie der Bär, ließ seinen Zagel an der Wand und – hast du nicht gesehen! – war er davon, und nicht leicht konnte etwas schneller sein als er. In einem Atem, ohne umzuschauen, lief er bis in den Wald. Noch heute haben weder Bär noch der Hase ihre Zagel eingelöst. Du kannst sie bei den Medwischer Wirten oder, wenn nicht dort, bei dem Kürschner (d.h. bei jenem Medwischer Kürschner, wenn er noch lebt; denn ein anderer Kürschner zeigt bloß einen Fuchsschwanz, und der Fuchs hatte doch seinen Zagel nicht verloren!) sehen, und seit der Zeit sind Bär, Wolf, Fuchs und Hase weder zusammen noch allein je wieder auf dem Medwischer Margrethi gewesen. Er hatte ihnen nicht wohl angeschlagen; der schlechte Fuchs war noch am besten durchgekommen.

Der Wolf als Flurhüter

Finnisches Märchen

Einst verloren Wandersleute, die auf der Straße dahinzogen, am Weg ein Stück Fleisch. Bald nach ihnen kam ein Wolf angetrabt, der beschnupperte das Fleisch, hob es vorsichtig mit den Zähnen auf und biß schließlich hinein. Aber da merkte er, daß es scharf gesalzen war, spuckte es wieder aus und schüttelte sich:
„Das ist kein Bissen für mich! Frisches Fleisch will ich haben!"
Er lief also weiter und kam zum Flusse, an dessen Ufern eine Sau mit ihren Ferkeln im Sande wühlte.

„Schau!“ fuhr er sie an, „du wagst es, mit deinem Rüssel hier auf meinem Grund die Erde aufzuscharren? Zur Strafe werde ich dich fressen mitsamt deinen Kindern!“
„Herr, laß uns nicht in Sünden sterben!“ bat die Sau flehentlich. „Sieh, meine armen Kinder sind noch ungetauft. Ich bitte dich, tauf sie mir erst, dann magst du uns immerhin zum Frühstück verzehren.“
Der Wolf nickte gnädig mit dem Kopfe, und die Sau stieg mit ihren Kindern langsam in den Fluß. Aber dann schwamm sie ihm rasch davon, und auch ihr glaubt wohl nicht, daß sie wieder ans selbe Ufer zurückgekommen ist!
Als der Wolf innewurde, daß er geprellt worden war, lief er ärgerlich zurück in den Wald. Da begegnete ihm ein Ziegenbock.
„Heda, was suchst du hier?“ schrie er ihn an. „Knabberst an meinen Bäumen und frißt ihnen das Laub ab? Jetzt hat dein letztes Stündlein geschlagen!“
„Verzeih, Herr, ich messe hier das Revier aus. Laßt mich nur noch mit diesem Eckchen fertig werden, nachher darfst du mit mir tun, was du willst.“
Der Wolf war es zufrieden. Der Bock lief dem Waldrand zu, und mit ein paar raschen, verzweifelten Sprüngen war er glücklich entkommen.
Wie erboste sich der Wolf, als er sah, daß auch der Bock ihm entwischt war. Rein toll vor Hunger trat er aus dem Wald, um endlich eine Beute zu erwischen. Auf der Wiese weidete eine Stute mit ihrem Fohlen.
„Wie kannst du dich unterstehen, hier in dieser Gegend spazierenzugeh'n?“ herrschte der Wolf sie an. „Weißt du nicht, daß das verboten ist? Zur Strafe mußt du mir dein Fohlen geben.“
„Oh, ich habe von meinem Herrn einen Erlaubnisschein bekommen, hier zu grasen. Wenn du ihn sehen willst, er steckt unter meinem Schwanz.“
Da war der Wolf nun doch neugierig, den Schein zu prüfen, als er aber der Stute den Schwanz aufhob, schlug sie aus und traf den Wolf mit solcher Gewalt an den Kopf, daß er mit zerschmettertem Unterkiefer in hohem Bogen durch die Luft flog. Sie selbst aber suchte mit ihrem Fohlen das Weite.
„Tor, der ich bin!“ heulte der Wolf in seinen Schmerzen. „Bin ich denn ein Pfarrer? Mußte ich der Sau ihre Ferkel taufen wollen? Bin ich ein Förster, daß ich dem Bock gestattete, das Revier fertig auszumessen? Oder bin ich ein Flurhüter, daß ich Ursache hätte, mir den Erlaubnisschein der Stute anzusehen?“

Der Wolf und der Fuchs

Zigeunermärchen

Ein Wolf und ein Fuchs schlossen einst Freundschaft und gingen zusammen auf Beute aus. Da der Fuchs klüger und schlauer war als der Wolf, so erjagte er auch immer eine größere Beute als der Wolf, der sich gerne mit Heldentaten brüstete, die er nie vollbracht hatte. Durch Reinekes Schlauheit und Verstand gelangten die beiden Verbündeten immer zu

ergiebigerer Beute und fetteren Bissen, was Isegrim sehr ärgerte.
Einmal gingen sie wieder auf Beute aus und gerieten hart aneinander. Der Wolf behauptete, der Klügere zu sein, während der Fuchs ihn einen dummen Kerl schalt. Endlich schrie der Wolf ganz außer sich vor Wut:
„Sag mir denn, wie vielfältig ist dein Verstand?"
„Wie vielfältig mein Verstand ist?" erwiderte der Fuchs, „hm, einfältig ist er!"
„Na, siehst du, du bist ein dummer Kerl, nicht ich, ich, der ich einen hundertfältigen Verstand habe."
Sie näherten sich inzwischen einer Wolfsgrube, die nur der Fuchs bemerkte, der nun um den Nacken des Wolfes seinen Vorderfuß schlang und scheinbar Abbitte leistete wegen der Beleidigung, die er ihm angetan. Da auf einmal purzelten sie beide in die Wolfsgrube hinein. Und Isegrim sagte zu Reineke:
„Vetter, was sollen wir nun anfangen? Wie kommen wir aus der Grube heraus?"
„Ja", versetzte der Fuchs, „das wirst du mit deinem hundertfältigen Verstand besser wissen als ich mit meinem einfältigen."
„Fängst du wieder an, mich zu foppen?" sagte Herr Isegrim, „hier können wir uns nur gemeinsam helfen. Oft ist auch der Klügste auf die Hilfe des Dummen angewiesen!"
„Nun gut, Vetter", versetzte der Fuchs, „ich weiß nur diesen Rat! Du bist der Stärkere, packe mich denn beim Genick und schleudere mich aus der Grube; dann stecke du deinen Schweif aus der Grube, und ich ziehe dich heraus."
Der Wolf packte nun den Fuchs am Genick und schleuderte ihn aus der Grube, darauf reckte er seinen Schweif in die Höhe und rief: „Nun, lieber Vetter, zieh mich heraus!"
Der Fuchs erwischte nun den Schweif des Wolfes, zerrte ihn so lange herum, bis ihm die Hälfte desselben in den Pfoten blieb. Da jammerte der Wolf und sprach:
„Was soll ich nun tun? Jetzt reicht mein Schweif nicht bis an den Rand der Grube hinauf. Wie soll ich heraus?"
„Das wirst du besser wissen als ich!" meinte der Fuchs. „Ich habe mir mit meinem einfältigen Verstand helfen können, nun hilf dir mit deinem hundertfältigen Verstand!"
Darauf trabte der Fuchs lustig weiter und ließ den Wolf in der Grube sitzen. Am nächsten Tage kam der Jäger und erschoß den Wolf.

Doris Distelmaier-Haas

Es würde wieder Wölfe geben

Märchen von heute

Es war einmal ein mächtiger Wolf, der konnte so gut riechen, daß er einen Feind schon von weitem witterte. Er konnte so gut hören, daß niemand unbemerkt seiner Höhle nahe kommen konnte. Und so schnell lief er, daß man ihn kaum sehen konnte, wenn er über das Land flog. Bolschoi hieß er und war weit und breit der größte Wolf. Kein Fremder wagte, in sein Revier einzufallen, und sein Rudel hielt er in so strenger Ordnung, daß es keinen gab, der ihm nicht gehorcht hätte, keinen, nicht einmal Krassiwaja, seine Wolfsgefährtin, schön und eigenwillig wie sie war. Er wußte am besten, wie man Wild aufstöberte, die rasenden Antilopen im Winter zur Strecke brachte. Er sorgte dafür, daß jeder Wolf im Rudel seine Aufgabe hatte, daß jeder seinen Anteil bei der Beute bekam.
Seit die Menschen in die Wälder und Steppen eingedrungen waren und viele Tiere nahezu ausgerottet hatten, war das Leben der Wölfe schwer geworden. Ihr Jagdwild hatte der Mensch ihnen genommen, und in den langen Wintern mußten die Tiere großen Hunger leiden. Viele kamen vor Schwäche um, und das Rudel wurde kleiner und kleiner, bis schließlich nur noch das Wolfspaar am Leben war, Bolschoi und Krassiwaja, und die mußten all ihre Klugheit und Erfahrung daransetzen, dieses Leben zu erhalten.
Wieder war es Winter geworden. Weiß und dicht lag der Schnee auf dem Land, wie weit die Wölfe auch schauen konnten. So lang war der Winter und kalt, kein Ende wollte er nehmen. Als endlich die Sonnenstrahlen wieder wärmten, waren die Wölfe dürr geworden, Bolschoi und auch Krassiwaja. Aber sie lebten, und mit dem neuen Jahr würde es wieder Beute für sie geben: Murmeltiere, Hasen und Rebhühner, die sich im Winter so gut versteckt hielten. Sie wanderten ihr Revier ab und prüften seine Grenzen, denn gerade jetzt mußte man auf der Hut sein vor eindringenden Wölfen, aber soviel sie auch witterten und spürten, in dem angrenzenden Land waren keine Wölfe auszumachen und schon gar keine Eindringlinge. So etwas hatten sie noch nie erlebt. Nirgends war eine Duftmarke, nirgends ein Zeichen zu finden. Da setzten sie sich auf eine Anhöhe und riefen die anderen Wölfe, heulten, ja klagten in langgezogenen Tönen in den großen grauen Himmel hinein, doch das Echo erstickte im tauenden Schnee, und niemand gab ihnen Antwort. Da wanderten die Wölfe über ihre Grenzen hinaus, weiter und weiter. Riesengroß war ihr Gebiet geworden. Sie schlugen Beute und wurden wieder kräftig und schön. Fremde Wölfe aber trafen sie nicht.
Endlich stießen sie auf fremde Gerüche, Gerüche, die ihnen nie zuvor in die Nase gestiegen waren. Sorglich schnüffelten sie sie ab, wieder und wieder, und konnten doch nicht herausfinden, woher sie kamen, Bolschoi nicht und auch nicht Krassiwaja, so klug sie doch waren. Die Gerüche machten ihnen Angst, und ihr Mißtrauen war groß. Sie zogen beide die Schwänze ein und wanderten zurück in die Gebiete, die sie durchlaufen hatten, Reviere, die anderen großen Wolfsrudeln gehört hatten und die nun alle leer waren.
Als der Schnee ganz getaut war und das Gras frische Triebe bekam, warf Krassiwaja vier Junge, gesunde Wolfswelpen, die sie zusammen mit Bolschoi mit großer Sorgfalt aufzog. Das

Rudel verbrachte einen wunderbaren Sommer. Es gab kaum noch Feinde, und das fruchtbare Jahr brachte ihnen genügend Beute. Auch die köstlichen Gräser lagen nun frei und wuchsen üppig und saftig. Die Jungen gediehen, und als der Herbst kam, konnten sie bereits mit auf die Jagd gehen. Adin hieß der Älteste, Twa der zweite, Tri der dritte und Tschetirija die jüngste Wölfin.
Als der erste Schnee fiel und der Himmel immer weiter Schnee hervorschüttelte, so dicht, daß die Wölfe nur noch Schnee rochen und Schnee rieseln hörten, da wurde das Jagen wieder sehr schwer. Auf ihren Beutezügen versanken die Wölfe bis zum Bauch im Schnee, und der Schnee löschte Sicht und Geruch. Da führte Bolschoi sein Rudel fort durch die hohen Schneewächten, zog eine Spur für Krassiwaja und seine Jungen. Immer weiter wanderte er auf der Suche nach Beute, bis er plötzlich wieder auf den fremden Geruch stieß, diesen Geruch, den er schon einmal nicht hatte erkennen können. Der machte seine Nackenhaare steigen, weckte Mißtrauen und große Angst. Dem fremden Geruch mischten sich diesmal Tiergerüche bei, von Hunden, Pferden und Schafen. Gequält von Hunger, nahmen die Wölfe die verlockenden Düfte auf, verharrten lange, doch die Angst war größer als der Hunger. Bolschoi rief sein Rudel und trieb es zurück in die bekannten Wälder.
Wieder machten sie tagelang keine Beute. In endlosen Wehen trieb der Schnee vom Himmel herunter, und die Decke auf der Erde wuchs und wuchs. Himmel und Erde waren weiß vereint. Der Hunger bei den Wölfen wurde größer mit jedem Tag, besonders aber bei den Jungen. So kam es, daß Adin, der Älteste, in der Nacht das Rudel verließ, um die Grenze der verlockenden und der fremden Gerüche zu finden.
Bei Tagesanbruch machten sich die Wölfe auf die Suche nach ihm, wagten sich aber nicht über die Grenze der fremden Gerüche. Dort ließen die Wölfe von Adins Fährte ab und kehrten um. Den ganzen Tag lang konnten sie nichts erlegen, und der Hunger wurde immer schlimmer, peinigte sie bei Tag und peinigte sie bei Nacht. Da schlich sich in der nächsten

Nacht Twa aus der Höhle, und auch er blieb verloren. Wieder zog das Rudel bis zur Grenze und suchte nach dem vermißten Wolf, aber sie fanden ihn nicht. In der dritten Nacht verschwand Tri und in der darauffolgenden Nacht Tschetirija, die jüngste Wölfin.

Als der Morgen kam, waren Bolschoi und Krassiwaja allein. Sie machten sich auf und trabten den weiten Weg durch den hohen Schnee und durch all die verlassenen Reviere hindurch und kamen zu der Grenze der fremden Gerüche. Dort verhielten sie, und ihre Nackenhaare stiegen vor Angst, doch diesmal folgten sie den Fährten ihrer Jungen und ließen den fremden Geruch und die Gerüche der Schafe, Pferde und Hunde in ihre Nasen eindringen. Schon waren sie so nahe, daß sie Laute vernahmen. Blöken hörten sie, Wiehern, Bellen und andere Töne. Langsam liefen sie mit eingezogenen Schwänzen nebeneinander her. Die Angst zog sie zurück, die Sorge voran.

Noch wäre Zeit gewesen, umzukehren, zurück in die Wälder, wo ihnen alle Gerüche vertraut waren, doch immer dichter spürten sie die Wolfsjungen und ließen sich von den verzweifelt verfolgten Fährten voranziehen. Da pfiff es einem Pfeil gleich an Krassiwaja vorbei, fuhr in Bolschoi hinein. Der bäumte, schnappte, und ehe die Wölfin reagieren konnte, pfiff es erneut, traf sie, stieß in ihre Flanke hinein. Dumpfheit, Taubheit umfing sie, und wie von einem schweren Schlag getroffen, der Wucht eines Baums, schwankte sie, und die Läufe knickten ihr ein. Schwer spürte sie den Körper Bolschois an ihr herunterstürzen, den starken Bolschoi. Sie versuchte, seine Last abzuwerfen, brach zusammen, Krassiwaja im Schnee.

Lange lagen die Wölfe in taubem Schlaf. Sie merkten nicht, was mit ihnen geschah, die Fahrt durch die Nacht nicht, und nicht die Ankunft. Als Bolschoi aufwachte, witterte er zuerst all die Gerüche um ihn her. So viele waren es, daß er sich sehr anstrengen mußte, um sie zu erkennen, und dabei war er so müde, so unendlich müde. Dann spürte er die feuchten Nasen in seinem Fell und roch sie, seine Jungen, nach denen er so lange gesucht hatte. Alle waren da: Adin, Twa, Tri und Tschetirija. Auch Krassiwajas Duft kam dazu und der Geruch von Fleisch, von Beute, viel Fleisch mußte es sein, Fleisch für alle.

Stärker aber als alle anderen Gerüche war der fremde Geruch, der Geruch, den er nicht zuordnen konnte. Alles überdeckte er, alles, und ließ seine Nackenhaare steigen. Bolschoi hatte große Angst. Und auf einmal wußte er, was ihm geschehen war, ihm und dem Rudel: In einem fremden Revier waren sie, besetzt von fremden Gerüchen. Wie oft hatte er selbst fremde Wölfe vertrieben, erbarmungslos weit über die Grenzen hinaus gejagt. Er wußte, was für ein schreckliches Schicksal ihnen drohte! Fort mußten sie, fliehen, bevor der Fremde sie entdeckte. Er rief Krassiwaja und rief seine Jungen und raffte sich auf. Noch schwankte er, auch Krassiwaja schwankte, doch mit jedem Tritt wurden sie sicherer. Sein Haupt schüttelte Bolschoi und zog den Pfad für sein Rudel nach alter Wolfsart, und sie folgten ihm alle. Da stieß er auf ein hohes festes Hindernis, lief seitwärts daran entlang, lief weiter und weiter, aber die Wand nahm kein Ende, soviel er auch lief. Mit ihm rannte sie, blieb stehen, wenn er stehen blieb, lief, wenn er lief. Da setzte er seine Zähne hinein, schüttelte sie, versuchte sie niederzureißen. Sie selbst war das Ungeheuer, das ihn gefangenhielt, ihn und sein Rudel. Gewaltigen Anlauf nahm er, um sie zu überspringen, aber es gelang ihm nicht. Und er lief und rannte immer weiter und weiter, setzte seine großen Tatzen, eine um die andere, dicht am Zaun entlang. Gewaltige Pfade legte er zurück, alle übereinander geschichtet. Und er gab nicht auf.

Treu folgte ihm seine Wölfin, Krassiwaja, die Wunderschöne, und es folgten die Jungen. Es wurde dunkel, es wurde hell, es wurde Tag, es wurde Nacht, Schlaf und Wachen wechselten einander ab. Die Wölfe liefen und liefen. Immer wieder setzte Bolschoi seine Zähne in den Zaun, biß und riß mit all seiner Wolfskraft. Wenn der Abend kam, rief er sein Rudel und brachte große Klagen in den tiefen Himmel hinauf, Krassiwaja fiel ein und auch die Wolfsjungen, und wenn Bolschoi aufhörte, begann Krassiwaja gleich neu, und die vier Wolfsjungen sangen ihr nach. So viele Winter hatten sie überstanden, schreckliche immerweiße Winter, die furchtbaren Hunger brachten. Sie hielten durch.
Ein neuer Winter brach herein. An Fleisch gab es diesmal keinen Mangel. Das Ungeheuer ließ sie nicht Hunger leiden. Wieder waren Himmel und Erde weiß vereint. Die Spuren Bolschois und seiner Wölfe erloschen im tiefen Schnee, und soviel sie auch liefen, immer die gleichen Wege, immer wurden sie sogleich wieder neu und weiß. Wieder riß Bolschoi an dem Zaun, zerrte mit Macht und Gewalt, und so kraftvoll riß er, daß die Wand nachgab, die Wand, hinter der die Wolfwelt lag, so weit und so groß, daß man sie niemals ganz durchlaufen konnte, nicht einmal ein Wolf.
Da rief Bolschoi Krassiwaja, und er rief seine Jungen, Adin, Twa, Tri und Tschetirija, und die Welt ging ihnen auf, weiß und so weit sie nur schauen konnten. Bolschoi betrat sie als erster, dann Krassiwaja und hinter ihr die Jungen. Zaghaft und vorsichtig zuerst, doch dann immer schneller flogen sie dahin, stoben mit all der lang gestauten Kraft voran, fort von den fremden Gerüchen, getrieben von übergroßer Angst, weiter und weiter, keine Rast machten sie, liefen die ganze Nacht, durchrasten hohe Schneewächten, jagten unter dem unendlich fallenden Schnee einher, so schnell, daß sie kaum einsanken, nicht einmal der schwere Bolschoi, und als das Licht kam, milchig und trüb, hatten sie die großen Wälder erreicht. Ihre Spuren lagen verborgen unter hohen Schneewehen. Wer könnte sie finden? So eine gute Nase hatte niemand.
Lange dauerte der Winter, war frostig und bitterkalt, wie ihn die Wölfe kannten. Wieder war es sehr schwer, Beute aufzutreiben, und Bolschoi mußte bei der Jagd all seinen Verstand und all seine Erfahrung daransetzen. Und so manchen Jagdzug verdarben die Jungwölfe, wenn sie vor Ungeduld zu früh aus dem Dickicht herausbrachen und das Opfer warnten. Aber es gab wieder Wild für die Wölfe. Kleine versprengte Antilopenherden hatten sich neu gesammelt, waren in dem üppigen Sommer größer geworden und zogen zu ihren alten angestammten Plätzen. Es gab wieder kranke Tiere, Tiere, die dem langen harten Winter nicht standhielten.
So überlebte das Wolfsrudel die kalte Zeit, und als die Sonne langsam wärmer wurde, als die neuen Gräser aus dem Boden sprossen, als es wieder reichlich Beute gab, Murmeltiere, Hasen und kleine Tiere, die im Winter in ihren Höhlen verborgen waren, da führte Bolschoi seine Familie noch tiefer in die Wälder, denn Krassiwaja sollte wieder Junge werfen. Groß würde das Rudel werden. Viel Raum würde es brauchen, damit es nie mehr in die Nähe der fremden Gerüche ziehen mußte, nie mehr. Und wenn Bolschoi am Abend seine Familie vereinte, wenn sie gemeinsam, alle sechs Wölfe, ihre Rufe in den Himmel ausbrachten, dann stiegen sie stolz und ruhig in die blasse Nacht. Noch gab ihnen niemand Antwort, doch eines Tages, wenn das Rudel wieder groß genug war, würden Wölfe abwandern und eigene Familien gründen und die stolzen Rufe Bolschois und der Seinen erwidern.
Es würde wieder Wölfe geben.

Ludwig Bechstein (1801 – 1860)

Der weiße Wolf

Ein König ritt jagen in einem großen Walde, darinnen er sich verirrte, und mußte manchen Tag wandern und manche Nacht, fand nicht den rechten Weg und mußte Hunger und Durst leiden. Endlich begegnete ihm ein kleines, schwarzes Männlein, das fragte der König nach dem rechten Weg. „Ich will dich wohl führen und geleiten", sagte das Männlein, „aber du mußt mir auch etwas dafür geben, du mußt mir das geben, was dir aus deinem Hause zuerst entgegenkommt."

Der König war froh und sprach unterwegs: „Du bist recht brav, Männchen; wahrlich, und wenn mein bester Hund mir entgegenlief', so wollt' ich dir ihn doch gern zum Lohne geben."

Das Männlein aber erwiderte: „Deinen besten Hund, den mag ich nicht, mir ist was andres lieb."

Wie sie nun beim Schlosse ankamen, so sah des Königs jüngste Tochter durchs Fenster ihren Vater geritten kommen und sprang ihm fröhlich entgegen. Da sie ihn aber in ihre Arme schloß, sprach er:

„Ei, wollt' ich doch, daß lieber mein bester Hund mir entgegengekommen wäre!"
Über diese Rede erschrak die Königstochter gar sehr und weinte und rief: „Wie das, mein Vater? Ist dir dein Hund lieber denn ich, und sollte er dich froher willkommen heißen?"
Aber der König tröstete sie und sagte: „Oh, liebe Tochter, so war es ja nicht gemeint!" und erzählte ihr alles. Sie aber blieb ganz standhaft und sagte: „Es ist besser so, als daß mein lieber Vater umgekommen wäre im wilden Walde", und das Männchen sagte: „Nach acht Tagen hole ich dich."
Und nach acht Tagen, richtig, da kam ein weißer Wolf in das Königsschloß, und die Königstochter mußte sich auf seinen Rücken setzen und, heißa, da ging's durch dick und dünn, bergauf und -ab, und die Königstochter konnte das Reiten auf dem Wolf nicht aushalten und fragte: „Ist's noch weit?"
„Schweig! Weit ist's noch zum gläsernen Berge. Schweigst du nicht, so werf' ich dich ab!"
Nun ging es wieder so fort, bis die arme Königstochter wieder zagte und klagte und fragte, ob es noch weit sei. Und da sagte ihr der Wolf die nämlich drohenden Worte und rannte immer fort, immer weiter, bis sie zum dritten Male die Frage wagte, da warf er sie auf der Stelle von seinem Rücken herunter und rannte davon.
Nun war die arme Prinzessin ganz allein in dem finstern Walde und ging und ging und dachte: Endlich werde ich doch einmal zu Leuten kommen. Und endlich kam sie an eine Hütte, da brannte ein Feuerchen, und da saß ein altes Waldmütterchen, das hatte ein Töpfchen am Feuer. Und da fragte die Königstochter:

„Mütterchen, hast du den weißen Wolf nicht gesehen?"
„Nein, da mußt du den Wind fragen, der fragt überall herum, aber bleibe erst noch ein wenig hier und iß mit mir! Ich koche hier ein Hühnersüppchen."
Das tat die Prinzessin, und als sie gegessen hatte, sagte die Alte:
„Nimm die Hühnerknöchelchen mit dir, du wirst sie gut gebrauchen können."
Als die Königstochter bei dem Winde ankam, fand sie ihn auch am Feuer sitzen und sich eine Hühnersuppe kochen, aber auf ihre Frage nach dem weißen Wolf antwortete er ihr:
„Liebes Kind, ich habe ihn nicht gesehen, ich bin heute einmal nicht gegangen und wollte mich einmal hübsch ausruhen. Frage die Sonne, die geht alle Tage auf und unter, aber erst mache es wie ich, ruhe dich aus und iß mit mir! Kannst hernach auch alle die Hühnerknöchlein mit dir nehmen, wirst sie wohl gut brauchen können."
Als dies geschehen war, ging die Kleine nach der Sonne zu, und es ging da gerade wieder wie beim Wind: Die Sonne kochte sich gerade eine Hühnersuppe für sich selbst, daher es damit sehr geschwind ging, hatte auch sie den weißen Wolf nicht gesehen und lud die Prinzessin zum Mitessen ein.
„Du mußt den Mond fragen, denn wahrscheinlich läuft der weiße Wolf nur des Nachts, und da sieht der Mond alles."
Als nun die Königstochter mit der Sonne gegessen und die Knöchlein aufgesammelt hatte, ging sie weiter und fragte den Mond. Auch er kochte Hühnersuppe und sagte:
„Es ist fatal, ich habe letzt nicht geschienen oder bin zu spät aufgegangen, ich weiß gar nichts von dem weißen Wolf."
Da weinte das Mädchen und rief:
„O Himmel, wen soll ich nun fragen!"
„Nun, nur Geduld, mein Kind", sagte der Mond. „Vor Essen wird kein Tanz, setze dich und iß erst die Hühnersuppe mit mir und nimm auch die Knöchelchen mit, du wirst sie wohl brauchen. Etwas Neues weiß ich doch; im gläsernen Berge das schwarze Männchen, das hält heute Hochzeit, der Mann im Mond ist auch dazu eingeladen."
„Ach, der gläserne Berg, der gläserne Berg! Dahin wollte ich ja eben, dahin hat mich ja der weiße Wolf tragen sollen!" rief die Königstochter.
„Nun, bis dorthin kann ich dir schon leuchten und den Weg zeigen", sagte der Mond, „sonst könntest du dich leichtlich irren, denn ich zum Beispiel bestehe ganz und gar aus lauter gläsernen Bergen. Nimm immer deine Knöchlein hübsch alle mit."
Das tat die Prinzessin, aber in der Eile vergaß sie doch ein Knöchlein.
Bald stand sie an dem gläsernen Berge, aber der war ganz glatt und glitschig, da war nicht hinaufzukommen, aber da nahm die Königstochter alle Hühnerknöchlein von der alten Waldmutter, von dem Wind, von der Sonne und von dem Mond und machte sich daraus eine Leiter, die wurde sehr lang, aber, o weh, zuletzt fehlte noch eine einzige Sprosse, noch ein Glied. Da schnitt sich die Prinzessin das oberste Gelenk von ihrem kleinen Finger ab, und so tat es gut, und sie konnte nun rasch zum Gipfel des gläsernen Berges klimmen. Oben war eine große Öffnung, da führte eine schöne Treppe hinunter und war alles voll Glanz und Pracht und war ein Saal da voll Hochzeitgäste und viele Musikanten und reichbesetzte Tafeln. Und da saß das schwarze Männlein, und an seiner Seite saß eine Dame, die war seine Braut, das schwarze Männlein aber schien traurig. Und der Königstochter tat es auch so weh, daß sie nun zu spät kam und daß das schwarze Männlein so traurig war, und dachte

bei sich: Ich will ein Lied vom weißen Wolf singen, vielleicht kennt er mich dann. Denn er hatte sie noch gar nicht angesehen, folglich auch nicht wiedererkannt. Und da stand eine Harfe an der Wand, welche die Prinzessin gut spielte, die nahm sie nun und sang:

„Deinen besten Hund, den mag ich nicht,
Mir ist was andres lieb!
Die jüngste Königstochter.

Der weiße Wolf, der lief davon,
Sie weiß nicht, wo er blieb,
Die jüngste Königstochter."

Da horchte das schwarze Männlein hoch auf, aber die Prinzessin fuhr fort zu spielen und zu singen:

„Sie ist dem Wolfe nachgereist,
Schnitt ab ihr Fingerglied,
Die jüngste Königstochter.

Nun ist sie da – du kennst sie nicht,
Traurig singt dir das Lied
Die jüngste Königstochter."

Da sprang das schwarze Männlein von seinem Sitze auf und war plötzlich ein ganz schöner, junger Prinz und eilte auf sie zu und schloß sie in seine Arme.
Alles war Zauber gewesen. Der Prinz war in das alte Männlein und in den weißen Wolf und in den gläsernen Berg hinein verzaubert so lange, bis eine Prinzessin, um zu ihm zu gelangen, sich's ein Glied von ihrem kleinen Finger kosten lassen würde, wenn das aber bis zu einer gewissen Zeit nicht geschähe, so müsse er eine andre freien und ein schwarzes Männlein bleiben all sein Leben lang. Nun war der Zauber gelöst, die andre Braut verschwand, der entzauberte Prinz heiratete die Königstochter, reiste darauf mit ihr zu ihrem Vater, der sich herzlich freute, sie wiederzusehen, und lebten alle glücklich miteinander bis an ihr Ende. Sollte dieses aber nicht erfolgt sein, so ist es einigermaßen wahrscheinlich, daß sie noch heute leben.

Von dem verleumderischen Wolf

Das alles ist lange, lange her, als die Tiere noch reden konnten und ihren König hatten. Es war der Löwe. Eines Tages wurde König Löwe krank. Und weil er einen Arzt brauchte, rief er alle seine Untertanen zu sich, damit sie ihm halfen.

Auch Gevatter Wolf machte sich auf den Weg zur königlichen Residenz. Unterwegs machte er beim Fuchs halt und sagte:
„Lieber Fuchs, du mußt zum König mitkommen, er ist krank und braucht unsere Hilfe."
Der Fuchs hatte aber gar keine Lust, zu König Löwe zu gehen. Er antwortete kurz:
„Laß mich mit dem König in Ruh', Gevatter Wolf! Ich habe andere Sorgen, als am Königshof mit dem Schwanz zu wedeln."
Der Wolf war beleidigt. „Meintwegen, Gevatter! Daß es dir dann nur nicht leid tut!"
Und kaum war er bei Hof angelangt, begann er den Fuchs zu verleumden. Er sagte:

„Wie geht es Euch, Majestät?"
„Schlecht, lieber Wolf", klagte König Löwe. „Nichts kann mir helfen, niemand kann mir raten."
Da sagte Gevatter Wolf: „Der Fuchs könnte Euch sicher raten und helfen. Darum habe ich auch unterwegs bei ihm haltgemacht, aber wißt Ihr, was er mir sagte? Er habe andere Sorgen, als am Königshof mit dem Schwanz zu wedeln!"
König Löwe wurde zornig. „Dafür soll er bestraft werden!"
Aber noch ehe er seine Boten ausschicken konnte, stand Gevatter Fuchs schon atemlos vor ihm und sprach:
„Wie geht es Euch, Majestät? Schon drei Tage lang laufe ich hin und her, um Euch eine Arznei zu verschaffen."
König Löwe hatte seinen Zorn vergessen und sprach: „Und hast du die Arznei verschafft, liebes Füchslein?"
„Noch nicht, Herr König, aber ich weiß schon, wo sie zu finden ist", antwortete der Fuchs. „Wenn Ihr gesundwerden wollt, müßt Ihr Euch in die Haut einhüllen, die einem lebenden Wolf abgezogen wurde."
Der Wolf wußte, daß es schlimm um ihn stand. Angstvoll sagte er:
„Das ist schon möglich, Majestät, aber meine Haut taugt nicht dazu. Ich bin schon zu alt."
„Wie alt bist du denn, Gevatter Wolf?" fragte der Fuchs.
„Sieben Jahre", antwortete der Wolf und wollte sich davonmachen.
Aber der Fuchs verstellte ihm den Weg: „Sieben Jahre, sagst du? Da ist die Haut am besten!"
Und schon stürzten sich die königlichen Diener auf den Wolf und zogen ihm die Haut vom lebendigen Leibe.
König Löwe wurde von der Wolfshaut wirklich gesund. Gevatter Fuchs bekam einen Beutel Golddukaten zur Belohnung. Der Wolf erntete nur Schaden und Spott, denn ohne Haut konnten ihn nicht einmal seine nächsten Verwandten erkennen. Ein ganzes Jahr lang dauerte es, bis er eine neue Haut bekam. Nur gut, daß den Tieren damals überhaupt neue Häute wuchsen.

Wie der Wolf rauchen lernte

Es war einmal, da saß der Fuchs am Eingang seines Baues und schmauchte seine Pfeife. Als der Wolf das sah, kam er herbeigelaufen und fragte verwundert:
„Was machst du da, Gevatter?"
„Ich rauche, Gevatter!"
„Und ist das gut, Gevatter?"
„Freilich ist das gut, Gevatter! Sonst würden die Menschen doch nicht rauchen."
„Du hast recht, Gevatter. Ich muß es auch einmal versuchen. Wenn ich nur das Nötige dazu hätte!"
„Das ist eine Kleinigkeit, Gevatter, das verschaffe ich dir leicht. Dort beim Wald pflügt ein Bauer, und er hat seine Jacke auf dem Feldrain liegen. Ich möchte wetten, daß er Tabak und seine Pfeife in der Tasche hat."
„Gehen wir hin, Gevatter!"
„Nun gut, gehen wir", sagte der Fuchs, und beide liefen zum Feldrain. Dort lag im Gras die Jacke und unter ihr eine Flinte.
„Das ist eine wunderschöne Pfeife, Gevatter", sagte der Fuchs erfreut. „Sie ist zwar etwas größer als meine, aber dafür wirst du besser rauchen. Versuch's nur."
Und er steckte dem Wolf den Gewehrlauf ins Maul.
„Jetzt will ich dir die Pfeife stopfen und anzünden, Gevatter! Du mußt sie nur schön halten und tief Atem holen."
Gevatter Wolf hielt schön, atmete tief ein, und der Fuchs drückte ab. Ein Knall wie Donner ertönte. Der Wolf stürzte zu Boden. Drei seiner besten Zähne waren draußen.
„Das wird dir nicht geschenkt, Gevatter!" heulte der Wolf wütend und rannte in den Wald. „Wenn du mir auch die drei besten Zähne ausgeschlagen hast, blieben mir doch noch genug im Maul, um dich zu zerreißen."
Gevatter Fuchs rief verwundert: „Ist das der Lohn für meine Güte, Gevatter Wolf? Ich wollte dich rauchen lehren, und du willst mich dafür zerreißen. Ist es denn meine Schuld, wenn dir das Rauchen schadet?"

Wie Gevatter Fuchs ein Stück Butter fand

Eines Tages, noch ehe er den Wolf das Rauchen lehrte, erspähte der Fuchs auf dem Bauernhof eine schöne fette Gans. Als er sie aber davontragen wollte, begann die Gans so herzzerreißend zu schnattern, daß alle Dorfhunde zusammenliefen. Der Fuchs mußte sie loslassen und schleunigst fliehen, um nur mit dem nackten Leben davonzukommen. Seine Rettung war ein Brunnen auf dem Feld. An der Winde an einem Seil hing der Eimer. Ohne zu zögern, sprang Gevatter Fuchs in den Eimer, und der fuhr mit ihm in die Tiefe. Der Fuchs war in Sicherheit, die Hunde hatten seine Spur verloren und kehrten ins Dorf zurück.
Aber Gevatter Fuchs konnte nicht in den Wald zurück. Er saß im Eimer auf dem Boden des

Brunnens und konnte nicht heraus. Hinunter war es ganz leicht gegangen, aber hinauf ging es gar nicht. Außer, es setzte sich jemand in den andern Eimer, den der Fuchs durch sein Gewicht hinaufgezogen hatte. Aber wer sollte das tun?
„Am ehesten noch der Gevatter Wolf", sagte der Fuchs zu sich selbst und wartete. Als sich der Mond am Himmel zeigte, machte sich Gevatter Wolf auf seinen Abendspaziergang und kam an dem Brunnen vorbei. Aus der Tiefe hörte er Schmatzen. Der Wolf war neugierig, schaute hinunter und fragte: „Wer ist da unten?"
„Ich bin's, lieber Gevatter", antwortete der Fuchs seelenruhig.
„Was machst du denn da, Gevatter? fragte der Wolf verwundert.
„Ach, ich habe hier ein Stück Butter gefunden. Aber ich kann sowieso nicht das ganze auf-essen, möchtest du nicht auch? Es ist noch genug da, schau nur!"
Der Wolf schaute, und tatsächlich glänzte auf dem Boden des Brunnens etwas Großes, Gelbes. Es war der Mond, der sich widerspiegelte. Aber der Wolf glaubte, ein Stück Butter zu sehen, und sagte:
„Freilich möchte ich auch! Aber wie komme ich dazu?"
„Ganz leicht, lieber Gevatter", antwortete der Fuchs. „Setz dich in den Eimer, so wie ich, er wartet dort oben und bringt dich von selbst herunter."
Das ließ sich der Wolf nicht zweimal sagen. Oben wartete wirklich ein leerer Eimer, er sprang hinein, und der Eimer fuhr mit ihm in den Brunnen. Unten aber fand der Wolf weder die Butter noch den Fuchs. Während der Wolf in dem einen Eimer hinuntergefahren war, brachte der andere den Fuchs hinauf.
„Ich danke dir, lieber Gevatter!" rief der Fuchs, als er oben aus dem Eimer sprang. „Wärst du nicht gekommen, hätte mich sicher ein Bauer aus dem Dorf heraufgezogen. Das wollte ich nicht, da hätte es Stockschläge gegeben!"
So war es mit der Butter, die der Fuchs gefunden hatte. Dem Wolf brachte sie keinen Genuß. Als die Leute aus dem Dorf an den Brunnen kamen, um Wasser zu schöpfen, und statt Wasser den Wolf im Eimer heraufzogen, hagelten Stockschläge auf seinen Rücken, bis er endlich Reißaus nahm.

Vom Wolf, der nie genug hatte

Unvermutet begegnete der Wolf dem Fuchs im tiefen Wald. Der Wolf war hungrig und wütend. Er hatte nicht vergessen, was der Fuchs ihm angetan hatte, und rief:
„Jetzt habe ich dich erwischt, Gevatter! Nun sollst du mir alles bezahlen. Ich bin hungrig und werde dich auffressen!"
Der Fuchs sah, daß er nicht entkommen konnte. Aber er ließ sich keine Angst einjagen. Wo die Beine nichts nützen, muß die List helfen. Er sagte:
„Ich würde dir bestimmt nicht schmecken, lieber Wolf, ich bin ja nur Haut und Knochen. Wenn du wirklich Hunger hast, will ich dir ein besseres Abendessen verschaffen. Ich weiß von einem Schafstall, in dem zwei junge Lämmer sind. Wenn du mitkommst, will ich dir eines bringen."

„Gut, lieber Fuchs, aber keine schlauen Listen, sonst geht's dir schlecht!" knurrte der Wolf.
„Was fällt dir ein, lieber Wolf, wie könnte ich mich an Klugheit mit dir messen?" sagte der Fuchs und führte den Wolf an den Rand des Waldes. Vor ihnen lag eine Wiese, und auf der Wiese stand ein Schafstall. Der Fuchs schlüpfte hinein, ergriff ein Lamm, ließ das andere drinnen und rannte mit seiner Beute in den Wald. Der Wolf ließ sich das Lamm schmecken, hatte aber noch nicht genug und wollte auch das andere.
„Und das hol' ich mir selber!" sagte er.
Der Fuchs wollte ihn davon abhalten und sagte: „Geh nicht hin, lieber Wolf, laß dir von mir raten. Sonst wird es dir schlimm ergehen, und du wirst wieder sagen, ich sei schuld daran."
Aber der Wolf war ein Starrkopf. Er lief zum Schafstall, als er aber das Lamm greifen wollte, begann das Mutterschaf so laut zu blöken, daß alle Schafhirten zusammenliefen und mit ihren Stöcken auf den Wolf einschlugen, was das Zeug hielt. Er konnte kaum das nackte Leben retten.
Am nächsten Tag begegnete der Wolf dem Fuchs von neuem. Er war hungrig und sehr zor-nïg und rief:
„Jetzt entkommst du mir nicht wieder! Für die gestrigen Prügel wirst du mir büßen. Ich bin hungrig und werde dich fessen!"
Auch diesmal erschrak der Fuchs nicht. „Daran bist du selber schuld, lieber Wolf! Habe ich dir nicht gesagt, du sollst nicht hingehen? Aber wenn du so großen Hunger hast, will ich dir etwas sagen. Ich weiß von einem Bauernhof, wo sie heute Kuchen gebacken haben. Wenn du mitkommst, will ich dir ein paar holen."
„Also gut, Fuchs, aber keine schlauen Listen, sonst geht's dir schlecht!" knurrte der Wolf.
„Was sagst du da, lieber Wolf, als könnte ich mit List etwas bei dir erreichen", sagte der Fuchs und führte den Wolf an den Rand des Waldes. Um den Wald führte ein Weg, und an dem Weg stand ein Bauernhof. Der Fuchs schlich hinein, schlüpfte in die Speisekammer, nahm eine Pfanne Kuchen, ließ die andere stehen und lief mit der Beute in den Wald. Der

Wolf ließ sich die Kuchen schmecken, hatte aber bei weitem nicht genug und wollte auch die übrigen.
„Und die hol' ich mir selber!" sagte der Wolf.
Der Fuchs wollte ihn davon abhalten und sagte: „Geh nicht hin, lieber Wolf, laß es dir gesagt sein. Es wird dir wieder schlimm ergehen, und es wird heißen, ich sei schuld daran."
Aber der Wolf war eigensinnig wie immer. Er lief in den Bauernhof, als er sich aber in der Speisekammer auf den Kuchen stürzen wollte, erblickte ihn die Köchin, die die Kuchen gebacken hatte, und erhob ein solches Geschrei, daß das ganze Gesinde zusammenlief und dem Wolf mit Stockhieben zusetzte, was das Zeug hielt. Der Wolf war froh, das nackte Leben zu retten.
Am folgenden Tag begegnete der Wolf dem Fuchs zum drittenmal. Der Wolf war wieder hungrig und wütend und sagte:
„Fuchs, ich fresse dich. Ich habe Hunger und eine Wut wegen der gestrigen Prügel!"
Der Fuchs tat, als habe er keine Angst, und sagte: „Daran bist du selber schuld, lieber Wolf! Hab ich dir nicht gesagt, du sollst nicht hingehen? Warum bist du so ein Nimmersatt? Aber wenn du wirklich so hungrig bist, will ich dir etwas sagen. Aber es ist das letzte Mal. Ich weiß von einem Haus, wo sie im Keller ein Faß eingelegter Fische haben. Wir könnten uns welche holen."
„Gut", sagte der Wolf. „Aber diesmal gehen wir miteinander."
„Wie du willst, lieber Wolf", sagte der Fuchs und lief mit dem Wolf zu dem Bauernhaus. Dort schlich der Fuchs zu einem kleinen Fenster knapp über der Erde und schlüpfte hindurch. Der Wolf hinterher. Sie waren im Keller. Dicht unter dem Fenster stand ein Faß voll Fische. Der Wolf stürzte sich darauf und fraß gierig.
Der Fuchs hingegen fraß kaum etwas, sondern lief dauernd im Keller auf und ab, sprang durch das Fenster hinaus und wieder herein, um zu sehen, ob er noch durchschlüpfen konnte.
Der Wolf hob den Kopf von den Fischen und fragte:
„Warum läufst du dauernd hin und her, Fuchs, und springst durch das Fenster hinaus und herein?"
Darauf antwortete der Fuchs: „Ich passe auf, ob jemand kommt. Und du – friß nicht soviel!"
Aber der Wolf hörte nicht auf den Fuchs und fraß weiter. Er sagte: „Ich rühre mich nicht weg von hier, ehe ich nicht den letzten Fisch aufgefressen habe!"
Aber inzwischen war über ihnen in der Stube der Bauer erwacht. Er hatte ein Geräusch im Keller gehört, nahm einen Knüppel zur Hand und lief hinunter. Als der Fuchs ihn erblickte, schoß er wie ein Pfeil durchs Fenster hinaus, und weg war er. Aber der Wolf war übel dran. Vergebens versuchte er zu flüchten, sich durchs Fenster ins Freie zu zwängen, sein Bauch war voll mit Fischen, und es gelang ihm nicht. Erst als der Bauer ihn windelweich geprügelt hatte, schlüpfte er in den Hof hinaus und lief in den Wald. Noch niemals hatte er solche Schläge bekommen. Eine ganze Woche lang lag er krank darnieder, und die ganze Zeit über wütete und schimpfte er auf den Fuchs, obwohl er selber an allem schuld war, weil er niemals genug hatte.

Wie der Wolf den Bläuling spielte

Kurz nachdem der Wolf Prügel bekommen hatte, weil er so ein Nimmersatt war, verirrte er sich in ein Dorf und fiel bei einem Färber in eine Wanne voll blauer Farbe. Als er herauskroch, war sein Fell blau wie der Himmel. In dem neuen Pelz traf er am Dorfrand eine Ziege.
Die Ziege schaute den Wolf an, schüttelte den Kopf und fragte dann:
„Bist du der Wolf, oder bist du's nicht?"
Der Wolf antwortete:
„Hast du schon jemals einen blauen Wolf gesehen? Ich bin kein Wolf, ich bin ein Bläuling!"
„Und was frißt du, lieber Bläuling?"
„Ich fresse Gras, so wie du. Komm, wir wollen zusammen auf die Weide gehen", sagte der Wolf, und die Ziege ging vertrauensvoll mit ihm.
Nach einer Weile begegneten sie einem Esel. Der Esel schaute den Wolf an, schüttelte den Kopf und fragte dann:
„Bist du ein Wolf, oder bist du kein Wolf?"
Der Wolf antwortete lachend: „Hast du denn schon jemals einen blauen Wolf gesehen? Ich bin kein Wolf, ich bin ein Bläuling!"
„Und was frißt du, lieber Bläuling?" fragte der Esel.
„Gras wie die Ziege und Hafer wie du. Komm mit uns", sagte der Wolf, und der Esel schloß sich ihnen vertrauensvoll an.
Nach einer Weile begegneten sie einem Hahn. Der wunderte sich ebenfalls und fragte:
„Bist du ein Wolf, Gevatter, oder bist du kein Wolf?"
„Ich bin kein Wolf, ich bin ein Bläuling", antwortete der Wolf.
„Und womit ernährst du dich, Bläuling?" fragte der Hahn.
„Mit Gras wie die Ziege, mit Hafer wie der Esel und mit Körnern, so wie du. Komm mit uns", sagte der Wolf, und der Hahn schloß sich ihnen vertrauensvoll an.
So kamen sie in den Wald und im Wald zu einer Höhle, in der sie übernachten wollten.
„Aber ehe wir schlafen gehen", sagte plötzlich der Wolf, „muß ich mit euch ein Wörtchen reden. Ich habe häßliche Dinge über euch gehört."
Und er wandte sich an den Esel: „Du, Esel, iahst jeden Morgen so fürchterlich, daß du alle Leute aufweckst. Was hast du zu deiner Verteidigung zu sagen?"
Der arme Esel wußte nicht, wie er sich verteidigen könnte, und iahte laut. Der Wolf wurde zornig:
„Du getraust dich, auch hier zu iahen? Das verdient Strafe!" Und er stürzte sich auf den Esel und biß ihn tot.
Dann wandte er sich an die Ziege: „Und du, Ziege, warum meckerst du jeden Morgen so laut, daß du alle Leute aufweckst? Wie willst du dich verteidigen?"
Die arme Ziege wußte auch nicht, wie sie sich verteidigen sollte, und meckerte laut. Der Wolf wurde wütend:
„Du getraust dich, auch hier zu meckern? Das verdient Strafe."
Und ohne Zögern biß er die Ziege tot.
Dann wandte er sich an den Hahn: „Nun, und du, Hahn, warum krähst du jeden Morgen so laut, daß du alle Leute aufweckst? Was sagst du, um dich zu verteidigen?"

Der Hahn ließ sich aber nicht einschüchtern und sagte:
„Ich krähe, weil es mir der Hausherr befohlen hat. Jeden Tag muß ich ihn wecken, damit er nicht verschläft. Wenn du es nicht glaubst, Bläuling, komm morgen früh in den Gutshof. Du wirst sehen, wie alle verschlafen, wenn ich sie nicht wecke."
„Gut, ich will mich überzeugen!" sagte der Wolf. Er freute sich schon im stillen, wie alle auf dem Gutshof verschlafen und er sich inzwischen ein schönes Kälbchen davontragen würde.
Aber auf dem Gut schliefen sie nicht, obwohl der Hahn sie nicht geweckt hatte. Der Bauer war wie immer seit Morgengrauen auf, und als er den Wolf auf dem Hof erblickte, griff er nach einer Flinte und schoß auf ihn.
Anstatt eines Kälbchens trug der Wolf eine Handvoll Schrotkörner im Hintern davon. Und er mußte noch froh sein, daß er so davongekommen war und humpelnd seine Höhle erreichte.

Wie das Kaninchen den Wolf dreißig harte Taler verdienen ließ

Eines Tages bekam das Kaninchen Appetit auf Ziegenfleisch. Und gerade hatte sein Nachbar, der Waschbär, eine hübsche Ziege im Stall. Das Kaninchen konnte nicht widerstehen. Als die Dämmerung hereinbrach, schlich es sich auf den Nachbarhof und stahl die Ziege. Zu Hause schlachtete es sie, und drei Tage lang aß es den Braten.
Der Waschbär freilich suchte die Ziege überall. Als er sie nirgends fand, ging er zu Gericht und erhob Klage – jemand habe ihm die Ziege gestohlen, und man möge den Dieb fangen.
Vom Gericht wurden nach allen Seiten Häscher ausgeschickt, die den Dieb suchten. Einer der Häscher kam auch zum Kaninchen und fragte, ob es nichts wüßte.
„Ich weiß gar nichts", brummte das Kaninchen. „Ich kümmere mich nicht um des Nachbarn Ziegen."
Aber als der Häscher wegging, kraulte sich das Kaninchen hinterm Ohr: „Schlimm ist das."
Da kam der Wolf vorüber. „Was ist denn los, liebes Kaninchen?" höhnte er. „Du hast Sorgen?"
„Ja, Freund, ich habe große Sorgen", sagte es zerknirscht. „Ich brauche Hilfe. Möchtest du nicht dreißig harte Taler verdienen?"
„Freilich möchte ich", sagte der Wolf, und seine Augen funkelten. „Aber wie?"
„Das ist leicht", sagte das Kaninchen. „Es genügt, wenn du ein wenig singst."
„Ach singen, das kann ich", prahlte der Wolf. „Was soll ich denn singen?"
„Einen kleinen Abgesang, Gevatter", erklärte das Kaninchen. „Ich werde ein Liedchen über die Ziege singen, und du sollst den Kehrreim hinzufügen: ‚Ja, ja, so war es und nicht anders!'"
„Das ist wirklich kinderleicht", sagte der Wolf erfreut. „Und dafür bekomme ich dreißig harte Taler?"
„Ja, Gevatter", versicherte das Kaninchen. „Komm nur morgen bestimmt, und du wirst sehen."
Der Wolf kam pünktlich und sah. Als er mit dem Kaninchen in die Stadt gelangt war, blieb es mitten auf dem Marktplatz stehen, und gerade vor dem Gericht begann es zu singen, daß die Fensterscheiben zitterten:

„Des Waschbärs Ziege stahl der Wolf,
stahl sie und lief davon,
dann briet er sie, dann aß er sie,
und niemand wußte davon."

Der Wolf hörte kaum zu, was das Kaninchen sang, er freute sich schon auf die dreißig harten Taler und paßte auf, wann er drankam. Und er sang den Kehrreim, daß die Fensterscheiben zitterten: „Ja, ja, so war's und nicht anders, ja, ja, so war's und nicht anders!"
Der Wolf sang so schön und voller Gefühl, daß alle herbeiliefen und zuhörten. Aber man ließ ihn nicht lange singen. Plötzlich stand der Richter mit den Häschern hinter ihm und sagte:
„Also du hast des Waschbären Ziege gestohlen, Wolf? Und du singst es sogar noch in die Welt hinaus? Dafür verdienst du eine tüchtige Strafe!"
Und auf der Stelle ließ er dem Wolf dreißig harte auszahlen – aber nicht harte Taler, sondern harte Stockhiebe.
Das hatte der Wolf nicht erwartet. Lange, lange konnte er es dem Kaninchen nicht verzeihen. Und lange, lange ging das Kaninchen dem Wolf aus dem Weg.

Wie der Wolf hungrig blieb

Eines Tages machte sich der Wolf auf den Weg zum König der Tiere und sagte:
„Mächtiger König, ich habe Hunger, und mein Magen knurrt, aber ich kann nicht jagen, weil ich mich kaum rühren kann. Gib mir, bitte, etwas zu essen."
König Löwe runzelte die Stirn und sprach: „Warum soll ich dir zu essen geben? Du bist doch ein Wolf, also geh und erbeute etwas. Meinetwegen die Stute dort."
Und er zeigte auf die Wiese, auf der eine schöne Stute mit ihrem Füllen weidete.
Der Wolf war zufrieden. Er dankte dem Löwen und näherte sich der Stute. Er sagte zu ihr:
„Heda, Stute! Komm her, ich freß dich."
Die Stute erschrak und fragte:
„Mich? Warum denn, lieber Wolf?"
Darauf antwortete der Wolf:
„Weil ich hungrig bin und mir der Magen knurrt und König Löwe dich mir geschenkt hat!"
Die Stute schüttelte den Kopf und sagte:
„Das glaube ich nicht. Ich trage doch das königliche Siegel, daß mich niemand fressen darf."
Von so einem Siegel hatte der Wolf noch nie gehört. Er fragte:
„Wo hast du denn das Siegel?"
„Hier auf dem Huf", antwortete die Stute und hob den Hinterfuß. „Schau nur, Wolf!"
Der Wolf schaute hin, aber kaum hatte er die Schnauze nähergesteckt, schlug die Stute mit aller Kraft aus, so daß der Wolf ohnmächtig liegenblieb.

Ehe er wieder zu sich kam, war die Stute mit dem Füllen weg. Der Wolf humpelte wieder zum König Löwen und sagte:
„Mächtiger König, ich habe solchen Hunger, daß ich heulen könnte! Gib mir etwas zu essen!"
König Löwe sagte verwundert: „Ich habe dir doch die Stute gegeben. Das genügt dir nicht?"
„Es genügte", sagte der Wolf traurig. „Aber die Stute hat mich in die Schnauze geschlagen und ist mitsamt dem Füllen weggerannt."
Der Löwe runzelte die Stirn. „Also nimm dir den Hammel dort." Und er zeigte auf die Wiese, wo ein fetter Hammel weidete.
Der Wolf war zufrieden. Er dankte dem Löwen und ging dem Hammel nach. Er rief ihm zu: „Heda, Hammel! Komm her, ich freß dich."
Der Hammel erschrak und fragte:
„Mich? Warum denn, lieber Wolf?"
Darauf antwortete der Wolf:
„Weil ich Hunger habe, daß ich heulen könnte, und weil König Löwe dich mir geschenkt hat!"
Der Hammel nickte und sagte: „Wenn das so ist, Wolf, dann friß mich eben. Aber sag mir, ob du von vorn oder von hinten beginnen willst."
Der Wolf wußte nicht, was besser war, und sagte:
„Ich weiß nicht. Wie du meinst."
Darauf sagte der Hammel. „Ich glaube, es ist besser von vorn, vom Kopf. Stell dich dorthin an die Felskluft, öffne das Maul, ich nehme Anlauf und spring dir geradenwegs hinein."
Das ließ sich der Wolf nicht zweimal sagen. Er stellte sich vor die Felskluft, öffnete weit das Maul und wartete. Der Hammel nahm Anlauf und rannte dann mit aller Kraft gegen den Wolf an. Der bekam einen solchen Stoß mit den Hörnern, daß er in die Schlucht fiel und ohnmächtig unten liegenblieb.
Ehe er wieder zu sich kam, war der Hammel weg. Zum drittenmal humpelte der Wolf zu König Löwe und sagte:
„Mächtiger König, ich habe solchen Hunger, daß mir die Tränen aus den Augen rinnen. Gib mir etwas zu essen."
Verwundert sagte der Löwe:
„Ich habe dir doch einen Hammel gegeben. Das genügt dir nicht?"
„Es genügte", jammerte der Wolf. „Aber der Hammel hat mich mit den Hörnern umgestoßen und ist weggelaufen."
König Löwe runzelte die Stirn und sprach:
„Dann nimm dir die Henne dort. Die wird dir vielleicht nichts antun. Und komme mir nicht wieder unter die Augen!" Der Löwe wies auf den Weg, auf dem eine Henne scharrte.
Der Wolf war zufrieden. Er dankte dem Löwen, ging zur Henne und sagte: „Heda, Henne! Komm her, ich freß dich!"
Die Henne fragte erschrocken:
„Mich? Warum denn?"
Darauf antwortete der Wolf:
„Weil ich Hunger habe, daß mir die Tränen aus die Augen rinnen, und weil König Löwe dich mir geschenkt hat."

Die Henne nickte und sagte:
„Wenn das so ist, Wolf, also friß mich. Aber vorher mußt du schön beten, so wie unser Herr es immer tut."
Der Wolf wußte nicht, wie der Herr betet, und fragte:
„Wie macht man das?"
Darauf sagte die Henne: „Du mußt die Augen schließen, hübsch die Hände falten und etwas dabei flüstern."
Der Wolf tat, wie ihm geheißen. Er schloß die Augen, faltete die Pfoten und flüsterte leise vor sich hin. Als er fertig war und die Augen wieder öffnete, war die Henne weg, und der arme Wolf hatte wieder nichts zu fressen.

Sagen und Erzählungen über Wölfe und Menschen

Christian Morgenstern (1871 – 1914)

Der Werwolf

Der Werwolf eines Nachts entwich
von Weib und Kind und sich begab
an eines Dorfschullehrers Grab
und bat ihn: „Bitte, beuge mich!"

Der Dorfschulmeister stieg hinauf
auf seines Blechschilds Messingknauf
und sprach zum Wolf, der seine Pfoten
geduldig kreuzte vor dem Toten:

„Der Werwolf", sprach der gute Mann,
„Des Weswolfs, Genitiv sodann,
Dem Wemwolf, Dativ, wie man's nennt,
Den Wenwolf – damit hat's ein End."

Dem Werwolf schmeichelten die Fälle,
er rollte seine Augenbälle,
„indessen", bat er, „füge doch
zur Einzahl auch die Mehrzahl noch!"

Der Dorfschulmeister aber mußte
gesteh'n, daß er von ihr nichts wußte.
Zwar Wölfe gäb's in großer Schar,
doch „Wer" gäb's nur im Singular.

Der Wolf erhob sich tränenblind –
er hatte ja doch Weib und Kind!
Doch da er kein Gelehrter eben,
so schied er dankend und ergeben.

Gebrüder Grimm

Der Werwolf

In den altdeutschen Wäldern gab es nicht nur viele Wölfe, die Unheil anrichteten, sondern auch Menschen, die sich in Wölfe verwandeln konnten.

Drei Bauern gingen einst zusammen in den Wald, um Holz zu schlagen. Sie waren Nachbarn und hielten gute Freundschaft, dem Jüngsten aber trauten die beiden anderen nicht und glaubten, daß bei ihm nicht alles richtig sei. Von der Arbeit und Hitze des Tages wurden sie müde. Als daher der Jüngste vorschlug, ein wenig zu rasten, um zu schlafen, legten sie sich in den Schatten und nickten ein. Nur der Älteste nicht, der tat, als ob er schliefe, hielt die Augen aber halb offen.

Nach einer Weile sprang der Jüngste auf, überzeugte sich davon, daß die beiden Nachbarn schliefen, warf seinen Gürtel ab und stand auf einmal als Wolf da.

Auf einer nahen Wiese graste ein Füllen, darüber fiel er her und fraß es mit Haut und Haar. Danach kehte er zurück, legte seinen Gürtel wieder an und sah nun aus wie vorher.

Als sie im Dorf angekommen waren, klagte der Jüngste über Leibschmerzen. Da raunte ihm der Alte zu:

„Das will ich wohl glauben, wenn man ein Pferd mit Stumpf und Stiel gegessen hat!"

Da antwortete jener:

„Hättest du mir das im Walde gesagt, so würdest du es jetzt nicht mehr sagen können."

Ludwig Bechstein

Der Werwolfstein

Im Brandleber Holz hauste ein Unbekannter, der den Leuten als Schäferknecht diente und den sie nur den „Alten" nannten, denn keiner wußte seinen Namen, auch war er bald da, bald dort und blieb bei niemandem lange. Einst diente der Alte auch einem Schäfer namens Melle bei der Schafschur, aber als diese vorüber war, war auch der Alte fort und hatte des Schäfers Lieblingslamm, welches er bereits vergebens vom Schäfer zum Geschenk erbeten, mit sich hinweggenommen. Einmal aber, als der Schäfer Melle im Kattentale hütete, rief ihm unversehens der Alte zu:

„Guten Tag, Melle! Dein Lamm läßt grüßen!"

Darüber erbost, stieß der Schäfer einen Stein auf seine Schippe und warf ihn nach dem Alten. Da wurde der Alte mit einem Male ein grimmer Werwolf und stürzte auf Melle zu. Dieser floh und rief im Fliehen seinen Hunden. Die Hunde fielen sogleich den Werwolf wütend an; nun wandte sich der zur Flucht, und auch Melle wandte sich und wurde jetzt Verfolger, und so hetzten sie den Werwolf bis in die Gegend von Eggenstedt, und der Schäfer schrie:

„Sterben sollst du! Sterben!"
Plötzlich nahm der Werwolf wieder die Menschengestalt des Alten an und flehte um Schonung. Aber der Schäfer dachte an keine Schonung, er schlug erbarmungslos auf den Alten ein – und siehe, plötzlich war der Alte abermals verschwunden, und der Schäfer schlug auf einen Dornenstrauch, aber er hieb immerzu, auch der Strauch sollte niedergeschlagen werden. Da wurde der Strauch wieder zum Alten, der noch einmal um sein Leben flehte. Vergebens – und noch einmal wurde der Alte Wolf und wollte fliehen, aber die scharfe Schippe am knotigen Hirtenstabe traf ihn auf den Schädel, und er sank tot nieder. Nahe dabei lag ein vereinzelter Felsblock, dort wurde der Alte eingescharrt, und der Block heißt noch heute der Werwolfstein.

Werwolfsliebe

Ein Waldweibchen verliebte sich einmal in einen Jäger, der aber wollte nichts von ihm wissen, und darum schwur sie ihm Rache. Als sie ihm begegnete, sagte sie, daß er bei dem ersten Schuß, den er noch tue, in einen Werwolf verwandelt werden würde. Der Jäger achtete nicht darauf, und als ihm ein schöner Hirsch in den Wurf kam, schoß er ihn nieder. Alsogleich ward er in einen Wolf verwandelt. Nichtsdestoweniger blieb ihm das Verlangen nach menschlicher Speise. Er vertrieb also Hirten und Holzhauer und aß ihr Brot und ihren Käse.
Des Jägers Geliebte trauerte lange um den Jäger. Als sie nun einmal in der Schenke saß und zusah, wie die anderen tanzten, stürzte ein furchtbarer Wolf in den Saal und entführte das Mädchen. Ein Jahr lang lebte der Werwolf mit seiner Geliebten im Wald, bis sie vor Gram endlich starb.
So trieb er sich dreiunddreißig Jahre im Wald herum. Nach dieser Zeit aber, als er eines Tages aus dem Schlaf erwachte, sah er, daß er ein Mensch geworden war. Sogleich ging er ins Dorf, wo er früher gelebt hatte, und mischte sich unter die Leute, die dort eben ein Fest feierten. Niemand erkannte ihn, denn er war ein alter Mann geworden. Da gab er sich seinen alten Freunden zu erkennen und, nachdem er ihnen sein Schicksal erzählt hatte, sprang er als Wolf wieder davon und lief heulend dem Wald zu.

Die vier Wölfe im Lungau

Die vier Wölfe im salzburgischen Lungau waren Brüder, von denen jeder einen Spitznamen hatte. Den einen hieß man „Börger", weil er am liebsten in den Bergen sein Unwesen trieb und höchst selten ins Tal herabkam; den anderen den „Grindraudigen Thoma", weil er mit einem bösartigen Aussatz behaftet war; den dritten ob seiner stattlichen Gestalt den „Schönmayer", den vierten, wohlbeleibten, den „Stocknudel". Alle vier waren überaus verwegene Wilderer, die den größten Teil ihres Lebens im Wildbann zubrachten. Um sich vor Verfolgung zu sichern, streuten sie im Volke aus, daß sie Zauberer seien und selbst über den Teufel Macht hätten.
Da sie es endlich gar zu arg trieben, wurde vom Schloß Moosham aus eine allgemeine Jagd auf sie veranstaltet. Man wußte, daß die vier Brüder eine Salbe besaßen, die sie in Wölfe verwandelte und von der sie auch häufig Gebrauch machten. Man wartete den Zeitpunkt ab, wo dies der Fall war. Als man davon Anzeige erhielt, setzte sich der Jagdzug in Bewegung. Der Berg wurde mit Treibern umstellt, welche sich gegen die Höhe zu wandten. Hierbei wurden die in Wölfe verwandelten Brüder so in die Enge getrieben, daß sie sich in Baumstücke verzaubern mußten, da sie keinen Ausweg mehr sahen.
Dabei geschah es, daß der gestrenge Herr von Moosham, von der Jagd ermüdet, sich auf einen dieser Baumklötze setzte und Tabak schnitt, und zwar auf jenen, in welchem der „Börger" steckte. Dieser wollte vor Angst fast vergehen; denn, „wenn der Gnädige" – so gab er in seinem peinlichen Verhör später an – „den Tabak mit einem Messer geschnitten hätte, auf dessen Klinge das Kreuzeszeichen eingegraben war, so konnte die teuflische Verblendung nicht bestehen". Aber es ging für diesmal gut ab; die Wölfe kamen glücklich davon und krochen später wieder in ihre Leiber. Bald darauf wurden aber alle vier an der Sandbrücke gefangen und als Zauberer ungefähr um die Mitte des 18. Jahrhunderts auf dem Passeggen hingerichtet.

Die Wolfsgrube von Königshain

Im großen Wald bei Königshain gab es in früheren Zeiten viele Wölfe, die den Menschen manche Not brachten. Sie raubten Ziegen, Schafe und Hunde, und im Winter hörte man ihr Geheul, wenn sie in Rudeln durch das Land streiften. Man versuchte, sie in Gruben, die leicht mit Zweigen und Ästen überdeckt waren, zu fangen und unschädlich zu machen.
So geschah es einmal, daß sich ein solches Raubtier in einer Wolfsgrube gefangen hatte. Zur selben Zeit ging ein Musikant von der Tanzmusik heimwärts nach Königshain. Dabei verirrte er sich, kam vom Wege ab und fiel schließlich in die seichte Grube, die den Wolf gefangen hielt. Der wollte sich auf den Menschen stürzen, stieß dabei aber an die Geige, so daß sie anfing zu klingen. Erschrocken wich der Wolf in die Ecke zurück und starrte mit glühenden Augen auf den schwarzen, klingenden Kasten. Der Musikant dachte: Aha, so stehen die Dinge! griff vorsichtig in den Behälter, nestelte Geige und Bogen heraus und begann zu fie-

deln, immerfort, bis in den lichten Morgen. Der Wolf aber saß ängstlich geduckt in seiner Ecke und starrte auf das brummende und singende Ding. Unser Musikant entdeckte inzwischen ein paar günstige Vertiefungen in den Wänden der Grube, schob sich allmählich nach oben, eilte spornstreichs in den Ort und meldete den Fang des Wolfes.
Die Bauern ergriffen Spieße und Stangen, um dem Räuber scheunigst den Garaus zu machen. Fast hätte es dabei noch ein Unglück gegeben. War doch ein Bauernmädchen so neugierig, daß es zu nahe an den Rand der Grube trat und sich plötzlich in Gesellschaft des Wolfes befand. Nur ein paar gut gezielte Lanzenstiche brachten den wütend gewordenen Wolf schnell zur Strecke, bevor er sich auf das Mädchen stürzen konnte.

Johann C. Beckmann

Der Werwolf

Ein Zaubergürtel soll schon manchem Menschen Gelegenheit gegeben haben, sich in einen Werwolf zu verwandeln. Einer hat es besonders arg getrieben und ist bald hier und bald dort in der Nacht erschienen; er hat den Landleuten viel Schaden zugefügt. Wer es aber gewesen, das ist ganz zufällig auf folgende Weise herausgekommen.
Mehrere Knechte waren auf den Hütewiesen bei ihren Pferden. Als die Nacht kam, brannten sie ein Feuer an, und während einer immer abwechselnd wachte, schliefen die anderen. Als aber einer mit recht finsteren Augen und struppigem Haar die Wache hatte, legte er sich schnell einen Gürtel um und ward sofort in einen Wolf verwandelt. Dann stürzte er sich auf ein junges Pferd und fraß es auf.

Aber einer der Knechte hatte sich nur schlafend gestellt und alles mit angesehen, ließ sich jedoch nichts merken. Da kam der Zauberer wieder als Knecht zurück, hatte den Gurt abgelegt und sagte, ihm sei heute so übel im Magen. „Kein Wunder", sagte der andere Knecht, „wenn man ein ganzes Fohlen da drinnen hat." Da warf ihm der unheimliche Gesell einen wütenden Blick zu, legte sich seinen Zaubergürtel um und ward sogleich wieder ein Wolf. Sprang davon in den Wald, und niemals mehr hat man ihn wiedergesehen.

JOHANN C. BECKMANN

Der Werwolf von Hindenburg

Vor vielen Jahren, so erzählt die Sage, lebte in dem Dorf Hindenburg in der Wische ein Bauer, der sich in einen Werwolf verwandeln konnte. Er besaß einen Streifen aus Leder aus einer Wolfshaut, an der noch die Haare waren. Band er sich diesen Lederstreifen um den Leib, so wurde er zu einem Wolf, der so stark war, daß er ein hohes Fuder Heu wegziehen oder einen Ochsen im Maul wegtragen konnte.
Er zerriß das Vieh auf der Weide, und selbst Menschen fraß er. So war niemand vor ihm sicher. Nur seine Frau verschonte er, mochte er auch noch so blutgierig sein. Sie war die einzige, die ihn wieder in einen Menschen verwandeln konnte. Sie brauchte nur den Zauberspruch zu sprechen, den der Bauer ihr gesagt hatte. Sobald die Frau ihm dann den Lederstreifen abschnallte, wurde aus dem beutegierigen Werwolf wieder ein friedlicher Mann.

JOHANN C. BECKMANN

Der hungrige Wolf

Ohngefähr fünfhundert Schritt von dem Dorfe Lietzen an dem alten Weg nach Nauen liegt seit undenklichen Zeiten ein aus einem Feldstein roh gearbeitetes Kreuz, von dem aber jetzt schon ein Arm ab ist. Die Leute erzählen darüber:
Es kam einmal eine Frau mit Semmeln aus Nauen. Da wurde sie von einem Wolf verfolgt. In ihrer Angst warf sie demselben eine Semmel hin; als der Wolf diese verzehrt hatte, kam er der Frau wieder nach, und diese warf ihm nach und nach all ihre

Semmeln hin und glaubte, sie würde unterdessen ihr Dorf erreichen. Noch fünfhundert Schritte davon entfernt, hatte sie jedoch keine Semmeln mehr, und der Wolf fiel sie an und fraß sie. Zum Andenken richtete man an dieser Stelle jenes Steinkreuz auf.

LUDWIG BECHSTEIN

Der Dom zu Aachen

Da der Dom zu Aachen erbauet ward, hehr und prächtig, drohte es zu gehen wie beim Dombau zu Köln; es gebrach an Geld, der Bau konnte nicht fortgeführt werden, und unvollendet stand das herrliche Münster. Da erschien vor dem hohen Rat ein reicher Fremder, der sagte, er habe wohl Geldes die Fülle, wolle das auch geben zu dem Dombau, damit er vollendet werde, aber ein hoher Rat müsse ihm auch etwas versprechen. Als nun der Rat den Fremden fragte, was es denn sei, das er begehre, da antwortete jener: „Nicht viel, nur die Seele des ersten, der nach der Vollendung den Dom betreten wird, verlange ich zu eigen.“ Muß damals eine fromme Menschheit gelebt haben, daß sich's einer so viel kosten ließ, um einer Seele habhaft zu werden, hat sie später schockweise billiger haben können! Der Rat aber merkte nun, daß der Fremde der Teufel sei, schauderte, zauderte, bedachte sich lange, sagte aber doch zu, unter dem Beding, daß der Pakt geheimgehalten werde. Und ward nun mit besonderer Kunst und Hilfe das Münster schnell und herrlich ausgebaut, ward aber auch das Geheimnis ruchbar unter den Leuten, und wollte niemand in den Dom gehen, weder Pfaffen noch Laien. Der Teufel lauerte Tag auf Tag auf die erste arme Seele, und ward ihm schier Zeit und Weile lang, es kam niemand, und da bedräute er den hohen Rat, daß er bald genug einen aus seiner Mitte holen werde, wenn er nicht bald einen ersten Kirchengänger schaffe. Da ward dem Rat bange, sann auf eine List, ließ im Gebirg einen Wolf fangen, diesen an das Haupttor des Domes bringen, ließ die Glocken läuten wie zum hohen Fest und stieß, nachdem das Portal geöffnet war, den Wolf ins Gotteshaus, wo der Teufel schon so lange lauerte, da es noch nicht geweiht war. Alsbald fuhr der Teufel zu und packte mit einem Griff den armen Wolf, daß ihm alsbald die Seele aus dem Halse fuhr. Wie aber der Teufel sah, daß er nur eine schlechte Wolfsseele erlangt hatte, fuhr er mit Gebrüll aus dem Tempel und schlug die eherne Türpforte so heftig zu, daß sie barst und sich spaltete, und ist der Spalt noch heute zu sehen. Der Rat aber war froh, daß er des Teufels ledig war, und ließ den Wolf und dessen arme Seele in Erz gießen und im Dome befestigen. Die Seele hält das Mittel zwischen einer Artischocke und einem Tannenzapfen.

Der Wolf als Brunnenfigur im Dom zu Aachen.

Karolin Bauer-Dubau

Vom Flötenspieler und dem Wolf

Vor langer Zeit lebte in Spandau in der Nähe der Nicolai-Kirche ein fröhlicher Flötenspieler. Er spielte in Spandau, aber auch in den Städten und Dörfern in der Mark Brandenburg bei Feiern und Hochzeiten.
Nun gab es in jener Zeit in der Mark Brandenburg noch Wölfe, die für Mensch und Tier gefährlich werden konnten. Um diese Wölfe zu fangen, wurden tiefe Gruben gegraben, die unten breit und oben schmal waren. Man legte Zweige und Laub über diese Gruben, damit die Wölfe, wenn sie darüber liefen, in die Gruben hineinfallen konnten.
An einem heißem Sommertag und nach einer langen Feier, bei der es viel zu essen und zu trinken gab, hatte auch der Flötenspieler zu viel Bier getrunken.
Fröhlich vor sich hinsingend und hüpfend wanderte er durch den Spandauer Wald nach Hause. Er achtete nicht auf den Weg, und plötzlich gab der Boden nach. Er fiel in eine Wolfsgrube.
Als er sich vom Schreck etwas erholt hatte und sich im Erdloch umsah, mußte er sich erst die Augen reiben, denn da stand doch vor ihm tatsächlich ein großer Wolf, der ihn anknurrte und seine spitzen weißen Zähne zeigte.
Der Flötenspieler besann sich nicht lange, holte seine Holzflöte hervor und fing an, laut darauf zu blasen. Seine Angst war fürchterlich, aber die Töne klangen noch fürchterlicher an sein Ohr. Auch der Wolf schien ob dieser Töne so entsetzt zu sein, daß er sich winselnd in eine Ecke verkroch. Als die grausigen Quietsch- und Pfeiftöne gar nicht enden wollten, fing er an, jammervoll und laut zu heulen.
Diese gräßliche und laute Musik muß so entsetzlich geklungen haben, daß die Bauern in der Umgebung es hörten und ankamen, um zu sehen, was da los sei. Wie erstaunt waren sie, in der Grube den Flötenspieler und einen großen heulenden Wolf zu sehen. Sie holten den Flötenspieler schnell aus der Grube und töteten den gepeinigten Wolf.
Zur Erinnerung an diese bemerkenswerte Begebenheit schenkten die Bauern später dem Flötenspieler das Fell des Wolfes. Die Geschichte weiß zu berichten, daß vor 100 Jahren das Fell und die Flöte in einem Glasschrank bei der Familie Nowak in Spandau gewesen sein sollen.

Rudyard Kipling (1865 – 1936)

Mowgli

Es raschelte im Gebüsch. Vater Wolf setzte zum Sprung an, da er Beute witterte. Aber mitten im Sprung hielt er inne und rief:
„Ein Mensch! Ein Menschenjunges!"
Ein nackter, brauner Junge, der eben erst laufen gelernt hatte. Er sah dem Wolf ins Gesicht und lachte.

Vater Wolf packte ihn ganz behutsam mit dem Maul und trug ihn in die Höhle zu Mutter Wolf und den Wolfskindern. Als der Tiger den Jungen als seine Beute forderte, beschützten ihn die Wölfe. Mutter Wolf hatte sich sofort in das hilflose kleine Wesen verliebt und wollte es mit ihren eigenen Jungen aufziehen. Zum Tiger sagte Vater Wolf:
„Wir sind ein freies Volk. Das Menschenjunge gehört uns."
Aber es mußte das ganze Wolfsrudel um Erlaubnis gefragt werden. Auch die jungen Wölfe müssen, sobald sie zu laufen imstande sind, dem Rudel vorgestellt werden. Alle Wölfe begutachten sie dann, bevor sie als Rudelmitglieder anerkannt werden.
So wartete Vater Wolf, bis seine jungen Wölfe groß genug waren, um dem Rat der Wölfe vorgestellt zu werden, und ging dann mit ihnen und dem Menschenjungen, das sie Mowgli, Nacktfrosch, genannt hatten, zum Rat. Die Altwölfe beäugten jedes Junge genau und schnüffelten an ihm. Als Mowgli an die Reihe kam, rief der Tiger von außen nach seiner Beute. Der älteste Wolf aber sagte, was gehe das freie Volk der Wunsch eines Fremdlings an? Einige der jüngeren Wölfe aber wollten keinen der verhaßten Menschen in ihrem Rudel haben. Nach dem Gesetz des Dschungels wird ein neues Mitglied nur in die Gemeinschaft aufgenommen, wenn sich mindestens zwei Mitglieder des Rates zugunsten des Neuen aussprechen. Da meldete sich Balu, der Bär und einzige Fremdling im Rat der Wölfe. Er war der Lehrer der Jungen. Als zweiter Fürsprecher fand sich ein anderer Fremdling, Baghira, der schwarze Panther. Er bot einen fetten Bullen an, um als Fürsprecher anerkannt zu werden.
Mowgli wurde aufgenommen. Der alte Wolf Akela war froh und sagte:
„Gut getan! Menschen und ihre Jungen sind sehr klug. Wer weiß – er kann uns später eine Hilfe werden. Nimm das Menschenkind fort mit dir, Vater Wolf, und erziehe ihn, wie es sich für einen vom freien Volk ziemt."
Zehn oder zwölf Jahre vergingen. Mowgli wurde in alle Geheimnisse des Dschungels eingeweiht. Er hatte mit seinen „Geschwistern" gespielt, gerauft und gejagt. Nach einem Rivalenkampf jedoch mußte er die Wölfe verlassen.
Mowgli ging ins Dorf der Menschen. Die Kinder, die ihn als erste erblickten, erschraken vor seiner Erscheinung so, daß sie schreiend davonliefen. Eine Menge Leute, an der Spitze der Priester, kam ihm entgegen und starrte ihn an.
Mowgli dachte: Sie haben keine Lebensart, diese Menschenvölker! Nur die grauen Affen benehmen sich so.
Der Priester beruhigte die Leute und sagte:
„Was fürchtet ihr euch denn? Das ist ein Wolfskind. Dem Dschungel entlaufen, nichts weiter."
„Das arme Kind", jammerten die Frauen, „und so ein hübscher Bursche. Vielleicht ist es das Kind, das vor Jahren vom Tiger geraubt wurde."
Der Priester empfahl einer der Frauen, den Fremden als ihr verschlepptes Kind mit nach Hause zu nehmen. Sie tat es auch, gab ihm zu trinken und zu essen. Mowgli fühlte sich unbehaglich. Aber er wußte, daß er, so wie er die Stimmen der Hirsche und der Wildschweine nachahmen konnte, nun auch die Sprache der Menschen lernen mußte. Denn er war nun einmal ein Mensch und mußte sich dareinfügen. Aber es war ihm unmöglich, über Nacht eingeengt in einem Raum zu schlafen. So erlaubte man ihm, sich draußen ins weiche Gras zu legen. Kaum hatte er die Augen geschlossen, da stupste ihn eine kalte, feuchte Nase ans Kinn. Graubruder, der älteste von Mutter Wolfs Kindern, war ihm gefolgt.
„Wirst du uns nicht der Menschen wegen vergessen?" fragte ihn Graubruder.

„Niemals", sagte Mowgli. „Ich werde dich immer lieb behalten, dich und alle in der Höhle, aber ich werde auch niemals vergessen, daß man mich ausgestoßen hat aus dem Rudel!"
„Jawohl", antwortete Graubruder, „und du wirst auch noch aus einem anderen Rudel ausgestoßen werden. Menschen sind nur Menschen, kleiner Bruder, und ihr Geschwätz ist nicht mehr wert als das Gequake der Frösche im Teich."
Und so kam es. Auch die Menschen verstießen Mowgli schließlich. Mit zwei Wölfen an seiner Seite verließ er das Dorf. Er beschloß, in Zukunft allein im Dschungel zu leben. Nur seine vier Wolfsbrüder jagten mit ihm.
Doch nach Jahren ging er wieder zu den Menschen und nahm sich eine Frau.

ELISABETH ROHDE

Romulus und Remus

Ein Wahrzeichen Roms ist die sogenannte kapitolinische Wölfin. Das Werk geht auf die Gründungssage der ewigen Stadt zurück: Numitor, ein aus dem Geschlecht des Aeneas stammender König in Alba Longa, war von seinem Bruder Amulius, der ihm die Herrschaft neidete, vom Thron gestoßen worden. Um zu verhüten, daß aus der Familie des Numitor künftige Erben hervorgingen, von denen Rachetaten und Thronansprüche zu befürchten waren, machte Amulius die Tochter des einstigen Königs, Rea Silvia, zur Priesterin der Vesta, die nicht heiraten durfte. Als die Königstochter dennoch zwei Söhnen das Leben schenkte – den Zwillingen Romulus und Remus, die sie dem Kriegsgott Mars gebar –, erging der Befehl, die Kinder an dem vom Fluß überschwemmten Tiberufer auszusetzen.
Eine Wölfin fand die beiden Knäblein und nahm sich mütterlich ihrer an, indem sie sie regelmäßig säugte. Die Sage berichtet weiter, daß die Knaben später in die Obhut des Hirten Faustulus übergingen, daß sie die an ihrem Großvater verübte Missetat rächten und Romulus schließlich zum Gründer und König der Stadt Rom wurde.
Wir kennen diese Sage erst in verhältnismäßig später Fassung. Daß sie jedoch schon in frühen Zeiten im Volk lebendig gewesen ist, zeigt das Bildwerk der kapitolinischen Wölfin. Die Gruppe, wie wir sie heute sehen, setzt sich aus der Bronzearbeit zweier weit auseinanderliegender Zeiten zusammen: des 5. vorchristlichen und des 15. nachchristlichen Jahrhunderts. Die Entstehung des Tieres fällt in die ersten Jahrzehnte der römischen Republik, als vielleicht ein Etrusker, vielleicht aber auch ein zugewanderter Grieche das gewaltige Werk geschaffen hat. Die Figuren der Zwillinge, die der antike Künstler einst unter den Leib der Wölfin gesetzt hatte, sind bereits im Altertum verlorengegangen; man hat sie in der Renaissance durch die zwei fröhlichen, feisten Putten ergänzt, die völlig im Stil ihrer Zeit gebildet sind und zur strengen Körperlichkeit des Tieres formal in keiner Beziehung stehen. Der antike Künstler hat in der Wölfin die Idee des mütterlichen Tieres verkörpert, das bereit ist, zum Schutz seiner Jungen jeden Kampf aufzunehmen, auch wenn es das eigene Leben kostet. In gespannter Aufmerksamkeit steht die Wölfin da. Sie hat den Kopf der Seite zugewandt, auf der sie etwas Feindliches vermutet, auf der sie Gefahr wittert. Mit spitzen Ohren, gefletsch-

ten Zähnen und weitgeöffneten Augen blickt sie auf etwas sich unheilvoll Nahendes. Der magere, sehnige Körper ist gestrafft, jedoch nicht, um zum Sprung anzusetzen; denn das würde das Nähren der Kinder stören, sondern um die den Gliedmaßen innewohnende Kraft erkennen zu lassen, die, jetzt noch ruhend, sich bereits im nächsten Augenblick Vernichtung bringend entfalten kann. Nicht als Angreifende, sondern als Abwehrende erblicken wir die Wölfin, abwehrend durch das Furchterregende, das in Körper und Kopf des Tieres zum Ausdruck kommt.

Romulus und Remus werden von einer Wölfin genährt.

Auf dem Kapitol hat die Bronzegruppe der Wölfin im Altertum als Gott geweihtes Werk gestanden. Hier traf sie, wie uns Cicero berichtet, im Jahre 65 vor Chr. ein Blitz. Das Tier wurde zusammen mit den Knäblein von seiner Basis geschleudert und erlitt Beschädigungen an den Hinterbeinen, welche zum Teil aufgerissen wurden. Die Kinder, von denen Cicero sagt, daß sie vergoldet gewesen seien, mögen sehr starke Zerstörungen erlitten haben, so daß man sie nicht mehr beachtete. Die Wölfin aber, die nur Verletzungen aufwies, durfte nicht einfach beseitigt werden; denn sie war dem Gott geweiht und durch den Blitz noch besonders geheiligt. Man barg sie in einer der unterirdischen Tempelkammern, wo sie Jahrhunderte lang, den Blicken der Menschen entzogen, ruhte. In karolingischer Zeit etwa wurde das Werk dann wiederaufgefunden und am Lateran zur Aufstellung gebracht. Es war die Wölfin allein, noch ohne Ergänzung der Kinder, die hier an erhöhtem Platz der geistlichen Gerichtsbarkeit des Mittelalters beiwohnte. Dante hat sie an dieser Stelle gesehen; den Eindruck, den sie auf ihn machte, schildert der Dichter in der „Göttlichen Komödie", wenn er dort von „einer Wölfin" spricht,

„Die von jeder Gier
Besessen schien in ihrer Magerkeit,
Und über viele schon Verderben brachte.
Sie gab mir durch die Furcht, die von ihr ausging,
So großes Ungemach, daß ich die Höhe
Des Berges zu erreichen nicht mehr hoffte."

Im Jahre 1471 wurde die Wölfin vom Lateran zum Kapitol überführt. In dieser Zeit mögen die beiden Kinder hinzugefügt worden sein, die jetzt zu der Gruppe gehören. Man stellte das Werk zunächst über der Säulenhalle des Konservatorenpalastes auf, nahm es jedoch später dann in den geschlossenen Raum des Palastes hinein, wo es sich noch heute befindet.

Rua'n, der Sohn der Witwe

Irländische Sage

Vor langer Zeit lebten in West Connaught ein Mann und eine Frau. Sie heirateten und bekamen einen Sohn, den sie Rua'n nannten. Rua'n war erst drei Monate alt, als sein Vater starb. Seine Mutter arbeitete mal hier, mal da, wo immer sie Taglöhnerwerk fand, bis Rua'n zu einem Jüngling herangewachsen war. Niemand galt als so gut, so klug und kühn wie er. Er besaß einen sehr guten Jagdhund und zeigte immer große Lust am Jagen.
Einmal war er auf dem Berg zur Jagd, und der Tag war ganz dunkel, vor lauter Nebel. Und die Hündin blieb plötzlich auf dem Fuß sitzen und horchte angespannt, und sie hörte unten am Abhang des Berges unterhalb der Klippe das Knurren und Brüllen eines Wolfes und eines wütenden Keilers, die miteinander kämpften. Der Hund rannte los und bellte bald laut nach Rua'n. Und Rua'n eilte, so rasch er konnte, ihm nach. Da sah er, wie das rasende Wildschwein den Wolf und seine vier Jungen zu Boden trampelte; eines von ihnen war schon verendet. Rua'n hetzte seinen Hund auf den Keiler; der Hund sprang das Wildschwein an und half dem Wolf. Bald mußte der Keiler den Kampf aufgeben und das Weite suchen. Der Hund und der Wolf setzten ihm nach. Aber der Wolf war noch nicht weit gelaufen und kam auch schon wieder zurück, da er von dem Wildschwein übel zugerichtet war. Und als er anlangte, umschmeichelte er Rua'n. Die Hündin ließ nicht eher von dem Keiler ab, bis sie ihn zur Strecke gebracht hatte, und als sie zurückkam, war auch sie verletzt.

Der Wolf trug die drei Jungen, die am Leben geblieben waren, in ihren sicheren Bau zurück und pflegte sie. Rua'n aber kam mit seinem Hund glücklich nach Hause.
Genau ein Jahr später, am selben Tag, ging Rua'n spät abends von einem Besuch seinem Hause zu, da hörte er das Weinen eines kräftigen kleinen Jungen. Er hielt inne, sein Hund ebenso. Dann ging er auf die Stelle zu, woher das Weinen kam. Es hörte sich an, als preßte jemand den Mund des Kindes zu, um so das Schreien zu ersticken. Sobald der Junge Luft kriegte, fing er von neuem zu schreien und zu weinen an.
Rua'n ging näher. Ein schwarzhaariges Weib und eine Frau mit roten Haaren kamen auf ihn zu. Rua'n stürzte sich auf die Rothaarige – sie hielt das jammernde Kind in ihren Armen –, faßte sie im Nacken und entriß es ihr. Die Frau sagte, daß er dies noch mehr als bereuen würde.
„Warum?" fragte Rua'n.
„Das werdet Ihr erfahren, wenn es an der Zeit ist", antwortete die Rothaarige.
Ruan jedoch trug das Kind heim zu seiner Mutter, und sie blieben wach bis zum nächsten Morgen.
Drei Stadtteile entfernt war ein Junge in einem Brunnen neben einem Haus ertrunken. Als Rua'n das hörte, ging er dorthin, wo man Totenwache für das Kind hielt, und blieb beim Totenhaus, bis die Leichenwache beendet war und das Kind begraben wurde. Und als die Eltern von der Beerdigung des Jungen wiederkamen, kehrte auch Rua'n zurück und sagte, daß er das Kind gerettet habe. Vater und Mutter des Kindes sagten, das wäre doch nicht möglich. Aber er versicherte noch einmal, daß es doch so sei:
„Und damit ich es euch beweise, kommt mit mir nach West Connaught", sagte Rua'n, „denn der Junge ist im Haus meiner Mutter."
„Vielleicht hat er recht", sagte der Vater des Kindes. Und so ging er mit Rua'n. Und im selben Augenblick, als das Haus in Sicht kam, sah der Junge, der soeben auf der Tenne stand, sie kommen, lief, so rasch er konnte, seinem Vater entgegen und umschlang ihn mit seinen Ärmchen. Und sein Vater küßte ihn, was nicht zu verwundern war. Sie traten ein, und dann ging Rua'n mit ihnen nach Hause und nahm erst vor ihrem eigenen Heim Abschied von Sohn und Vater. Und sie sagten, sie hätten noch niemals einen besseren Menschen gesehen als ihn.
Die Zeit verging, und nochmals verirrte Rua'n sich an einem sehr späten Abend im Nebel ganz tief in den Bergen. Er sah drei Männer kommen, und bei ihnen war ein junges Weib. Als er näher herankam, erkannte er eine sehr schöne Dame; ihr Gang war schleppend und widerstrebend, als ginge sie nur widerwillig mit.
„Es ist jammerschade", sagte Rua'n, „eine so schöne Dame mitzunehmen, ohne daß sie selbst weiß, wohin die Wanderung geht."
Und sogleich sprang er zu, drängte sich zwischen die drei Männer, faßte die junge Frau um die Hüfte, hob sie hoch und lief mit ihr davon. Und als er sich umsah, erblickte er niemand mehr. Er ging nach Hause und die schöne Jungfrau mit ihm, und sie kamen zu seiner Mutter.
„Mutter", sagte er, „heute abend habe ich ein schönes junges Weib."
„Gott segne dich, mein Sohn", sagte sie, „du hast es richtig gemacht."
Im Zimmer begannen sie zu erzählen und zu plaudern, und die Junge sagte, daß sie die Tochter des Königs von Ulster sei und daß sie draußen im Garten frische Luft geschöpft habe, als jene drei Männer gekommen wären und sie mitgenommen hätten, und daß sie vom gnädigen Gott nicht habe erfahren können, wer diese seien oder wohin sie sie bringen wollten.

Die Tochter des Königs von Ulster wurde daheim natürlich vermißt, und alle Leute mußten nach ihr forschen. Ja, ganz Ulster war auf der Suche, aber man entdeckte keine Spur von ihr. Und eine alte Frau aus Ulster, die eine Seherin war, kam zum König – zu jener Zeit waren alte Leute in Ulster Seher –, und der König fragte diese alte Frau aus Ulster, ob sie wisse, wo seine Tochter sei.

Die Alte aus Ulster begann. Sie ließ sich auf die Knie nieder, und nach einer Viertelstunde stand sie auf und lachte:

„Eure Tochter ist von der Feenschar von Cnoc Meadha entführt worden. Und als sie sie mitnahmen, begegnete ihnen ein guter Mensch, der in West Connaught wohnt und Rua'n heißt. Und Eure Tochter ist bei dem jungen Rua'n in West Connaught."

Der König war sehr froh, daß seine Tochter in Sicherheit war, und am nächsten Tage machte er sich mit einem großen Gefolge auf nach West Connaught – ohne Umweg oder gar Aufenthalt, bis er zu Rua'ns Haus kam. Und als er dort anlangte, trafen Rua'n und die Tochter des Königs gerade Vorbereitungen, um nach Ulster zu gehen. Rua'n hieß den König und sein großes Gefolge aufs herzlichste und tausendmal willkommen. Der König sagte, daß seine Tochter nie einen anderen Mann heiraten solle, wenn er, Rua'n, sie zur Gemahlin begehre.

„Ihr treibt Euren Spaß mit mir", sagte Rua'n.

„Nein", antwortete der König, „du hast den größten Anspruch, denn du hast sie wohl verdient. Und weder ich noch du würdest sie haben, wenn du nicht solch ein guter Mensch wärest."

So sprach der König, daß er seine Tochter heiraten solle, daß es sein Wunsch sei und daß er ihm ein gutes Amt bei Hofe geben wolle. Beide stimmten auch zu, und Rua'n und die Tochter des Königs von Ulster wurden ein Paar. Rua'n, seine Frau und seine Mutter gingen mit dem König von Ulster, und dieser gab ihnen einen sehr schönen Wohnplatz, einen herrlichen Palast, ein schönes Landgut, und nach seinem Tod sollten sie das ganze Land haben.

Ein Jahr nach dem Hochzeitstag bekamen Rua'n und des Königs Tochter einen Sohn. Und eines Tages geschah es, als Rua'n und seine Gemahlin ausgegangen waren, daß der Sohn, der jetzt zwei oder drei Jahre alt war, im Garten spazierenging. Aber am Abend konnte man den Sohn nicht finden. Man suchte ihn überall. Die alte Frau aus Ulster wurde vorgeladen und befragt:

„Glaubt Ihr, daß der Junge noch lebt?"

Und sie kniete nieder und betete, und bald stand sie auf und lachte:

„Die Feenschar nahm Euren Sohn mit sich", sagte die alte Frau aus Ulster, „und der Ort, wohin sie gingen, heißt Cnoc Meadha. Und Ihr wißt, daß Ihr vor langer Zeit in Eurem Leben Tieren geholfen habt, Wölfen. Und diese Wölfe erkannten, daß Euer Sohn entführt werden sollte, und sie eilten zu der Frau, die Euren Sohn trug, und entrissen ihr das Kind. Und an derselben Stelle, wo Ihr die Wölfe verließet, schläft Euer Sohn zwischen drei Wölfen, und er wird für Euch von den drei Wölfen beschützt. Geht gleich dorthin, und Ihr werdet Euren Sohn wohlbehalten antreffen wegen der guten Tat, die Ihr den Wölfen erwiesen habt."

Rua'n machte sich sofort auf, so schnell ihn seine Füße tragen konnten. Er war nicht lange von Ulster weg, als er auch schon in West Connaught ankam und dieselbe Stelle fand, wo er das Wildschwein und den Wolf gesehen hatte, die sich gegenseitig töten wollten.

Als er dorthin kam, vergnügten sich die drei Wölfe und das Kind damit, auf dem Hügel umherzutollen. Und als der alte Wolf ihn kommen sah, ging er ihm entgegen, hob eine Vorderpfote hoch, wie ein Mensch jemandem die Hand gibt, begrüßte Rua'n und verbeugte sich vor ihm bis zur Erde. Und Rua'n nahm seinen Sohn wieder mit nach Ulster.

FRIEDRICH C. W. JACOBUS

Das Kind unter den Wölfen

Auf dem Riesengebirge lebte einmal eine arme Frau, die hatte ein kleines Kind und auch eine große Herde. Die Herde aber gehörte nicht der Frau, sie hütete sie nur. Einmal saß sie mit ihrem Kind im Wald und gab ihm Brei aus dem Napf, und die Kühe weideten unterdessen im Gras. Im Wald aber waren böse Wölfe, und als die Kühe von der Wiese in den Wald gingen, wo es kühl war und auch viel Gras wuchs, dachte die Frau, der Wolf könnte kommen und die Kühe fressen. Und da gab sie dem Kind den Napf und einen hölzernen Löffel dazu und sagte:
„Da, Kindchen, nimm und iß; nimm aber den Löffel nicht zu voll!"
Und nun stand sie auf, ging in den Wald und wollte die Kühe heraustreiben. Wie das Kind nun so allein dasaß und aß, kam eine große, große Wölfin aus dem Wald gesprungen und gerade auf das Kind zu,faßte es mit den Zähnen hinten an der Jacke und trug es in den Wald. Und als die Mutter wiederkam, war kein Kind mehr da, und der Napf lag auf der Erde, aber der Löffel lag nicht dabei, den hatte das Kind in der Hand festgehalten. Und wie das die Mutter sah, dachte sie gleich: Das hat niemand anders getan als der Wolf, lief in das Dorf und schrie entsetzlich, so daß die Leute herauskämen.
Unterdessen kam ein Bote durch den Wald gegangen, der hatte sich verirrt, und wußte nicht, wo er war. Wie er so durch die Büsche ging und den Weg suchte, hörte er etwas sprechen und dachte gleich: Da müssen doch wohl Leute sein! Aus dem Gebüsch aber vernahm er die Worte: „Geh, oder ich geb dir eins!" Und wie er nun das Gebüsch auseinander tat und sehen wollte, was es ist, saß ein Kindchen auf der Erde und sechs kleine Wölfe drum herum, die fuhren immer auf das Kind zu und schnappten ihm nach den Händen. Aber die alte Wölfin war nicht dabei, die war wieder in den Wald gelaufen – und wenn ihm nun die Wölfchen nach den Händen schnappten, schlug das Kind sie mit dem hölzernen Löffel auf die Nase und sagte immer dazu: „Geh, oder ich geb dir eins!"
Der Mann wunderte sich, lief geschwind hin und schlug mit dem Stock unter die kleinen Wölfe, daß sie alle davonliefen. Das Kind aber nahm er rasch von der Erde in die Höhe und lief und lief; denn er dachte, die alte Wölfin könnte wiederkommen. Und es währte auch gar nicht lange, da kamen die Bauern aus dem Dorf mit Heugabeln und Dreschflegeln und wollten den Wolf totschlagen. Und die Mutter kam auch mit, und als sie sah, daß der Wolf das Kind nicht gefressen hatte, war sie sehr froh und dankte dem guten Mann tausendmal, daß er ihr das Kind zurückgebracht hatte.

Fabeln

Martin Luther (1483 – 1546)

Vom Wolf und vom Kranich

Da der Wolf einstmals ein Schaf geiziglich (gierig) fraß, blieb ihm ein Knochen quer im Halse stecken, davon er große Not und Angst hatte. Er erbot sich, groß Lohn und Geschenk dem zu geben, der ihm hülfe.
Da kam der Kranich, stieß seinen langen Hals dem Wolf in den Rachen und zog den Knochen heraus. Als er aber den verheißenen Lohn forderte, sprach der Wolf:
„Du willst noch Lohn haben? Danke du Gott, daß ich dir den Hals nicht abgebissen hab! Du solltest mir etwas schenken, weil du lebendig aus meinem Rachen kommen bist."

Moral:
Wer den Leuten in der Welt will wohltun, der muß sich gefaßt machen, Undank zu verdienen. Die Welt lohnet nicht anders denn mit Undank, wie man spricht. Wer einen vom Galgen erlöset, dem hilft derselbige gern dran.

Burkard Waldis (1495 – 1557)

Vom Wolf im Schafspelz

Ein Wolf fand eines Schafes Balg,
da schlüpft' hinein der arge Schalk,
lief mitten in der Schafe Herd'
und fraß, soviel sein Herz begehrt'.
Des ward der Schäfer bald gewahr,
ergriff ihn mitten aus der Schar.
Der Schäfer ihn am Pelze faßte
und hing ihn auf am höchste Aste.
Die Schäfer hatten's kaum vernommen,
sind alle schnell zusammengekommen.
„Was hat das arme Schaf begangen,
daß du's am Ast hast aufgehangen?"
Er sprach: „Wohl trug's des Schafes Kleid,
doch war's ein Wolf an Schlechtigkeit!"

Moral:
Vor Wölfen warnen nützet nicht,
im Schafpelz steckt der Bösewicht.

Hans Sachs (1494 – 1576)

Vom Wolf und dem Hirten

Äsop in einer Fabel sagte:
Vor langer Zeit ein Jäger jagte
hin über Stock und über Stein
den Wolf, der lief in seiner Pein
dem Walde zu, da wußt' er noch
sich als Versteck ein Felsenloch.
Jedoch vor seiner Höhle traf
den Hirten er und viele Schaf'.
Der Wolf den Hirten bat, er soll'
verraten nichts, dann er ihm wollt'
verschonen immerfort die Herd'.
Der Hirt sprach: „Diese Tat ist's wert.
Kommt her auf einer Spur der Jäger,
dann duck dich nieder in dein Läger.
Gar fein will ich ihn lenken ab."

Der Wolf verhieß ihm reiche Gab',
wenn er ihm hülf' aus der Gefahr.
Des Jägers wurden sie gewahr.

Der Jäger tat zum Hirten gehen:
„Hast du nicht einen Wolf gesehen?"
Der Hirt sprach: „Hier vorbei er kam,
dann er den Weg zur Linken nahm."
Der Hirt jedoch mit Augenblinken
den Jäger wollt' zur Höhle winken.
Dort lag der Wolf gar still verborgen
in Ängsten, Furcht und großen Sorgen.
Der Jäger merkt' das Blinken nicht,
zur Linken seinen Fuß er richt't,
um dort dem Wolf zu jagen nach.
Der Hirt danach zum Wolfe sprach
„Mein Wolf, hab ich's dir recht geton,
von dir verdient jetzt Dank und Lohn?"
Der Wolf sprach zu ihm ohne Scheu:
„Dank sag' ich deiner Zung', die treu
zu unserm Bündnis konnte taugen.
Doch wünsch ich deinen falschen Augen
daß beide sie erblinden müssen,
ihr falsches Winken so zu büßen.
Weil sie mich tückisch opfern wollten,
sei Zungendienst dir nicht vergolten."

Daniel Stoppe (1697 – 1747)

Der Wolf, der Leu und der Hund

Ein Wolf hatt' einst ein Pferd bewältigt und erbissen
und fing itzt ebenan, mit gutem Appetit
die Frucht des Sieges zu genießen.
Ein Leu, der sich umsonst um seinen Raub bemüht,
durchstrich den ganzen Wald und kam mit leerem Magen
dahin, wo unser Held die Mittagsmahlzeit hielt,
der sich zu allem Glück den Hunger schon gestillt.
Den Wolf verdroß es zwar, doch durft' er sich nicht wagen,
den ungebet'nen Gast, der stärker war als er,

mit scheelen Augen anzublicken.
Es fiel ihm in der Tat recht schwer,
sich diesfalls in die Zeit zu schicken.
Was, dacht' er, will ich tun? Gesetzt, ich sage nein
und widersetze mich: so frißt er ungebeten;
und gleichwohl scheint es fast ein Schimpf für mich zu sein,
ihm mein erworb'nes Gut gutwillig abzutreten;
als wenn der Zwang der Not, die keine Gesetze hört,
die auch oft Helden selbst dem Stärk'ren weichen lehrt,
der Tapferkeit zuwiderliefe.
Kurzum, er hielt den Kopf und tat, als wenn er schliefe;
als hört' und säh' er's nicht, daß jemand anders kam
und teil an seiner Mahlzeit nahm.
Es ließ sich's auch der Leu um desto besser schmecken;
er schien, dem Anschein nach, entfernt von der Gefahr,
dem Wirte, der entschlafen war,
durch seinen Appetit die Galle zu erwecken.
Inzwischen kam nun auch ein mag'rer Hund herbei,
der wußte seinen Trieb unmöglich zu bezähmen,
ein Maul voll Pferdefleisch mit auf den Weg zu nehmen,
in Meinung, daß der Wolf im Ernst entschlafen sei.
Allein, der ward bezahlt. Der Wolf sprang auf ihn zu,
erwürgt' ihn auf der Stell und sprach: „Was willst denn du?
Wer hat dir den Beruf zu meinem Mahl gegeben?
Ich schlafe zwar; allein ich schlafe darum eben
nicht allen Leuten zu Gefallen.– – –"

Das, was man einem gönnt, erlaubt man nicht gleich allen.

Magnus Gottfried Lichtwer (1719 – 1783)

Der Löwe und der Wolf

Am Fuß der wüsten Parther Felder
schlug König Löw und Meister Bär
den Richtstuhl auf: Das Volk der Wälder
stund nach der Ordnung um sie her.
Die Kuh erschien zuerst und klagte
der Tiere strengem Oberhaupt,
ihr Kind, das Kalb, hab, eh' es tagte,
ein unbekannter Dieb geraubt.

Der Löwe sah umher, zu hören,
wem sonst davon was wissend sei.
„Ich", sprach der Wolf, „kann heilig schwören,
Herr König, ich war nicht dabei."

„Und wer verklagt dich?" sprach der König;
„Verleumder", fiel ihm jener ein,
„ich bin jetzt krank und esse wenig
und kann es nicht gewesen sein."

„Schweig!" rief der Löwe, „das Gewissen
läßt einen Buben nirgends ruhn,
du hast der Kuh ihr Kalb zerrissen,
der Bär soll dir desgleichen tun."

So starb der Wolf, und wie man saget,
verriet sein Bauch, was er getan,
wer sich entschuldigt, eh' man klaget,
der gibt sich selbst zum Täter an.

Johann Wilhelm Ludwig Gleim (1719 – 1803)

Die zwei Wölfe, Vater und Sohn

Das Söhnchen eines Wolfs
zerriß ein armes Lamm.
Als nun der Vater Wolf
von einem Zweikampf kam
und seinen Sohn, den Held,
das Lamm zerreißen sah;
und seiner Heldentat
der Sohn sich rühmte, da,
da sprach der Vater: „Narr!

Weil keine Lämmer beißen,
so kann man sie ja wohl zerreißen!"

Gotthold Ephraim Lessing (1729 – 1781)

Der Esel und der Wolf

Ein Esel begegnete einem hungrigen Wolfe.
„Habe Mitleid mit mir", sagte der zitternde Esel; „ich bin ein armes krankes Tier; sieh nur, was für einen Dorn ich mir in den Fuß getreten habe!" –
„Wahrhaftig, du dauerst mich", versetzte der Wolf. „Und ich finde mich in meinem Gewissen verbunden, dich von diesen Schmerzen zu befreien." –
Kaum war das Wort gesagt, so ward der Esel zerrissen.

Johann Friedrich August Kazner (1732 – 1798)

Der Wolf und der Schäfer

Ein Wolf näherte sich einst dem Schäfer einer kleinen Herde und sprach zu ihm:
„Guter Freund! Ich weiß, daß du ein Liebhaber von Schöpsen- und Lammfleisch bist und doch die Tiere, welcher deiner Hut anvertraut sind, ungescholten nicht schlachten darfst. Es gibt einen Vorschlag für uns beide. Lege dich schlafen und erlaube mir, unter die Herde zu fallen. Ich will dir den Zehenten von meiner Beute liegenlassen."
Der Schäfer entrüstete sich, ergriff seinen Stab und jagte den Räuber mit tapfern Schlägen davon.

„Tor, der du bist!" schrie der Wolf.
„Geh zu großen Hirten in die Lehre!"

Gottlieb Konrad Pfeffel (1736 – 1809)

Der Wolf und der Löwe

Aus eines Sultans Park entkam
ein Löwe, der mit raschem Schritte,
voll edlen Trotzes wie ein Brite,
den Weg nach einer Wildnis nahm.
Ihn lud ein Wolf in seine Höhle
auf einen fetten Hammel ein
und rief bei Tische: „Freund, erzähle,
wie lebt man in des Fürsten Hain?" –
„Man wird", sprach er, „mit Fleisch gefüttert,
man schläft auf einer Streu von Moos;
der Wald ist tausend Ruten groß,
allein mit starkem Erz vergittert." –
„Wie glücklich, Vetter, war dein Los",
versetzt' der Wolf, „bei meinem Leben,
will man ein Schaf mir täglich geben,
so sperre man mich in den Hain
des Sultans diese Nacht noch ein."
Der Gast fuhr auf und rief entrüstet:

„Den pisse Has' und Esel an,
der die Despoten fliehen kann
und sich mit ihren Fesseln brüstet."

Franz Grillparzer (1791 – 1872)

Der Räuber und der Wolf

Ein Wolf, ein grauses Scheusal der Natur,
das Schrecken aller Schafe auf der Flur,
hielt, hingestreckt auf grüne Matte,
ein Lamm, das er zerrissen hatte,
und, ungerührt von herben Klagen
der Mutter, er davongetragen,
in seiner Klau und fraß. Ein Räuber sah
das blut'ge Paar. Raubgierig schrie er: „Ha!
schmeckt's guter Freund?" – Mit seinem Schwerte

bohrt er den Wolfen hin zur Erde.
Da stöhnt der matt: „Du bist so bös' wie ich,
und doch, du Brudermörder, tötest mich!"
Der nimmt das Lamm. „Mein Bruder, höre",
spricht er, „zu spät nun diese Lehre.

Kein arger Bös'wicht ist des andern Freund,
und selbst, Freund, merke dir's, sein ärgster Feind."

IWAN ANDREJEWITSCH KRYLOW (1768 – 1844)

Der Wolf und der Kater

Ins Dorf lief Isegrim gar schnell,
zu Gaste nicht – nein, sich zu retten.
Er zitterte für sein Fell,
denn auf der Spur sind ihm der Jäger Ketten.
Er wäre in ein Hoftor gern gerannt,
doch allerorten
sind zugesperrt die Pforten.
Da sah er, auf dem Zaune stand ein Kater.
Er sprach ihn an: „Mein Freund, sei mein Berater,
wer von den Bauern hat wohl so viel Mitleidsdrang,
vor meinen Feinden mich zu schützen?
Hörst du Gebell und Hörnerklang?
Mir gilt's." –
„So frag nur an bei Fritzen,
ein guter Kerl, der dich vielleicht verbirgt." –

„Ach, dem hab' einen Hammel ich erwürgt." –
„Versuch' es dann beim Peter." –
„Der schreit auch, fürcht' ich, Zeter,
ein Böcklein schleppt' ich jüngst ihm fort." –
„Der Steffen wohnt gleich dort, gib dem ein gutes Wort." –
„Dem Steffen? Ich möchte nicht mit ihm zusammentreffen,
weil ich ein Lamm ihm nahm." –
„Schlimm! Nun, vielleicht tut Paul es dir zu Willen." –
„Nein, nein, dem raubte ich ein Füllen,
das in den Wurf mir kam." –
„Ja, Freund, du hast dir's eingebrockt bei allen.
Wie konntest du nur hoffen hier auf Heil?
Nein, dir wird Rettung nicht zuteil.
Es sind die Bäuerlein nicht auf den Kopf gefallen
fürwahr,
daß sie zu eigenem Schaden die Gefahr
von dir entfernten:

was du gesät hast, mußt du ernten."

IWAN ANDREJEWITSCH KRYLOW

Der Wolf und das Lamm

Der Starke gibt dem Schwachen stets die Schuld.
Es meldet davon die Geschichte
vielfältige Berichte,
doch schreiben wir Geschichte nicht.
Drum höret mit Geduld,
wie in der Fabel man darüber spricht.

Ein Lämmlein kam an einem heißen Tag
an einen Bach,
um seinen Durst zu löschen – aber auch,
es traf sich schlimm,
daß hungrig sich herumtrieb Isegrim.
Er sieht das Lamm und will's entleiben.
Doch um mit Fug und Recht die Sache zu betreiben,
schreit er: „Wie denn, du Schuft hast dich erfrecht,
mit ungewaschener Schnauze mir zu trüben
den reinen Wasserstand

durch Schlamm und Sand?
Für diese Frechheit sollst
du mit dem Kopf mir büßen!" –
„Erlauchter Wolf, wenn du Gehör mir zollst,
so wag' ich anzuführen,
daß ich ja abwärts hier, zu deinen Füßen,
wohl hundert Schritt' weit trinke,
ich konnte also nicht den Schlamm aufrühren." –
„So wär' ein Lügner ich nach diesem Winke?
Ist solche Unverschämtheit wohl erhört?
Dafür allein wirst du mit Recht verzehrt.
Doch fällt mir ein indessen,
daß, als vorletzten Sommer her du kamst,
du gegen mich dich grob benahmst,
ich hab' es nicht vergessen." –
„Ach Gott, ich bin ja noch kein Jahr am Leben",
seufzt hier das Lamm. – „So war's dein Bruder, Wicht!" –
„Ich habe keine Brüder nicht!"
versetzt das Lamm mit Beben. –
„So war's ein Ohm, ein Vetter,
kurz irgendjemand deines Blutes.
Ihr, eure Hirten, eure Hunde, Wetter,
ihr alle wünschet mir nichts Gutes.
Ihr schadet mir, wo ihr nur könnt,
jetzt will für alle Unbill ich mich rächen
an dir, da mir's vergönnt." –
„Was ist denn aber mein Verbrechen?" –
„Schweig, ich will nichts mehr hören.
Meinst du, ich hätte nichts weiter zu tun,
als herzuzählen deine Sünden?
Wir lassen das auf sich beruh'n,
da schon genügt, daß ich dich will verzehren."
Drauf packt der Wolf das Lamm, im Walde zu verschwinden.

Iwan Andrejewitsch Krylow

Der Wolf und die Hirten

Ein Wolf kam einer Hürde einst ganz nah
und sah durch die Umzäunung zu,
wie aus der Herde sich den besten Hammel kürten
die Hirten, auszuweiden ihn in Ruh,
indes die Hunde sich nicht rührten.

Da sprach er zu sich selbst, indem er mürrisch ging:

„Welch einen Lärm die Leute wohl verführten,
wenn ich mich dessen unterfing!"

Iwan Andrejewitsch Krylow

Der Wolf im Hundezwinger

Im Schutz der Nacht will Isegrim
in einen Schafstall brechen.
Allein es ging dabei ihm schlimm,
denn er geriet in einen Hundezwinger.
Der Irrtum ist wahrhaftig kein geringer!
Die Hunde heulen, da den frechen
Raufbold sie so nahe spüren,
und schütteln ihre Ketten voller Wut.
Alsbald hört man die Wächter auch sich rühren.
„Ein Dieb, ein Dieb!" schrein' sie. „Seid auf der Hut!"
Geschlossen bei diesem Worte
die Pforte,
und bei dem Lärm und dem Gebelle,
glaubt losgelassen man die Hölle.
Der eine kommt gerannt mit einem Stecken,
der andre mit Gewehr;
man tappt umher
und ruft nach Licht, den Frevler zu entdecken.
Der Wolf indes duckt scheu in einer Ecken,
er schnirchet mit den Zähnen zwar,

es sträubt sich wild sein Haar,
mordgierig funkeln seine Blicke –
doch, was er vor sich sieht, sind keine Schafe,
und da er ahnt, daß ihm die Strafe
bevorsteht jetzt für alle früh're Tücke,
versucht er, ob mit List
nicht doch zu helfen ist.

„Oh", hebt er an, „wozu der Lärm, ihr Götter!
Ich, euer alter Freund und Vetter
kam ja nur her, mit euch mich zu versöhnen.
So wollet doch nicht wähnen,
daß Gier und Rauflust mich hierher gebracht.
Gebt acht,
ich werde fürder nicht die hies'gen Herden
berühren,
ich bin sogar bereit, vor Ungebühren
und vor Beschwerden
gemeinschaftlich mit euch sie zu beschützen,
und würde selbst mein Blut dafür verspritzen.
Bei meinem Eide sei es euch versprochen,
daß ich..."

„Hör, Nachbar, nur",
hat ihn der Flurschütz unterbrochen,
„Du bist wohl grau, doch silbern ist mein Haar.
Ich kenne längst die Wolfsnatur
und bin darauf bedacht, fürwahr,
mit Wölfen
zum Frieden dadurch mir zu helfen,
daß ich abziehe ihre Häute."

Sprach's und ließ los auf Isegrim die Meute.

Iwan Andrejewitsch Krylow

Die Wölfe und die Schafe

Die Schafe litten von den Wölfen sehr,
und zwar ward es so arg zuletzt,
daß schon die Ehr'

der Tiere Obrigkeit antrieb, hier einzuschreiten.
Stracks eine Kommission ward eingesetzt,
daß man den Fall tat unterbreiten.
Zwar waren Wölfe drin die meisten Glieder,
doch nicht von allen Wölfen spricht man schlimm;
man sah schon hin und wieder,
daß Isegrim
ganz friedlich an dem Schaf vorüberschritt,
wenn – schon gestillt sein Appetit.
Warum denn sollen Wölfe nicht im Rate sitzen?
Man muß die Schafe freilich schützen,
allein die Wölfe doch auch nicht bedrängen
und nicht beengen.
Auf einer waldumsäumten Matte
hält Sitzung man. Nach gründlicher Debatte
wird endlich ein Dekret votiert,
es sei hier Wort für Wort zitiert:
„Sobald ein Wolf es sollte wagen,
den neuen Ordnungen zum Hohn,
ein Schaf zu kränken,
so ist das Schaf befugt, den Wolf beim Kragen
zu nehmen ohne Anseh'n der Person
und, sonder einiges Bedenken,
den Schuldigen ans nächste Amt zu liefern,
sei es bei Fichten oder Kiefern:
und dies Gesetz soll man nicht mehren und nicht mindern."
Inzwischen seh' ich gar nicht, daß es helfe,
obwohl gesagt, man soll die Wölfe hindern,
zu schädigen die Wolleträger
und sie zu beißen,
so sind es immer doch die Wölfe
(das Schaf sei nun Beklagter oder Kläger),
die in dem Wald die Schafe reißen.

Iwan Andrejewitsch Krylow

Der Wolf und das Mäuslein

Aus einer Herde schleppte Isegrim
ein Lamm fort in sein Waldversteck.
Nun – Gastlichkeit war nicht sein Zweck;

es ging dem armen Lamme schlimm,
der Wolf zerriß es
und fraß es auf mit heißer Gier –
die Knochen krachten schier,
zermalmt vom Druck des Wolfsgebisses.
Jedoch, wie sehr er immer mochte schlingen,
er konnte alles nicht bezwingen;
so ließ er dies und jenes Stück
sich für ein Vesperbrot zurück.
Dann streckte er sich behaglich aus,
sich zu erholen von dem fetten Schmaus.
Nun hatte in der Näh' ein Mäuslein
sein Häuslein.
Das Mäuslein riecht das Fleisch und kommt herausgehüpft,
schleicht sacht durch Moos und Busch,
packt einen Lappen Fleisch, und husch
ist es damit zurückgeschlüpft.
Der Wolf gewahrt den Raub mit Grimme
und heulet durch den Wald
mit heis're Stimme:
„Zu Hilfe kommt, ihr Leute!

Ein Dieb! Halt, halt,
fangt ihn, entreißt ihm seine Beute!
Man plündert mich verwegen,
man raubt mir mein Vermögen!"

So was passiert nicht bloß in Waldgehegen
dem Richter Klimytsch nahm einmal
ein Dieb die Uhr – da hört' man jenen wüten:
„Setzt nach, packt mir den Schurken, der sie stahl,
er mag sich hüten!"

IWAN ANDREJEWITSCH KRYLOW

Der Wolf und der Kuckuck

„Nachbar, leb wohl", so sprach zum Kuckuck Isegrim,
„ich hofft' umsonst, daß ich hier Ruhe hätte.
Die Menschen sind, es sind die Hunde schlimm
und schikanieren um die Wette.
Man könnt' ein Engel sein
und käme nicht heraus aus blut'gen Zänkereien." –
„Und ist das Ziel der Reise weit gesteckt?
Wo sind denn wohl die Leute so gemütlich,
daß du mit ihnen leben könntest friedlich?" –
„Ja, sieh, ich geh' von hier direkt
in die arkadischen Gefilde.
O Nachbar, das ist dir ein Land!
Da ist der Krieg noch unbekannt,
die Menschen dort sind wie die Lämmer milde.
Die Flüsse führen Milch statt Wasser –
kurzum, dort herrscht die goldene Zeit.
Man lebt ganz brüderlich, und tut sich kein Leid,
dieweil kein Feind ist und kein Hasser.
Es beißen nicht die Hunde,
man sagt sogar, sie bellen nicht einmal –
und hier mit ihnen welche Qual!
Mal es dir aus in einer stillen Stunde
das schöne Leben auf so holder Flur:
hier findest du davon auch nicht die kleinste Spur.
Adieu, gedenke freundlich mein,

ich hoff', in kurzem besser zu gedeih'n
in Friede, Fülle und Behagen,
wenn ich nicht mehr in Angst und Zagen
mich brauche Tag und Nacht zu plagen." –
„Verehrter Freund, ich wünsche dir viel Glück",
versetzt der Kuckuck, „doch dein Naturell
und dein Gebiß, die lässest du zurück?" –
„Du spaßest wohl, Gesell,
daß ich ein Narr wär', Gott bewahre!" –
„Nicht? Nun so denk an mich, du lässest Haare!"

Wenn's einer selber übel meint,
so schimpft er um so ärger auf die Leute:
Er sieht in jedem einen Feind,
dieweil er selber keinen je erfreute.

Iwan Andrejewitsch Krylow

Der alte und der junge Wolf

Der alte Wolf gedachte, seinen Sohn
zum Wolfsgewerbe zuzustutzen.
Er schickt ihn aus, er soll zu seinem Nutzen
durchspähen jene Waldregion.
Vielleicht will es das Glück,
daß man mit List und Ränken,
mag's auch den Schäfer kränken,
zum Imbiß oder Mittagsmahl erschnappt ein Stück.
Das Bürschlein kommt nach Hause:
„Papa", spricht es, „komm, säum nicht lang,
am Bergeshang
da gibt es was zum Schmause.
Da gibt es Schafe, so wie nett,
wie fett,
man braucht nur ein's zu klemmen,
um recht zu schlemmen;
er sind so viele, daß man kaum sie zählt,
gar leicht ist ein's gewählt." –
„Halt", spricht der Wolf, „erst muß ich wissen,
wie's mit dem Hirten steht." –
„Ei nun, die Rede geht,

es sei nicht übel, sei des Amts beflissen;
doch als ich um die Herde strich von allen Seiten,
da schienen mir die Hunde gar nicht rege,
sie waren mager und sind, glaub' ich, träge." –
„Nun, der Bericht kann mich noch nicht verleiten",
versetzt der alte Wolf, „die Herde lockt mich nicht.
Ist wirklich gut der Hirt und tut er seine Pflicht,
so hält er keine schlechten Hunde;
da setzte es für uns wohl manche Wunde.
Nein, komm, ich bringe dich zu einer Herde,
die schafft uns weniger Beschwerde.
Zwar gibt's da Hunde Kopf an Kopf,
allein der Schäfer ist ein Tropf,
und diese Lehre schöpfe:

Da, wo der Hirt ein Tropf, sind auch die Hunde Tröpfe."

JEAN DE LA FONTAINE (1621 – 1695)

Der Wolf und der Hund

Ein alter Wolf, der nichts als Haut und Knochen war
– so gute Wächter gab es in der Runde –,
begegnet' eines Tages einem großen Hunde,
der sich verirrt: ein dickes Tier mit glattem Haar.
Ihn attackieren, ihn zerreißen –
der Wolf, der wollt' es gerne wagen.
Doch eine Schlacht wär' da zu schlagen!
Der Köter würde tüchtig beißen,
das sah man seinem Wuchs wohl an.
Vorsichtig schlich der Wolf heran
– vielleicht, daß er den Hund von hinten schnappen könnte –,
eröffnet ein Gespräch und macht ihm Komplimente,
rühmt seinen schönen runden Bauch.
„Mein Herr, der gleiche wüchs' Euch auch"
– erwiderte der Hund – „wenn Ihr die Wälder meidet,
wo Ihr doch nichts als Hunger leidet.
Was seid Ihr dort? Nur arme Teufel!
Zum Untergang bestimmt! Daran ist doch kein Zweifel.
Nichts Sichres habt Ihr da, sucht Euren Unterhalt

aufs neue täglich durch Gewalt.
Euch könnt' es besser geh'n. Ich rat' Euch, kommt mit mir!"
Der Wolf erkundigt sich: „Was fordert man dafür?" –
„Fast nichts! Ihr überlaßt den Menschen nur das Jagen,
gewöhnt ans Betteln Euch, laßt Euch ein bißchen schlagen,
Umschmeichelt jedermann und Euren Herrn noch mehr,
und nie ist Euer Magen leer!
Befreit seid Ihr von allen Sorgen.
Heut gibt es Hühnerbeine, Taubenflügel morgen
und viele andre Bratensorten,
zu schweigen ganz von Koseworten!" –
Der Wolf malt sich schon aus, welch großes Glück ihm blüht,
ist bis zu Tränen fast gerührt
und folgt dem Hund. Doch plötzlich sieht
er seines Freundes Fell am Halse arg blessiert.
„Was ist das?" fragt er. – „Nichts!"
„Was, nichts?" – „Nun, nichts zum Weinen.
Die Kette scheuert mich bisweilen etwas wund.
Nur dies, sonst gar nichts ist der Grund!" –
„Gekettet seid Ihr" – fragt der Wolf – „dürft frei nicht streunen?" –
„Nur manchmal, wie Ihr seht, jedoch mir macht's nichts aus!" –
„Doch mir sehr viel! Ich pfeif' auf Euren Kerkerschmaus!
Um keinen Preis geh' ich in Euer Hundehaus,
und wär's ein Magazin, gefüllt mit fetter Beute!"

Er sprach's, verschwand und streunt noch heute.

Jean de La Fontaine

Der Wolf klagt gegen den Fuchs vor dem Affen

Der Wolf hat Klage eingebracht.
Bestohlen sei er! Da als Spitzbub ihm bekannt
der Fuchs, sein Nachbar, steh' der im Verdacht!
Der Affe hört in würdiger Richtertracht
die Gegner schrei'n, die ohne Rechtsbeistand.
Jedoch er schweigt, er döst und stiert,
sein Kopf ist wie betäubt, von dem Geschrei verwirrt.
Und Themis sitzt im Bette der Justiz und schwitzt.
Doch als kein Ende schien des Streits,
genug gelogen beiderseits,

ein Lichtstrahl durchs Barett dem Richter blitzt:
„Ich hab euch längst durchschaut, nicht erst in diesem Fall!
Ihr werdet beide Strafe zahlen müssen!
Du, Wolf, hast hier geklagt, obwohl man dir nichts stahl!
Du, Fuchs, bist sowieso ein Dieb und sollst heut büßen!"

So nahm der Richter an, daß man auch auf gut Glück
beweislos strafen kann jedweden Galgenstrick.

JEAN DE LA FONTAINE

Der Wolf als Schäfer

Ein Wolf, der schon zu alt, erfolgreich zu beschleichen
die Schafe in der Nachbarschaft,
versuchte wie der Fuchs durch List es zu erreichen
und tarnte sich mit fremder Tracht.
Er schlüpft in eines Schäfers Rock,
schnitzt sich den schönsten Hirtenstock,
vergißt den Dudelsack auch nicht,
und – wenn er je gehabt im Schreiben
Unterricht –
hätt' er sich gar zu gern noch auf den
Hut geschrieben:
„Ich bin Guillot, der Hirt. Kommt her, ihr
Lieben!"
Die Ausstaffierung schien im ganzen
sonst perfekt.
Die Pfote mit dem Stab fachmännisch
vorgereckt,
stelzt aufrecht Herr Guillot, der falsche,
durch das Gras.
Der echte Herr Guillot, im Kraut lang
ausgestreckt,
schnarcht ahnungslos mit tiefem Baß.
Die Flöte schlief, es schlief der Hund,
die Herde schlief im Wiesengrund.
Der Heuchler zähmte sich, sie jetzt schon
zu berühren.
Um möglichst viele wegzuführen,
denkt er: Es paßt zu meinem Kleide,

wenn ich durch leisen Ruf sie locke von der Weide.
Das aber wurde ihm zum Leide.
Sanft wie ein Seelenhirt wollt' rufen er die Herde,
doch kam ein Ton heraus, da bebte fast die Erde...
Entdeckt war das Mysterium!
Blitzschnell erwachten all die Schläfer,
der Hund sprang auf, auf sprang der Schäfer,
das gab Tumult! Man schlug ihn krumm.
Der fremde Rock beengte ihn,
nicht wehren konnt' er sich, nicht flieh'n.

Ein jeder Bösewicht hat Seiten, wo er schwach.
Kam er als Wolf zur Welt, so handle er danach!
Dann spart er sich viel Ungemach!

JEAN DE LA FONTAINE

Der Wolf und der Storch

Die Wölfe fressen nicht, sie schlingen.
Ein Wolf, der just ein Schaf verschlang,
so schnell, als könnt's ihm noch entspringen,
fühlt' sich auf einmal sterbenskrank:
Ein Knochen hatte sich im Schlund verfangen quer.
Er konnt' nicht schrei'n. Zum Glück kam grad ein Storch daher.
Der Wolf, der winkt ihm zu, der Storch eilt flugs herbei
und operiert ihm mit dem Schnabel eins – zwei – drei
den Knochen raus und fragt – wie 's recht und billig war –
nach dem verdienten Honorar.
„Wie" – knurrt der Wolf – „Geld forderst du?
Du machst mir Spaß! Lauf zu, lauf zu!
Genügt 's nicht, daß ich dir den Kopf gelassen hab?
Ich hab mich nur beherrscht, fast biß ich ihn dir ab!
Lauf zu, du undankbares Tier,
und laß dich nie mehr seh'n vor mir!"

JEAN DE LA FONTAINE

Die Wölfe und die Schafe

Nach tausendjährigem Krieg beschlossen einst die Reste
der Wölfe und der Lämmerherden:
Es sollte endlich Friede werden.
Für beide Teile schien 's das beste.

Die Wölfe hatten manch ein Schaf schon umgebracht,
die Schäfer manchen Pelz aus Wolfsfell sich gemacht.
So lebten niemals frei die Schafe auf der Weide,
und nie die Wölfe auch in Wald und Heide.
Es gab kein frohes Spiel, man spielte denn ums Leben.
Nun wollten beide sich zur Bürgschaft Geiseln geben:
die Wölfe ihre Brut, die Schafe ihre Hunde.
Der Austausch wurde prompt, nachdem er dekretiert,
durch Kommissäre durchgeführt.
Doch schließlich kam die böse Stunde,
da war die Wolfsbrut groß geworden
und hatte Perfektion und Lust genug zum Morden.
Die Hirten waren fort, nichts hinderte die Bürgen,
die halbe Herde zu erwürgen.
Im Rachen schleppten sie die Opfer in den Wald.
Die alten Wölfe dort, die hatten längst schon Kunde,
und ohn' Bedenken, frech und kalt
erwürgten sie im Schlaf die ahnungslosen Hunde,
die auf den Pakt vertraut, kaum merkten, was gescheh'n.
Kein einziger wurde mehr geseh'n.

Zusammenfassend muß man sagen:
Mit Schurken gibt 's nur Krieg, so lang, bis sie geschlagen!
Der Friede ist das höchste Gut,
gewiß! Doch kann man sich vertragen
mit dem, der Treu und Recht ersticken will im Blut?

Jean de La Fontaine

Der Wolf, die Ziege und das Zicklein

Die Ziege ging grasen, schlaff war ihr Euter,
sie brauchte dringend saftige Kräuter.
Sie schob den Riegel vor die Tür
und sprach zum Zicklein: „Du bleibst hier
und öffnest um dein Leben nicht,
bevor der Gast die Losung spricht!
‚Weg mit dem Wolf, dem fürchterlichen!'"
Doch hörte diese Warnungsworte
der Wolf, der grad vorbeigeschlichen
am Zaun, unweit des Stalles Pforte.
Einprägte er sie schnellstens sich.
Der Vielfraß konnte sicherlich
die alte Ziege nicht gleich kriegen.
Er schleicht zur Tür, und meckernd wie die Ziegen
spricht mit verstelltem Ton er zart:
„Weg mit dem Wolf, dem fürchterlichen!"
Er glaubt, daß nun sofort die Türe knarrt.
Das Zicklein aber ruft, als kennt' sich 's aus in Schlichen:
„Ich öffne nicht! Zeig erst den weißen Fuß!"
Nun, für den Wolf war 's kein Willkommensgruß,
denn weiße Füße gibt 's wohl kaum bei Wölfen.
Er dachte überrascht: List scheint hier nicht zu helfen.
Und er verschwand, wie er gekommen war.

Wo wär' das Zicklein, hätt 's in der Gefahr
vertraut nur auf das Losungswort alleine!
Das hätte wohl den Wolf gefreut.

Zwei Sicherungen nützen mehr als eine.
Zwiefache Vorsicht hat noch nie gereut.

Jean de La Fontaine

Das Pferd und der Wolf

Es sah ein Wolf um jene Jahreszeit,
daß milde Lüfte wehen, frische Gräser sprießen
und man die Tiere aus dem Stall befreit,
des Frühlings Gaben draußen zu genießen,
sah, sagte ich, ein Wolf, entfloh'n des Winters Leiden,
ein Pferd auf einer Wiese weiden.
Man denke nur, wie er sich freute!
Welch prächtiges Wild! Hätt' er 's doch schon im Biß!
Wärst du ein Hammel, sinnt er, wärst du mir gewiß.
Doch nur durch List fängt man solch große Beute.
Nun, überlisten wir 's! – Gemess'nen Schritt's stolziert
entgegen er dem Pferd und stellt sich vor als Diener
der Wissenschaft, als Mediziner,
der Kräuterkunde gut studiert
und – ohne sich zu schmeicheln – sagen könne,
daß er schon jede Krankheit hab kuriert.
Drum, wenn 's den Herrn nicht gar geniert,
wenn er ihm seine Leiden nenne,
er würde kostenlos ihn heilen.
Und mit Erlaubnis sei's gesagt:
Kaum würde tatenlos der Herr hier weilen,
wenn ihn nicht irgendwo ein Übel plagt.
„So ist 's Herr Doktor" – wieherte das Pferd –
„mein Hinterhuf ist arg versehrt!" –
Der Doktor tröstete: „So schlimm auch der Befund,
zeigt mir 's, ich mache jedes Glied gesund.
In Pferdekuren bin ich ein Genie,
mein Steckenpferd ist Chirurgie!"
Er lauerte nur schlau auf den Moment,
in dem er den Patienten schnappen könnt'.
Der wußte längst, wer dieser Doktor sei,
hielt hin den Huf, sah gut sich um dabei
und schlug mit sicherem Schlag ihm das Gebiß zu Brei.

Der Doktor heulte auf. Er mußte stumm bekennen:
Wer fremder Kunst sich rühmt, den trifft nur Hohngelächter.
Man soll nicht Arzt sich nennen,
wenn man nur taugt als Schlächter.

Jean de La Fontaine

Der Löwe, der Wolf und der Fuchs

Ein Löwe, schon ganz dürr und steif von Altersgicht,
befahl, daß man sofort ein Wundermittel bringe.
Das Wort „unmöglich" gilt bei einem König nicht,
und in dem Wahne, daß solch Mittel ihn verjünge,
berief aus aller Welt er Heilkunstspezialisten,
gewiß, daß sie für ihn dies Mittel wüßten.
Rezepte gingen ein, es tagten Konferenzen,
doch dort sowohl wie bei Audienzen
wird ständig Monsieur Fuchs vermißt.
Der Wolf, der Favorit zur Zeit beim König ist,
verleumdet ihn und sagt, er tät 's aus Übelwollen.
Der König gibt Befehl, den Schelm sogleich,
und wenn 's mit Feuer wär, aus seinem Bau zu holen.
Der Fuchs erscheint. Er weiß, wer ihm gespielt den Streich.
„Sire" – spricht er – „ich versich're Euch:
Zuträger haben mich in den Verdacht gebracht,
ich hätte Euch die Treue nicht bewahrt.
Jedoch ich war auf einer Pilgerfahrt,
die ich gelobt – auf Eure Heilung nur bedacht.
Ich fragte die berühmtesten Doktoren.
Als ich von Eurer Schwäche hab erzählt,
da sagten sie und haben mir 's beschworen:
Grundlos ist alle Angst, die Mäjestät so quält!
Nur Wärme ist es, was Euch fehlt!
Sie ging Euch durch die Jahre nur verloren:
Ein gutes Fell, und zwar vom Wolf, ist 's, was Ihr braucht!
Zieht 's ihm lebendigen Leibes über seine Ohren,
hüllt Euch drin ein, so lang 's noch warm ist und noch raucht.
Und dieser eine Kunstgriff nur
gibt Euch zurück des Körpers Urnatur!
Was Monsieur Wolf betrifft, ich glaube, er geruht
sehr gern, mit seinem Kabinettsrock Euch zu nützen!" –
Der König fand den Ratschlag gut,
ließ gleich dem Wolf den Bauch aufschlitzen,
das Fell abzieh'n, um d'rin zu schwitzen.
Warm eingehüllt setzt er sich zum Souper,
zu dem der Wolf spendiert auch noch das Frikassee.

Mesdames! Messieurs! Hört auf, einander zu verpetzen!
Dient ihr bei Hof, müßt ihr euch doch nicht gleich zerfetzen!
Vierfach rächt sich der Feind dafür, ohn' Zweifel!
Ob auch die Lästermäuler schrei'n:
Karriere mache der allein,
der jedes andern Teufel.

JEAN DE LA FONTAINE

Der Wolf und der magere Hund

Ein Karpfen, der klein und mager war,
meinte: Für mich ist noch keine Gefahr!
Er wurde doch in der Pfanne gebraten.
Denn keiner läßt, was er hat, aus der Hand,
weil er glaubt, an fetteren Fang zu geraten.
Das wäre ja reiner Unverstand.
Schlau war der Karpfen wohl, jedoch der Fischer auch.
Ein jeder flunkert, geht es um den Bauch.
Und was ich bei diesem Vorspruch gedacht,
sei nun durch ein Beispiel verständlich gemacht:
Ein Wolf war so dumm wie der Fischer gescheit.
Er fing in der Nähe des Dorfs einen Hund.
Der Hund schrie schrecklich: „Ich bin nicht gesund!
Seht Ihr denn nicht meine Magerkeit?
Laßt mich doch laufen, an mir ist nichts dran!
Wartet, ich fresse mir erst noch was an!
Nach der Hochzeit der Tochter des Herrn bin ich dick.
Dann gefall' ich Euch besser, dann kommt zurück!"
Der Wolf ließ den Hund entwischen,
damit er sich mäste inzwischen.
Zurückgekehrt, um nachzuschaun',
ob sich der Bissen schon lohne,
trifft er den Frechdachs zu Haus hinterm Zaun.
Der Hund ruft heraus zum Hohne:
„Wartet ein bißchen, geduldet Euch!
Der Pförtner und ich, wir kommen gleich!"
Der Pförtner, das war ein gefährlicher Köter
für Wölfe und andere Missetäter,
da war kein Zweifel. Der Wolf ließ ihn grüßen
und suchte das Weite, zog ein den Schwanz.
Schnell war er, doch wenig geschickt und gerissen.
Er beherrschte sein Handwerk noch nicht ganz.

JEAN DE LA FONTAINE

Der Wolf und die Hirten

Einmal geschah's, daß Menschlichkeit
– soweit es solche gibt auf Erden –
den Wolf ergriff. Es tat ihm leid,
daß er, wenn auch aus Not, oft übte Grausamkeit.
Ein andrer wollt' er werden.
„Ich bin verhaßt" – sprach er. „Bei wem? Bei jedermann!
Als Staatsfeind prangert man mich an!
Hund, Jäger, Bauer wollen mich verderben.
Selbst Zeus ist baß erstaunt, wie wild man auf uns hetzt.
In England mußten längst all meine Brüder sterben,
auf jeden war ein Preis gesetzt.
Kein Junker, der zur Hatz auf uns nicht unentwegt
aufruft des ganzen Dorfes Meute.
Und keine Mutter, die nicht dräute
dem Kind gleich mit dem Wolf, wenn es sich schlecht beträgt.
Und alles dies nur aus dem Grund,
daß ich mein Leben hab gefristet
durch einen räudigen Esel, einen dreisten Hund,
ein stinkiges Schaf, nach dem 's mich grad gelüstet.
Am besten ist 's, man frißt Lebendiges gar nicht mehr,
nährt sich von Kraut und Gras, stirbt bald den Hungertod.
Vielleicht fällt dies mir nicht so schwer,
Wie wenn mich alle Welt mit ihrem Haß bedroht!"
Bei diesen Worten sah er auf dem Feld die Hirten
mit Hammelbraten sich bewirten,
der brutzelnd pendelte am Spieße.
„Oh!" – rief er – „oh! Und ich, ich klag' mich an und büße!
Indes die Hirten samt den Hunden
sich 's selber lassen schamlos munden!
Ich Wolf, ich sollte mir Gewissensbisse machen?
Bei allen Göttern, nein! Das wäre ja zum Lachen!
Nicht länger werd' ich mich kastei'n!
Thibaut verspeist sein Lamm wie einst in Seelenruh'!
Es muß nicht gleich gebraten sein.
Doch nicht nur das! Er frißt dazu
die Mutter, die das Lämmchen säugt,
und dann den Vater, der 's gezeugt!"
Der Wolf war gar nicht dumm. Wahr ist, daß man uns sieht
mit unverfrorenem Gemüt

Schlachtfeste feiern und auf Kosten andrer prassen.
Dem armen Wicht wird nichts als Gras zum Fraß gelassen.
Und mit dem Fleisch entzieht man ihm das Recht zum Beißen,
als lebten wir wie einst im Garten Eden heut'!
Nein, Hirten, nein! Ihr könnt den Wolf nur rechtlos heißen,
solange ihr die Stärk'ren seid!
Wollt ihr, daß er sich tarnt im Eremitenkleid?

JOHANN WOLFGANG VON GOETHE (1749 – 1832)

Reineke Fuchs

Goethe erwähnt den Wolf in seinem Epos „Reineke Fuchs" als Kläger gegen den Fuchs vor dem König Nobel anläßlich des Pfingstfestes, wobei allerdings der Wolf von der Falschheit und List des Fuchses besiegt wird.

„...Isegrim aber, der Wolf, begann die Klage. Von allen
Seinen Vettern und Gönnern, von allen Freunden begleitet,
Trat er vor den König und sprach die gerichtlichen Worte:
Gnädigster König und Herr! Vernehmet meine Beschwerden.
Edel seid Ihr und groß und ehrenvoll, jedem erzeigt Ihr
Recht und Gnade; so laßt Euch denn auch des Schadens erbarmen,
Den ich von Reineke Fuchs mit großer Schande gelitten.
Aber vor allen Dingen erbarmt Euch, daß er mein Weib so
Freventlich öfters verhöhnt und meine Kinder verletzt hat.
Ach! Er hat sie mit Unrat besudelt, mit ätzendem Unflat
Daß mir zu Hause noch drei in bitt'rer Blindheit sich quälen.
Zwar ist allen der Frevel schon lange zur Sprache gekommen,

Ja, von Tag war gesetzt, zu schlichten solche Beschwerden;
Er erbot sich zum Eide, doch bald besann er sich anders
Und entwischte behend nach seiner Feste. Das wissen
Alle Männer zu wohl, die hier und neben mir stehen.
Herr! Ich könnte die Drangsal, die mir der Bube bereitet,
Nicht mit eilenden Worten in vielen Wochen erzählen.
Würde die Leinwand von Gent, so viel auch ihrer gemacht wird,
Alle zu Pergament, sie faßte die Streiche nicht alle,
Und ich schweige davon. Doch meines Weibes Entehrung
Frißt mir das Herz: ich räche sie auch, es werde, was wolle..."

Am Ende jedoch siegt der Fuchs, der Falsche, Listige.

Wolfs- und Jagdgeschichten

Georgica Curiosa

Ist ein arglistiges und schädliches Tier, sonderlich den Schafen aufsäßig, seine Augen glänzen des Nachts wie ein Licht, im Winter, oder wenn in Kriegszeiten kein Vieh auf dem Land und in den Dörfern zu finden, greifen sie auch die Leute an, wie dann im Theatro Europaeo, part. 4. fol. 399. zu finden, dass Anno 1640 ein Wildschütz, als er im Monat Juni bei Breisach in den Wald pirschen gegangen, von zwölf Wölfen daselbst sei angefallen worden, derer einen er mit einem Schuß, zehn aber mit seinem Hirschfänger erlegt hat, von dem zwölften aber, als er ganz abgemattet, sei zerrissen, und seien hernach Zeichen von seinem Körper neben den elf toten Wölfen daselbst gefunden worden...
Johann Tantzer schreibt also von den Wölfen: Die Wölfe setzten ihre Jungen an Orte und Hügeln, wo Fuchs- und Dachslöcher sind, welche sie vergrößern, werden blind geboren, und bleiben so neun Tage: man kann sie, wenn man sie jung bekommt, an einer Hündin aufziehen, sie lernen von den jungen Hunden bellen, allein ihre Stimme ist nicht so hell, am besten ist es, man schlage sie tot, denn sie bleiben kaum ein halbes Jahr fromm, und lassen ihre Schelmenstücke stracks merken; wenn sie aber in der Wildnis erzogen sind, bringen ihnen die Alten lebendige junge Rehe, Frischlinge, Hasen, Lämmer und dergleichen, daran lernen sie ihr Handwerk, fallen sie grimmig an, und fühlen sich, daß sie aufspringen möchten; sie laufen mit ihren Alten, bis sie zweijährig werden, sind etwas kleiner und lichter an der Farbe. Wenn sie (wie sie pflegen) im Schnee weit wechseln, und ihrer viel sind, so machen sie nur eine Fährte, besonders wenn sie auf Raub ausgehen, daß es scheint, es sei nur ein Wolf gewesen; wenn vier Wölfe miteinander ein Tier bekommen, so ist es ihnen

Par force, also zu Pferd und mit Hundemeute, wurde außer dem Rotwild auch der Wolf gejagt.

zugleich eine Mahlzeit. Wenn der Wolf ein Tier zu sehen bekommt, so steht er also still, bückt seinen Kopf, und schielt dahin; und wenn er merkt, daß ihn das Tier nicht vernommen, so schleicht er hinter den Bäumen, Stöcken und Sträuchern, gleich einem Wachtelhund, so nahe er kann, wartet wohl bisweilen so lang, bis ihm das Tier naht, oder sonst auf nichts acht hat, dann wischt er hervor. Wenn die Wölfe einen Hirschen verfolgen, und er nur ein tiefes Wasser erreichen kann, so stellt er sich hinein, so können sie ihm in der Tiefe nichts anhaben. Wenn sie des Nachts gejagt haben, sie fangen gleich oder nicht, so traben sie des Morgens wieder an einen stillen Ort, und liegen daselbst den ganzen Tag; sie können, wenn sie etwas gefangen haben, die Haut artig abschälen, und nicht vorher fressen, es sei, daß ihrer viele sind, so fressen sie Haut und Fleisch miteinander auf; wenn sie sich satt gefressen, so wälzen sie sich auf dem Rasen, und wischen ihnen so den Schweiß ab, ihr erster Einriß ist am Dünnen nach Lunge und Herzen. Ein Wolf kann ein ganzes Reh auf einer Mahlzeit verzehren, wenn sie oft von den Schafen verjagt werden, so nimmt bisweilen ein alter Wolf ein Schaf auf den Rücken, und läuft damit davon, und wo er sich abstehlen kann, kann er eine gute Mahlzeit haben allein, muß er aber mit den anderen, wenn sie es gewahr werden teilen, so ist das Schaf alsbald in Stücke zerrissen...
Die Wolfsleber gedörrt und gepulvert, soll den Lebersüchtigen heilsam sein, und in weißen Wein etliche Wochen nacheinander getrunken, eine geheime bewährte Arznei sein wider die Wassersucht, auch wider den alten tiefeingewurzelten schweren Husten.

Wenn man die Wölfe mit den Röhren aufpassen und sie schießen will, muß man ihnen auf diese Weise ludern, und ein Aas, Pferd oder Rindvieh zerstückeln, und in den nächstgelegenen Wald, worin man weiß, daß sie sich aufhalten, an einen bequemen Ort, nur ein Viertel davon auf einmal hinschleppen, und ihm einen oder zwei wohlgelegensame Scherm machen lassen, darunter man aufpaßen und auf die Wölfe warten kann; oder man macht ihm (welches noch sicherer) nahebei Hütten auf Bäume, von Ästen, trägt Stroh hinein, da man dann, sonderlich wenn der Mond scheint, desto besser seinen Schuß anzubringen weiß, dazu muß er etliche Nächte nacheinander schleichen, zu vernehmen, ob er was bei dem Aas merkt, und da gleich Wölfe vorhanden, muß er sie das erste und anderemal ihre Speise ruhig genießen lassen, findet er einmal oder zweimal bei frischem Tage nichts, muß er dennoch das Aas besehen, ob etwas und wie viel davon verzehrt sei; haben sie es einmal angegriffen, so kommen sie des anderen Tages gewiß wieder, da muß er etwas früher oder in der Nacht auf sein, und sich auf seinen Baum verfügen, doch acht haben, dass nicht der Wind von ihm auf die Wölfe, sondern von den Wölfen gegen ihn wehe, denn der arglistige Wolf würde ihn bald bemerken, und sich aus den Staub machen...
Wenn man einen oder mehrere Wölfe gefangen hat, werden sie gleich ausgeweidet, mit Wasser ausgewaschen, gekochtes Fleisch und Käse hineingeschoben, dass es die Hunde fressen, so werden sie willig und begierig; sonst kommen die Hunde nicht gerne daran, besonders eine streichende Wölfin anzugreifen...

Otto Alscher

Wölfe, die ich erlebte

Einen Wolf, ein Raubtier, hinter Gittern zu sehen, das ist kein Erlebnis, nur ein Versprechen auf ein solches, das zumeist ganz anders ausfällt als erwartet. Als ich vor dem ersten Wolf in einer kleinen Tierschau stand, nachdem ich schon manchem Wolf in den Wäldern begegnete, war ich fassungslos vor Bestürzung. Konnte dieses, in rastlosem Suchen nach einem Weg ins Freie sich zermarternde Tier einer jener Wölfe sein, wie sie als furchtbare Gefahr der Winternächte seit meiner Kindheit in mir lebten und die ich dann, stark in ihrem Herrenbewußtsein, durch das Grau eines Dezemberabends gleiten gesehen?

Die mehrfachen Begegnungen mit den Wölfen der Freiheit vertieften in mir den Wunsch, mit ihnen in ein näheres Verhältnis zu kommen. Dabei schwebte mir nicht das Verlangen vor, sie zu überwinden, als Mensch meine Sieghaftigkeit zu beweisen, sondern zu erproben, ob sie unter allen Umständen unsere Feinde sind, die im Vernichtungskampf mit uns leiden, oder ob nicht doch unser beider Lebensrecht einen Ausgleich, ein Vertrauensverhältnis, zuläßt. Begünstigt wurde dieser Wunsch nach einer Festlegung des beiderseitigen Lebensraumes dann, als ich mir ein Haus im Walde baute und der nächtliche Besuch von Wölfen mich zur Verteidigung zwang. Aber auch die Erlegung des ersten Wolfes förderte nicht den Versöhnungsgedanken mit der Daseinsberechtigung der letzten großen Raubtiere Europas, den ich anstrebte.

Ich ging den Wolfsfährten über die verschneiten Vorberge, die Urwälder meiner Heimat, nach, sah die Tiere im rastlosen Suchen durch das Gelände streifen, einsame Berghöfe umschlagen, dann unter dem Winde sich ihnen nähern, sich in einen Kampf mit den Hunden einlassen, wobei es ihnen oft gelang, einen von ihnen, durch scheinbare Flucht täuschend, nachzulocken, um ihn dann jäh zu überfallen und fortzuschleppen. Oft stand ich vor dem Lagerplatz eines Wolfes, der immer so gewählt war, daß er, an einem Hang liegend, freie Sicht nach der einen Seite gewährte, während ihm von oben der Wind jedes Geräusch, jede nahende Gefahr zutragen mußte. Wie sie jagen, offenbarten mir ihre Fährten, einem Sprung Rehe folgten sie nicht im geschlossenen Rudel, sondern in breiter Front, um bei einer Wendung der Gehetzten ihnen den Weg abzuschneiden.

Doch auch dies waren nur Eindrücke, die zwar alle Schlußfolgerungen zu einem Bilde vom Wesen dieser Raubtiere zulassen, denen aber doch die ergänzende Unmittelbarkeit fehlte. Aber ich fand einen Ersatz dieses Mangels in den vielen Erlebnissen mit Wölfen, von denen ich zwei, als die bezeichnendsten, wiedergeben will.

Ein Januartag, verschlossen und schon in den Abend übergehend. In dem langen Tal, dessen Sohle Auen und Wiesen bilden, liegt nur noch stellenweise Schnee, der an den Hängen im verwachsenen Eichenwald verharscht und geschlossen festsitzt. Den Steilhang steige ich an, mache aber dicht über dem Tale nochmals halt, um zum letzten Rest Tee aus der Feldflasche noch einen Bissen Brot zu essen.

Unter mir, steinwurfweit, zieht der Bach hin, verdeckt von Erlen und Haselbüschen. Über mir, im trockenen Winterlaub, rasselt der Wind, sonst ist der Abend ganz still und reglos. Dann schreckt eine Wasseramsel weiter unten, kommt pfeilschnell heran, fällt bei einer

offenen Stelle am Rande der im letzten Abendlicht glitzernden Wellen ein und scheltet weiter.
Meine Blicke suchen den Bachlauf ab. Dort sehe ich schon, was die Wasseramsel aus ihrer Ruhe gestört hat. Ganz links, noch weit unten, hinter Ufergestrüpp, zieht etwas heran, immer wieder verdeckt, ein großes, graues Tier – das kann kein Hund sein!
Gleichmäßig, mit schnürendem Suchen naht der Wolf, den Fang vorgestreckt, behutsam das Bachgehölz abspürend, in dem Hasen sitzen können. Manchmal verhofft er kurz, zieht den Wind ein, der schräg von oben kommt, und gleitet wieder weiter. Schon ist er so nahe, daß ich ihn deutlich erkennen kann, den gedrungenen Schädel, die hohen Läufe, die kurze, buschige Rute – der dunkle Rückenstreif, das Braunrot der inneren Ohrmuscheln verrät den zwei- bis dreijährigen Rüden. Da stutzt er schon, tritt argwöhnisch hin und her – er hat die Witterung meiner Spuren bekommen, die weiter oben den Bach übergesetzt haben. Der Wolf ist unschlüssig, was er tun soll, schiebt sich zwischen die Stangen hinein, nun schleicht er näher, ist hinter dem hohen Uferrand verschwunden – ich kann nicht sehen, was er vornimmt. Nun ein Sprung, ein blitzschnelles Herüberwenden des Schädels; wieder ist er verschwunden, ich sehe aber doch, daß er eilig weiterzieht. Hundert Schritte oberhalb tritt er wieder ins Freie, besteigt das hohe Bachufer und dort, in dem Waldstreifen, der den Hang herab zum Bach greift, setzt er sich nieder, um abzuwarten, was ich unternehmen werde.
Eine Weile warte ich noch, dann erhebe ich mich, schultere den Rucksack und mache mich auf den Heimweg. Als ich, die erste Steigung schon überwunden, nochmals freien Ausblick ins Tal bekomme, sehe ich, schon ganz verschwommen im Dämmerlicht, den Wolf noch immer an gleicher Stelle sitzen und mir nachblicken.

Ein Jahr darauf komme ich von der Schnepfensuche zurück, an einem Novembertag, der klar gewesen, selbst jetzt noch, da er schon versank, voll milder Frische war. Der Mond stand schon über den Bergen, der Wald war noch stellenweise belaubt, die Blätter der Eichen ganz grün. Über Bergrücken wandernd, komme ich durch eine Waldzunge, die dort endet, wo sich ein weiter, freier Sattel senkt, der rings von Hochwald umgeben, rechts und links den Blick in dunkel verschlossene Schluchten freigibt. Schon sehe ich zwischen den Stämmen den Sattel unter mir sich fast taghell öffnen, mein Blick fliegt darüber hin; dort drüben, wo der Sattel wieder ansteigt, sitzt ein Tier und darüber, nahe dem Waldrand, ein zweites. Ich kann es nicht glauben, daß jetzt schon, lang vor Einbruch der Nacht, Wölfe ins Freie getreten sind, nehme eine dicke Randeiche als Deckung, schleiche bis zum Waldrand, spähe vorsichtig um den Stamm; das Jagdglas überzeugt mich, daß es wirklich Wölfe sind, die dort drüben fast reglos und gehorsam der Nacht harren.

Der Wolf ist gestellt – es ist nur eine Frage der Zeit, bis der Jäger den Fangschuß geben kann. (Gemälde von Jules Bertrand Gélibert, 1898.)

Ich habe nur die Flinte mit. Die Entfernung ist aber viel zu weit für einen Schrotschuß, ein näheres Anpirschen aber nicht möglich, denn vor mir liegt die Wiese, rechts und links der Wald aber ist voll Fallaub, dessen Geraschel mich längst dem scharfen Gehör der Wölfe verriete, bevor ich auf Schußweite herankommen kann. Also lasse ich mich unter der Eiche nieder, um die Wölfe zu beobachten.
Die Wölfe sitzen mir zugewandt. Manchmal wendet einer den Kopf, sichert und wittert nach links, wo aus dem Tal heraus fernes Hundegebell kommt, dann sitzt er wieder reglos da und starrt und starrt zu den hohen Bergen hinüber, die mit ihren wochenweiten Urwäldern schwarz in den grünen Abendhimmel ragen. Erwarten sie dort die Gefährten zur nächtlichen Jagd?
Die Dämmerung sinkt, der Mond gewinnt an Wirkung. Sein fahler Schein läßt die Umrisse der Wölfe verschwinden, sie werden zu grauen Felsblöcken, zu den Stumpfen abgestorbener Stämme. Aber wie der Mond höher steigt, werden sie wieder deutlicher, beginnen zu schimmern.
Der eine der Wölfe hat sich erhoben, macht einige Schritte den Berg hinauf, steht dort unschlüssig, als erwarte er etwas Fernes. Plötzlich wendet er sich jäh, hebt den Schädel und „ohe, oh, iiiii, ei" kommt sein Geheul herüber... Das ist nicht laut, nicht schrill, nur dünn und zitternd, daß es weit hinaus über die Berge klingen muß. Dabei dreht sich der Wolf nach rechts, nach links, als bereite ihm das Heulen Schmerzen, dann kippt sein Schädel nach vorne, und er endet dumpf mit einem „huuh, ah".
Langsam zieht der Wolf davon. Auch der andere ist rege geworden, kommt näher, ganz in die Senkung hinab, hält dort, und nun beginnt auch er zu heulen.
Und dieses Geheul, unmittelbar vor mir, hat nichts Drohendes, nicht einmal etwas Unheimliches, nur etwas unendlich Fremdes, eine wilde Traurigkeit, die nicht bedrückt, sondern die Einsamkeit mir zu einer lebenslangen Wanderung eröffnet.
Darum, als die Wölfe verschwunden sind, bleibe ich mit dem tiefen Bedauern zurück, daß der Mensch den Weg dieser Tiere zwar kreuzen, aber nie in seine letzten Fernen wird begleiten können.

OTTO ALSCHER

Das Rätsel eines Wolfes

In einem der vergangenen Winter narrte mich ein Wolf. Wie jedes Jahr, hatte ich den Luderplatz hergerichtet, um die Füchse, die der Winter aus den weiten Urwäldern in die Vorberge treibt, kurz zu halten. Schon im November nahmen sie den Köder an, der am Gartenende jenseits eines Bachgrabens, von der Arbeitsstube gut übersehbar, ausgelegt war. Doch es lag noch kein Schnee, die Nächte waren mondlos, also hatte ein Ansetzen keinen Zweck.
Die Köderstücke, abgeschossene wildernde Hunde und Katzen, waren an einem Pflock festgebunden, damit sie die Füchse nicht verschleppten. Dennoch wurde eines Nachts eine angepflockte Katze trotz der starken Rebschnur abgerissen und fortgetragen. Sollte das ein

Fuchs zustande gebracht haben? Viel eher war auf einen streunenden Hund zu schließen. Da trockener Frost herrschte, es in der Nacht nicht gereift hatte, waren keine Fährten zurückgeblieben.
Dann kamen Mondnächte. Zwei Rotröcke erlegte ich, die Fuchskerne aber hing ich mannshoch in einem Baum, dicht beim Ansitzhaus, im Garten auf. Schon die kommende Nacht verschwanden auch sie. Nur ein sehr großer Hund konnte sie vom Boden aus langen, da ein Heranreißen im Sprung wegen der vorstehenden Äste nicht leicht möglich war. Die Untersuchung der glatten Weißbuchenrinde des Baumes ergab, daß auch eine Wildkatze nicht in Frage kam, da sonst die Einrisse der Krallen zurückgeblieben wären, auch hätte eine solche Fuchskerne nicht weit fortgetragen, und ich hätte wenigstens die Überreste davon mit dem Hund wieder aufgefunden.
Endlich, Mitte Dezember, kam Schnee. Wieder fielen einige Füchse. Eines Abends jedoch, da ich spät, von einer Treibjagd kommend, den Ansitz unterließ, wurde ein schwerer, nur wenig angerissener Hundekadaver abgerissen und fortgetragen. Nachdem der Schnee gefroren und auf dem Luderplatz stark zertreten war, gegen Morgen sich auch noch eine dünne Schicht Neuschnee darübergelegt hatte, ließ sich der Täter wieder nicht feststellen. Nur daß diesmal ein Hund nicht in Frage kommen konnte, war sicher. Drei Tage darauf aber hatte sich im Rauhreif die Fährte eines Wolfes abgedrückt, der, talabwärts kommend, dem Luderplatz zugewechselt war. Aufgenommen hatte er nichts.
Abend für Abend setzte ich mich nun an, doch kein Wolf zeigte sich. Füchse ja, immer wieder einer. Bis zehn, bis elf Uhr nachts saß ich beim Schußfenster, dann ging ich zu dem hundert Schritte entfernten Wohnhaus zurück, um zu schlafen. Und doch hätte ich gerne wieder einen Wolf erlegt, denn sie sind spärlich geworden, die großen Räuber dieser Wälder, in den letzten Jahren.
In den rauhen Nächten kam hoher Neuschnee. Mond stand keiner mehr am Himmel, aber der weiße Hintergrund hob jeden Schatten deutlich ab. Trotzdem nahm mir der Wolf wieder einige Köderstücke, obwohl ich sie jetzt mit Draht befestigt hatte. Dabei kam er stets erst dann, wenn ich, schläfrig geworden, zum Wohnhaus zurückgegangen war. Es blieb also nichts anderes übrig, als einige Nächte zu opfern und sie am Schußfenster durchzuwachen,
Der Besuch der Füchse hatte nachgelassen. Nur noch selten fand einer zum Luderplatz hin. Vielleicht war ihnen auch der Schnee zu hoch, um von weit herzufinden. Es war also nicht leicht, in diesem tiefen, eisigen Schnee wachzubleiben. Im Lehnstuhl sitzend, gut vermummt, denn im Zimmer durfte nicht geheizt werden, starre ich durch das große Fenster gegen Osten oder suche links durch das Schußfenster den Köderplatz ab und werfe zeitweilig einen Blick rechts durch das Schmalfenster, das den Ausblick in den Garten und das von Bäumen verdeckte ferne Wohnhaus freigibt.
Stumme, fahl verhängte Nacht draußen. Es ist schon über Mitternacht, und außer einem Hasen, der nahe beim Haus eine Zeitlang an Ginstersträuchern knabberte, und einer Eule, die mißtrauisch den Luderplatz überschattete, hat sich nichts geregt.
Etwas veranlaßte mich, durch das schmale Fenster rechts zu blicken. Eine Spannung ist in mir, eine bestimmte Erwartung, jenes sichere Gefühl des Jägers, nicht mehr allein zu sein, auch wenn die Sinne noch gar nichts wahrgenommen haben. Jene Vorahnung, wie sie nur der naturverbundene Mensch, der sein halbes Leben in der Einsamkeit verbracht hat, noch besitzt. Doch einstweilen ist nur die fahle Schneenacht draußen zu sehen.

Da schiebt sich plötzlich von rückwärts her ein großer, dunkler Schatten über das stumpfe Weiß. So nahe ist das Tier, daß ich gleich den Wolf erkenne, bevor er noch völlig sichtbar geworden. Drei Schritte vor dem Weg macht er halt, Fang und Nase weit vorgestreckt, wie um sich zu überzeugen, ob meine Spur nicht nur hin, sondern auch schon zurück im Wege steht.

Wohl hab ich die Flinte gefaßt, aber der Schuß durch die Doppelscheiben, da ja die Fenster geschlossen sind, ist viel zu unsicher, um ihn zu wagen. Da hat sich auch schon der Wolf Gewißheit verschafft, daß ich mich noch im Haus befinden muß, rasch wirft er den Kopf auf, ein Blick herüber, wendet sich zurück und ist auch schon wieder verschwunden.

Ich bin überrascht. Der Wolf weiß, daß es gefährlich ist, dem Köderplatz zu nahen, solange ich im Hause bin. Darum kommt er immer nur, wenn ich schlafen gegangen oder den Ansitz unterlassen habe. Vielleicht hat er beobachten können, wie ich vom Hause auf einen Fuchs schoß, diesen aufnahm und wieder in das Zimmer zurückging. Da hat es freilich keinen Zweck, dem Wolf aufzulauern, er kommt doch nicht, auch wenn ich schon viele Stunden vorher das Haus betrete; seine feine Nase sagt ihm, daß ich das Haus wieder verlassen haben muß, damit er sicher den Luderplatz betreten kann.

Schon Ende Januar war die Schneezeit zu Ende. Auch als im Februar für kurze Zeit eine neue lag, bekam ich den Wolf nicht zum Schuß.

Dennoch hatte ich noch ein Zusammentreffen mit dem Wolf. Mit den ersten Märztagen war der Winter endgültig vorüber, die Wiesen begannen zu grünen, die Kornelkirschen blühten, und der laue Wind trieb gelbe Wolken von den Haselsträuchern weg.

Eines Abends, gegen zehn Uhr, gehe ich heimwärts. Das Tal ist tief still, der eben aufgegangene Mond in meinem Rücken wirft lange Schatten vor mir her, gelb schimmern die Wiesen, nur in den Gärten die Obstbäume stehen noch so grau da, als gäbe es für sie keinen Frühling mehr.

Da, um eine Biegung kommend, bleibe ich überrascht stehen. Dort, auf dem erhöhten Wegrand, sitzt ein großes, dunkles Tier. Erst kann ich es nicht glauben, nun macht es eine Bewegung, der Mond trifft seine Augen, mit grünem starken Leuchten blitzen sie auf. So schimmern nur die Augen eines Wolfes.

Ich habe die Pistole gezogen, mit der linken Hand ziehe ich den Verschluß zurück, um eine Patrone in den Lauf zu bringen. Dabei blicke ich unverwandt auf den Wolf, der nun zwei Schritte auf mich zu macht, dann wieder wartend verhofft.

Die Patrone hat sich gespießt, zu lange schon trage ich die Pistole in der Tasche, ohne sie zu reinigen. Auch habe ich den Verschluß wohl nicht weit genug zurückgezogen.

Wieder wirft der Wolf den Schädel auf, ungeduldig fordernd, nun gleitet er zum Bachgraben hinab, nochmals ein Blitzen seiner Seher zu mir herüber, jetzt taucht er zwischen den Erlen und Haselsträuchern ein, und schon ist er verschwunden. Nachdenklich gehe ich dann weiter.

Der Wolf hat mich erwartet.

Er muß mich kommen gehört haben, auch trug der Wind, der talaufwärts geht, ihm meine Witterung zu, und diese Witterung muß er kennen. Zu oft hat er meinen Fährten nachgespürt, er kennt mich gewiß, denn sehr genau unterscheiden die Wölfe einen Jäger von einem Hirten oder Bauern. Und doch hat er ohne Furcht meiner geharrt?

Hat den Wolf zu diesem Warten die Erinnerung veranlaßt, daß ich es war, der für ihn den Köderplatz bestellte und ihm so mühelos über den Winter hinweghalf? Verbindet sich mit meiner Person für ihn die Vorstellung von Futter, wie ja jedes Tier bald seinen Wärter kennenlernt? Auch Rehe, Hasen und Fasanen, die ja in der Freiheit aufgewachsen sind, ja selbst Wildschweine, lernen bald den kennen, der ihnen den Futterplatz beschickt, und verlieren die Scheu vor ihm.

Aber der Wolf, dieser stets gehetzte, unbändig Wilde – und doch finde ich keine andere Erklärung.

RUDOLF OTTO WIEMER

Vom Wolf, der die Krippe sehen wollte

Die Kunde von der Krippe war auch zum Wolf Röckerott, der hungrig in seiner Höhle saß, gedrungen, und er hörte davon so viel Gutes und Wunderliches, daß er die Krippe gern sehen wollte. Außerdem dachte er: Wo eine Krippe steht, da ist zartes Lammfleisch nicht weit; und weil man ihm sowieso berichtet hatte, daß alle Kreatur ihr Heil fände in dieser Nacht, so wässerte ihm das Maul nach einem guten Beutestück.

Röckerott trottete los. Es war kalt, doch der Schneefall hatte aufgehört. Das ärgerte den Wolf. Man hinterläßt nicht gern eine Spur, wenn man zur Krippe unterwegs ist, denn für einen Wolf ist das ein verächtliches Ding. Niemals hatte Röckerott eine Krippe gesehen, ohne ein unflätiges Wort fallen zu lassen; doch lieber machte er einen Bogen darum.

Der frischgefallene Schnee hatte auch ein Gutes. Den Weg nach Bethlehem hätte der Wolf zwar selbst bei größter Dunkelheit gefunden, dazu brauchte er den Glanz nicht, der über den Feldern wie gefrorene Milch ausgeschüttet lag. Noch weniger hätte er des Sternes bedurft, der unliebsam groß und hell, gleich einer Laterne, am untersten Riegel des Himmels hing. Sterne sind für einen Wolf weniger von Belang, es sei denn, sie zeigten, wie gerade jetzt, eine Hasenspur im Schnee, die lebhaft nach Wolle roch.
Röckerott beschleunigte den Schritt, und bald hatte er den langohrigen Burschen eingeholt. Er kannte ihn schon, es war Hinkepoot, ein überjähriger, gewitzter Feldhase, der seinen Feinden bisher stets entkommen war, weil niemand ihn an List und Schnelligkeit übertraf.
Hinkepoot saß auf den Läufen im Schnee und knabberte an einem Kohlstrunk. „Guten Morgen, Bruder Wolf", sagte er, denn es war kurz nach Mitternacht, der neue Tag hatte begonnen, „auch nach Bethlehem unterwegs?"
Den Wolf verdroß die freundliche Anrede. Er knurrte böse und fletschte die Zähne, allein er hörte, zu seiner eigenen Verwunderung, sich sagen: „Warst du schon dort, Bruder Hase?"
Hinkepoot hüpfte näher heran. „Freilich", sagte er, fast beleidigt, „wir Hasen haben gute Ohren. Wir hören nicht nur den Wolf, wir vernehmen auch die Stimme des Engels."
„Engel?" knurrte Röckerott. „Ist das zum Fressen?"
„Ich weiß nicht, ob sich ein Engel fressen läßt", antwortete der Hase. „Fleisch scheint jedenfalls nicht viel dran zu sein. Aber die Krippe solltest du sehen, Bruder Wolf –"
„Deshalb bin ich ja unterwegs", brummte der Wolf. „Sind auch Lämmer bei der Krippe?"
„O ja", meinte der Hase, „Lämmer mehr als genug."
„Was tun die dort?" fragte der Wolf.
„Sie singen Hosianna", erwiderte der Hase.
Röckerott tat einen zornigen Satz und trottete weiter. Am meisten ärgerte er sich darüber, daß er dem unverschämten Hasen nicht eins ausgewischt hatte; wenigstens einen Schlag mit der Tatze hätte er ihm geben sollen. Aber er wußte selbst nicht, weshalb er den einfältigen Burschen ungeschoren ließ.
Bald darauf stieß Röckerott auf eine Wachtel. Sie saß mit plustrigen, gesprenkelten Flügeln auf einem Dornstrauch und rief: „Pickwerwick! Wer geht mit? Pickwerwick! Wer geht mit?"
Als sie den Graupelz kommen sah, flog sie ihm entgegen.
„Guten Morgen, Bruder Wolf", sagte die Wachtel, „auch nach Bethlehem unterwegs?"
„Das geht dich nichts an", knurrte Röckerott böse. Er nahm sich vor, diesmal kürzeren Prozeß zu machen.
„O doch", erwiderte die Wachtel, „ich habe den Auftrag, alle Tiere im Feld zur Krippe zu rufen."
„Wärest du auch zu mir gekommen?" fragte der Wolf lauernd.
„Ja, zu dir auch", antwortete die Wachtel.
„In die Höhle?"
„Warum nicht in die Höhle? Ich weiß doch, wo du wohnst!"
„Hast du keine Angst, daß ich dich fresse?"
„Nein", erwiderte die Wachtel, „heute nacht habe ich keine Angst."
Da heulte der Wolf, so laut er konnte, um der Wachtel Angst zu machen; es klang schaurig über die Flur von Bethlehem, die im Lichte des Sterns lag, mild und friedlich.

Die Wachtel sagte: „Es ist lieb von dir, Bruder Wolf, daß du mir beim Singen helfen willst."

Röckerott, als er das hörte, tat einen Satz und trottete weiter. Vor Wut knirschte er mit den Zähnen. Wachtelfleisch dünkte ihm sonst der leckerste Bissen, und es wäre nicht schwer gewesen, dem gesprenkelten Rufer eins auf den Schnabel zu geben, zumal der Wolf wußte, daß die Wachteln beim Singen die Augen schließen. Statt dessen hatte Röckerott geheult und sich lächerlich gemacht. Wahrhaftig, eine schlimme, eine beunruhigende Nacht!

Zuletzt, als der Wolf dem Stall schon nahe war, traf er einen Igel. Das war nicht gerade nach Röckerotts Appetit; einen Igel verspeist man nur in der größten Verlegenheit. Röckerott wendete also den Kopf kaum, doch der Igel rief hinter ihm her: „Guten Morgen, Bruder Wolf! Auch nach Bethlehem?"

Röckerott kannte die Litanei schon; er hätte sicher geschwiegen, wenn er nicht etwas entdeckt hätte, was ihn über die Maßen wunderte. Er blieb stehen und fragte: „Weshalb hast du keine Stacheln mehr, du dummer Igel?"

„Nur für diese Nacht", sagte der Igel, „habe ich die Stacheln, die du ja kennst, abgelegt. Morgen werden sie wieder wachsen, Bruder Wolf."

Röckerott schlug den Schwanz durch die Luft, daß es zischte. „Warum das?"

„Ich wollte auch mal sehen, wie es sich ohne Stacheln lebt", antwortete der Igel.

Da ließ Röckerott ein zweites Mal den Schwanz durch die Luft sausen.

„Es ist nett von dir, Bruder Wolf", sagte der Igel, „daß du mir Wind zufächelst. Aber ich bin noch empfindlich auf der nackten Haut."

„Wie soll ich das wissen", knurrte der Wolf. „Mir ist noch nie ein Igel ohne Stacheln begegnet."

„Bald weißt du es", lächelte der Igel, „wenn du an der Krippe gewesen bist."

Röckerott, als er das hörte, tat einen Satz und noch einen, da lag der Stall vor ihm in der Nacht. Die Tür war angelehnt, der Lichtschein, gelb wie Stroh, fiel heraus auf den Schnee. Mitten im Licht aber hockte ein Lamm, rosig und zart, eine richtige Milchschnute; so hieß das Lamm auch.

Der Wolf leckte die Zähne. Also bin ich doch nicht umsonst aus der Höhle aufgebrochen, dachte er. Und bevor das Lamm ein Wort über die Lippen brachte, die weiß waren von der Milch, die es getrunken, sperrte der Wolf den Rachen weit auf.

Da wurde gleichfalls die Stalltür aufgetan, ein Hirte trat heraus und sagte: „Guten Morgen, Bruder Wolf. Du kommst zwar spät. Doch das ist besser, als kämest du gar nicht. Tritt näher –!"

„Nein", knurrte der Wolf, den die Anwesenheit des Hirten ärgerte, „ich will nur die Krippe sehen."

„Auch gut", erwiderte der Hirt. „Die Krippe ist wohl nicht die Hauptsache, aber sie birgt alles, was uns in dieser Nacht geschenkt wurde. Komm und sieh es dir an."

„Nein", knurrte der Wolf, der auf eine List sann, mit dem Lamm allein zu sein. „Ich will nicht in den Stall. Hol sie heraus, daß ich sie betrachte."

Der Hirt schüttelte unwillig den Kopf. Dann besann er sich und sagte: „Ich will hineingehen und fragen."

Das war dem Wolf gerade recht. Er wartete, bis sich die Tür hinter dem Hirten schloß, dann sprang er mit einem wilden Satz gegen das Lamm und bohrte seine Zähne in den weichen wolligen Hals. Das heißt, er wollte das tun; seine Blutgier war jetzt so groß, wie sie noch niemals gewesen, und sein Rachen war furchterregender denn je, aber sosehr der Hunger und

die Mordlust ihn zwangen, er konnte nicht beißen, nein, die Kiefer, diese gewaltigen Wolfskiefer klafften weit und waren mit aller Kraft nicht zueinanderzubringen.
„Wie gut bist du, Bruder Wolf", kicherte das Lamm, „weil du mich streichelst. Du weißt gewiß, daß ich am Hals besonders kitzlig bin."
Röckerott, das Maul voller Zorn, war nicht imstande zu antworten, zumal der Hirt, in seinen Holzschuhen schlürfend, aus dem Stall trat. „Hier ist die Krippe", sagte der Hirt, „du kannst sie betrachten."
„Und das Kind?" fragte der Wolf.
„Die Mutter gibt ihm gerade zu trinken", antwortete der Hirt.
Röckerott beugte den zottigen Kopf über das Holz und schnupperte in der leeren Höhlung. Es roch wunderbar zart und so rein, daß der Wolf nicht den geringsten Blutdurst mehr spürte. Wohl zuckte die Kraft noch mächtig in seinen Kiefern und Muskeln, aber er wußte mit einemmal, weshalb der Hase Hinkepoot und die Wachtel und der Igel sich nicht vor ihm gefürchtet hatten.
„Hör auf, Bruder Wolf", kicherte das unvernünftige junge Schaf, dem es Spaß machte, wie der graue Zottenkerl den Hals reckte und nicht genug schnüffeln und jachtern konnte. Zuletzt leckte er gar das Holz mit der Zunge ab, und die Zunge war blutrot, daß der Hirte selbst erschrak über so viel inbrünstige Gier: er riß dem Wolf unsanft die Krippe weg und ging damit wieder in den Stall.
„Ich sehe, daß du einer der Schlimmsten bist", scherzte Milchschnute, das Lamm. „So sagte man mir jedenfalls."
„Was sagte man?" forschte der Wolf, noch erfüllt von ambrosischen Gedanken, doch nicht ohne Argwohn.
„Immer müßtest du gleich alles verschlingen", schäkerte Milchschnute. „Das ist wahr, du Böser, denn selbst vor einer Krippe machst du nicht halt."
„Kann sein", erwiderte der Wolf verwirrt. Danach trottete er heim in seine Höhle. Am Pelz hing ihm ein Hälmchen Krippenstroh, und solange dieses Hälmchen nicht abfiel – das geschah freilich schon am nächsten Tag –, fürchtete die schwache Kreatur sich nicht vor seinen Zähnen.

GRÉGOIRE SOLOTAREFF

Wer hat Angst vor einem Hasen?

Es war einmal ein Hase, der hatte noch nie einen Wolf gesehen...
...und es war einmal ein kleiner Wolf, der hatte noch nie einen Hasen gesehen.
Eines Tages nahm ihn sein Onkel, zum erstenmal in seinem Leben, mit auf die Jagd.
Der alte Wolf hatte es an diesem Tag so eilig, daß er mit dem Kopf gegen einen Felsen rannte und auf der Stelle tot zu Boden fiel.
Da war der junge Wolf plötzlich allein...

Als er darüber nachdachte, was nun werden würde, hörte er aus einem Erdloch ganz in der Nähe ein Geräusch.
Der kleine Wolf ging hin, steckte seinen Kopf in das Loch und sah ein kleines Tier, das im Bett lag und gerade ein Buch las.
„He, du!" sagte der Wolf. „Kannst du mir helfen? Mein Onkel hatte einen Unfall. Er ist tot. Ich weiß nicht, was ich machen soll..."
„Na ja, wenn er tot ist", sagte das kleine Tier, „dann muß man ihn begraben. Ich werde dir helfen!" Und es stand auf.
Gemeinsam gingen sie in die Berge, den alten Wolf zu begraben.
„Bist du zufälligerweise ein Hase?" fragte der Wolf.
„Ja. Mein Name ist Tom", antwortete der Hase. „Und du, bist du ein Wolf?"
„Ja", sagte der Wolf. „Aber ich habe keinen Namen."
„Oh", sagte der Hase, „das wundert mich nicht! Was hältst du davon, wenn ich Lulu zu dir sage?"
„Ja, das gefällt mir", sagte der Wolf.
„Ist es wahr, daß Wölfe Hasen fressen?" fragte Tom.
„Kann schon sein", sagte Lulu. „Aber ich habe noch keinen gefressen."
„Wie es auch sei", meinte Tom, „ich habe keine Angst vor dir."
Tom und Lulu wurden echte Freunde. Sie blieben viele Monate zusammen. Lulu wurde größer.
Tom brachte ihm bei, mit Murmeln zu spielen. Tom lehrte ihn lesen und zählen. Und Tom zeigte ihm, wie man Fische fängt, um nicht zu verhungern.

Lulu brachte Tom bei, sehr schnell zu rennen, viel schneller als andere Hasen.
Lulu lehrte Tom auch das Fürchten.
Mal spielten sie Angst-vor-dem-Wolf, und dann spielten sie wieder Angst-vor-dem-Hasen.
Aber während Lulu niemals Angst hatte, wenn sie Angst-vor-dem-Hasen spielten, hatte Tom immer große Angst, wenn sie Angst-vor-dem-Wolf spielten.
Eines Tages erschreckte Lulu Tom so sehr, daß dieser ganz schnell in seinen Bau rannte und beschloß, nicht wieder herauszukommen.
Am nächsten Tag lag Tom von morgens bis abends auf seinem Bett und weinte. Lulu beschwor immer wieder, daß er ihn niemals fressen würde und daß er sein einziger Freund sei...
Aber nein, Tom wollte nichts hören: er blieb in seinem Loch.
In dieser Nacht träumte Tom, daß Lulu riesengroß und schwarz und rot war und daß er ihn auffraß.
Lulu glaubte, seine Freundschaft mit Tom sei nun für immer vorbei. Nachdem er einige Tage vor Toms Bau gewartet hatte, nahm er sein Bündel und wanderte traurig in die Berge, um dort vielleicht einen neuen Hasenfreund zu finden.
In den Bergen gab es keinen einzigen Hasen, dafür aber viele Wölfe.
Die Wölfe hielten Lulu aus der Ferne für einen Hasen, und Lulu merkte, daß sie ihn verfolgten.
In dieser Nacht lernte Lulu, was Angst-vor-dem-Wolf ist.
Die Wölfe waren wie wild hinter ihm her. Lulu wäre vor Angst fast gestorben.
Nach einer fürchterlichen Verfolgungsjagd kam er schließlich zu Tom zurück.
„Tom", sagte er, „ich weiß jetzt, was Angst-vor-dem-Wolf ist. Ich werde dir nie wieder Angst machen. Das versprech' ich dir. Komm aus dem Loch, Tom, sei so nett – bitte!"
Tom dachte nach. Er sagte sich: Wenn er wirklich Angst gehabt hat, so viel Angst wie ich, bin ich sicher, daß er mich nicht mehr erschrecken wird.
Er kam aus seinem Bau, und sie umarmten sich.
Dann gingen sie zusammen Fische fangen wie zuvor.

Grégoire Solotareff

Der arme Wolf

Eines Tages sagte sich ein Wolf, der es leid war, allein hoch oben im Gebirge zu hausen, es wäre vielleicht angenehm, mit jemandem zusammenzuleben.
Aber wie sollte er das anstellen? Etwa ins Dorf hinabgehen und sagen: „Schaut her, ich bin ein armer Wolf, der gern Gesellschaft hätte?" Unmöglich: Man würde ihn auf der Stelle verjagen oder umbringen! Etwas weiter unten in den Hügeln nach einer Gefährtin Ausschau halten? Er wußte, daß es im Umkreis von hundert Kilometern keine Wölfin gab. Was also tun?

Da kam ihm der Einfall, sich als Mann zu verkleiden und eine Frau zu suchen. Das tat er. Und er hatte Erfolg, denn wenn er auch häßlich aussah mit seiner spitzen Schnauze, den scharfen Krallen und den Haaren, die bis unter die Augen reichten, brachte er doch die jungen Mädchen mit seiner Klugheit sosehr zum Lachen, daß er ganz leicht eine fand.

Als es aber darum ging, miteinander zu leben, das heißt, jeden Tag zum Essen um die gleiche Zeit am Tisch zu sitzen, im selben Bett zu schlafen, auch wenn es eigentlich zu warm war, sich morgens und abends die Zähne zu putzen oder von Zeit zu Zeit die Kleidung zu wechseln, hielt er das nicht aus. Er wollte seine Frau fortjagen und machte ihr deshalb Angst. Er tat so, als wollte er sie fressen, und so weiter. Es half alles nichts, er schaffte es nicht, sie zu vertreiben. Schließlich ging er selbst fort.

Aber inzwischen hatte er sich daran gewöhnt, daß ihn jemand lieb hatte, und kaum war er wieder allein, fehlte ihm seine Frau.

Wie sollte er sich nur entscheiden?

Frei sein, aber allein auf der Welt?

Oder manches eben tun müssen und mit seiner Gefährtin leben?

Tage- und wochenlang konnte er sich nicht entschließen; Monate und Jahre gingen ins Land.

Schließlich kehrte er zu seiner Frau zurück. Sie wartete auf ihn, in seiner Höhle, und als sie ihn so traurig kommen sah, mit den langen grauen, fast weißen Haaren bis unter die Augen, kamen ihr die Tränen vor Lachen und Weinen gleichzeitig, und ihm auch.

Und von jetzt an blieben sie natürlich ihr ganzes Leben lang beisammen.

GRÉGOIRE SOLOTAREFF

Vater Wolf

Im Leben gibt es nicht nur Liebe zwischen Mann und Frau, sondern beispielsweise auch die Liebe eines Vaters zu seinem Sohn oder seiner Tochter, die Liebe einer Tochter zu ihrer Mutter, einer Mutter zu ihren Kindern und so weiter. Das ist zwar etwas anderes, aber es ist auch Liebe – das weiß ja jeder.

Es war einmal ein ganz junges Häschen, das hatte sich im Wald verirrt. So etwas kommt oft vor, aber meist merken es die Eltern schnell; sie suchen ihr Kind und finden es schließlich auch. Es sei denn, wenn das Hasenkind vor lauter Angst in die falsche Richtung rennt. Diesmal rannte das Hasenkind nicht in die falsche Richtung, wohl aber lief es einem Waldhüter über den Weg. Das war ein etwas älterer grauer Wolf, über den man sich sonderbare Geschichten erzählte. Er beendete gerade seinen Rundgang.

„Hast du dich verlaufen, oder bist du weggelaufen?" fragte der Alte, dessen helle Augen aus dem Blau der Nacht leuchteten.

„Verlaufen..., verlaufen...", stammelte das Häschen. „Seit Stunden laufe ich jetzt, ich bin so müde. Bitte, fressen Sie mich nicht!" flehte es.

„Ich fresse keine Hasen", sagte der Wolf, „außer, wenn sie sich sehr schlecht benehmen. Aber so siehst du mir nicht aus. Klettere nur auf meinen Rücken; wir finden die Spur deiner Eltern schon." Vertrauensvoll stieg das Häschen hinauf und schlief auf der Stelle ein, als läge es auf dem Rücken seines Vaters.

Dem Wolf, der wirklich noch nicht wußte, ob er es fressen sollte oder nicht, fiel dabei ein, daß auch er als Kind auf den Rücken seines Vaters geklettert und eingeschlafen war, während Vater Wolf umherwanderte. Das war eine so angenehme und schöne Erinnerung, daß er beschloß, dieses Häschen wirklich nicht zu fressen. Er war seiner Sache jetzt ganz sicher.

Schließlich fanden sie in der Morgendämmerung die Spur der Haseneltern. Da setzte der Wolf den Kleinen auf den Boden, sagte ihm, er solle heimgehen, und ließ sich von ihm versprechen, daß er später einmal wiederkommen würde, aber nur, wenn er Lust dazu hätte.

WITALI BIANKI

Die Explosion im Schnee und das gerettete Reh

Lange war unseren Korrespondenten eine Geschichte rätselhaft, von der die Spuren im Schnee erzählten.

Zuerst lief eine ruhige Spur kleiner Hufe über den Waldboden. Sie abzulesen, war nicht schwierig. Das Reh war, kein Unheil ahnend, im Walde einhergelaufen. Plötzlich führte von der Seite her eine große, mit Krallen versehene Spur zur Rehspur, die nun in Sprüngen verlief.

Auch dies ist verständlich: Das Reh erblickte, aus dem Dickicht kommend, einen Wolf, der ihm den Weg abschneiden wollte, und entwich im Galopp.

Weiterhin kam die Wolfsspur der des Rehes immer näher. Der Wolf begann es einzuholen.

An einem großen, gefällten Baum vereinigten sich beide Spuren vollständig. Augenscheinlich hatte das Reh gerade noch Zeit, über den dicken Baumstamm hinüberzuspringen – da holte der Wolf auch schon nach ihm aus.

Jenseits des Baumstammes befand sich eine tiefe Grube. Der ganze Schnee war umgewühlt und auseinandergeworfen, als wäre hier unter ihm eine gewaltige Bombe explodiert. Danach verlief die Rehspur nach der einen Seite, die Wolfspur nach der anderen, und in der

Mitte war eine riesige Spur zu sehen, man wußte nicht, woher sie gekommen war. Sie glich der Spur eines Menschen (mit bloßen Füßen), nur hatte sie krumme, schreckliche Krallen.
Was ist denn das für ein Bombentrichter im Schnee? Wessen neue schreckliche Spur ist das? Warum stürzte der Wolf nach der einen, das Reh nach der anderen Seite davon? Was ist denn hier vorgefallen? Lange stritten sich unsere Korrespondenten über diese Fragen. Endlich begriffen sie, von wem diese gewaltigen, mit Krallen versehenen Spuren stammten, und dann klärte sich alles mit einem Male auf.
Das Reh hatte mit einem eleganten Satz seiner federleichten Beine den gefällten Baumstamm übersprungen und war weitergejagt. Der Wolf hatte nach ihm ausgeholt, es jedoch nicht zu fassen bekommen; denn er war etwas schwerfällig. Vom Baumstamm aus plumpste er in den Schnee und fiel mit allen vieren in eine Bärenhöhle, die gerade unter dem Baumstamm war.
Meister Petz, aus dem Schlafe aufgeschreckt, war aufgesprungen, wobei Schnee, Eis und Äste ringsum wie von einer Bombe umhergestreut wurden, und hatte sich in den Wald geflüchtet. (Er dachte wahrscheinlich, daß Jäger auf ihn gestoßen wären.)
Der Wolf war Hals über Kopf in den Schnee gefallen, und als er diesen Dickwanst sah, hatte er das Reh vergessen und zu entkommen gesucht, so schnell ihn seine Beine tragen konnten.
Das Reh war schon längst über alle Berge.

WITALI BIANKI

Mit einem Ferkel auf Wolfsjagd

Die Jagd auf den Wolf ist eine sehr gefährliche Jagd, und nur selten findet sich ein Jäger, der sich nachts allein ohne Helfer in den Wald wagt. Einmal hatte sich ein solcher Jäger gefunden.
Er spannte sein Pferd vor einen niedrigen Schlitten, nahm sein Gewehr, steckte ein Ferkel in einen Sack und fuhr in einer Vollmondnacht hinaus auf die Wolfsjagd.
Nirgends war man jetzt mehr vor den Wölfen sicher. Die Bauern hatten sich schon oft über die dreisten Tiere beklagt, die sogar bis ins Dorf hineingeschlichen kamen.
Der Jäger schwenkte vom Weg ab und lenkte seinen Schlitten dicht am Waldrand über ein freies Feld. Mit der einen Hand hielt er die Zügel, und mit der andern zog er von Zeit zu Zeit das Ferkel an den Ohren.
Die Beine des Ferkels waren zusammengebunden, und nur sein Kopf guckte aus dem Sack heraus.
Das Ferkel hatte nun weiter nichts zu tun, als die Wölfe mit seinem Quieken heranzulocken. Das tat es denn auch nach Leibeskräften; denn die kleinen Schweinchen haben noch sehr zarte Ohren, und es tut ihnen weh, wenn man sie daran zieht.
Die Wölfe ließen auch nicht lange auf sich warten.

Schon nach kurzer Zeit bemerkte der Jäger im Wald grünlichrote Fünkchen, die unruhig zwischen den Stämmen hin und her huschten. Das waren die glühenden Augen der Wölfe.
Das Pferd fing an zu schnauben und stürmte im Galopp immer schneller vorwärts. Der Jäger konnte es kaum noch mit einer Hand halten. Mit der andern mußte er ja die Ohren des Ferkelchens ziehen.
Die Wölfe aber konnten sich noch nicht entschließen, einen Schlitten mit einem Menschen darauf anzufallen. Nur das Quieken des Schweinchens konnte sie vielleicht ihre Furcht vergessen lassen.
Ein Ferkel ist für die Wölfe nämlich ein besonders guter Leckerbissen. Wie leicht vergißt man da die Vorsicht, wenn es einem direkt vor der Nase zu quieken anfängt.
Die Wölfe sahen auch, daß hinter dem Schlitten an einem langen Seil ein Sack angebunden war, der lustig über alle Erdhäufchen und Löcher sprang.
Der Sack war mit Heu und Schweinemist vollgestopft, doch die Wölfe glaubten, daß in ihm das kleine Schwein säße.
Sie hörten nur das Quieken und witterten dazu den Geruch des Schweines. So entschlossen sie sich endlich doch, den Schlitten anzufallen.
Ein ganzes Rudel stürmte aus dem Wald heraus und warf sich dem Schlitten entgegen, sechs – sieben – acht kräftige Tiere.
Auf dem freien Feld, so ganz aus der Nähe, erschienen sie dem Jäger riesig groß.
Doch das Mondlicht trügt.
Es glitzert im Fell der Tiere und läßt sie größer erscheinen, als sie wirklich sind.
Der Jäger ließ die Schweineohren fahren und griff zum Gewehr. Schon hatte der vorderste Wolf den springenden Heusack erreicht. Der Jäger zielte unter das Schulterblatt, zog den Abzughebel, und kopfüber stürzte der erste Wolf in den Schnee.
Nun schoß der Jäger aus dem zweiten Lauf auf den nächsten, doch das Pferd zog plötzlich stark an, und der Schuß ging vorbei.
Jetzt mußte der Jäger die Zügel mit beiden Händen ergreifen, um das Pferd zu bändigen.
Doch die Wölfe waren schon im Wald verschwunden. Nur einer war zurückgeblieben und wühlte in Todeskrämpfen mit seinen Hinterläufen den Schnee auf.
Da ließ der Jäger das Pferd anhalten. Gewehr und Ferkel ließ er im Schlitten und ging, die Beute zu holen.

Im Dorf herrschte mitten in der Nacht plötzlich großer Lärm. Das Pferd des Jägers war herrenlos und schaumbedeckt zurückgekehrt. In dem breiten Schlitten lagen ein entladenes Gewehr und ein jämmerlich quiekendes, angebundenes Ferkel.
Als es hell geworden war, zogen die Bauern hinaus aufs Feld und konnten nun an den Spuren all das ablesen, was sich in der Nacht zugetragen hatte.
Es war so gewesen: Der Jäger hatte sich den erlegten Wolf auf die Schulter geworfen und war zum Schlitten zurückgegangen. Als er schon dicht neben dem Schlitten stand, witterte das Pferd plötzlich den Geruch des Wolfes, erzitterte vor Furcht, stürmte los und brannte durch. Der Jäger blieb mit seiner Beute allein. Nicht einmal ein Messer hatte er bei sich, und das Gewehr war im Schlitten geblieben.
Die Wölfe aber hatten sich schon von ihrem Schrecken erholt.
Heulend stürzte das ganze Rudel aus dem Wald heraus und warf sich auf den Jäger...

Die Bauern fanden nur noch die Knochen eines Menschen und eines Wolfes. Die Wölfe hatten sogar ihren toten Gefährten verschlungen. Dieser Vorfall hat sich vor sechzig Jahren im Gebiet von Leningrad abgespielt. Seit der Zeit hat man nichts mehr davon gehört, daß die Wölfe Menschen angefallen hätten.
Der Wolf, wenn er nicht toll oder stark verwundet ist, fürchtet heute den Menschen, auch den wehrlosen.

EMILIJAN STANEW

Wolfsnächte

Gegen Abend, als sich Nebel übers Land breitete und der Schnee sich von der untergehenden Sonne rötete, zogen die fünf Wölfe, die in dem lichten Wäldchen an der Landstraße gelegen hatten, zum Gebirge.
Sie liefen genau südwärts, auf die schimmernde, verschneite, von den Strahlen des Sonnenuntergangs beschienene Bergkette zu, die sich mit ihren Schneefeldern funkelnd vom Hintergrund des klaren blauen Himmels abhob.
Keiner von ihnen wandte den Blick zu der Gegend zurück, die sie ganze sechs Tage auf Nahrungssuche durchstreift hatten. Die offene Ebene schreckte sie jetzt mit ihren geraden Telegrafenmasten, in deren Drähten der Wind heulte, mit den kahlen Bäumen, dem wie eine Lanze schräg aufragenden Schwingbaum eines Ziehbrunnens, der sich fern am Horizont, gerade noch wahrnehmbar, abzeichnete.
Mit hängenden Schwänzen und gesenkten Köpfen, mit langen, vom Atem bereiften Schnauzen trabten die Wölfe langsam einer hinter dem anderen dahin. Ganz vorn ging der Anführer, ein großer rötlicher Wolf; er schaute starr geradeaus, als halte er mit seinem hungrigen Blick einen Punkt in der Ebene fest und fürchtete, ihn aus den Augen zu verlieren. Hinter ihm kam mit hängendem Kopf eine bösartige Wölfin, danach die beiden alten Wölfe und am Ende der Hellgefärbte.
Er war der kleinste und lief immer als letzter. Sein Fell war glatt und sauber, der kleine Kopf glich eher dem eines Hundes als dem eines Wolfs. Seine Augen blickten nicht so grausam und düster wie die Augen seiner Gefährten, und in dem weichen Gang seines langgestreckten Körpers lag etwas Besorgtes und Mißtrauisches. Er blieb oft zurück und wühlte im Schnee, weil er einen Knochen, eine Maus oder einen Maulwurfshügel gewittert hatte, der den anderen entgangen war.
In diesen sechs Tagen hatte keiner der Wölfe etwas zwischen die Zähne bekommen. Aber der Hellgefärbte mit seiner Hundewitterung hatte bei einer Schafhürde das Skelett eines im Herbst verendeten Schafs und zwei Pferdehufe aufgespürt. Er war zurückgeblieben und hatte die vom Schnee und der Erde ausgelaugten nackten Knochen gefressen, die zwar seinen Hunger nicht stillten, aber doch den Magen täuschten.
Jetzt war der Hellgefärbte auf der Hut. Immer öfter fletschten die Wölfe einander an, und ihr dunkles Rückenfell sträubte sich immer drohender. Heute, in dem Wäldchen, hatten sie

weit voneinander gelegen und sich mit schweren, glühenden Blicken gemustert. Die beiden alten Wölfe belauerten einander heimlich, und die hungrige, ungeduldige Wölfin versuchte das ganze Rudel zum Heulen zu bringen. Wenn einer nicht mit einstimmte, umschmeichelte sie ihn und versuchte ihn hinterhältig zu beißen. Der Hellgefärbte wußte sehr gut, was es hieß, gebissen zu werden. Er wußte auch, daß die Sache noch schlimmer wurde, wenn er ihr an die Kehle fuhr. Und da ihn der Hunger nicht so quälte, verhielt er sich klug – rasch und geschickt wich er ihren Zähnen aus, er erhitzte sich nicht und ließ sich nicht reizen. Da ließ sie ihn in Frieden, weil seine Ruhe sie abstieß. Aber der unvermeidliche Augenblick, da einer der Wölfe gefressen werden mußte, kam näher. Der Hellgefärbte spürte ihn nahen.

Das Verlangen zu heulen überkam ihn; er hockte sich in den Schnee und ließ den Blick beunruhigt über die endlose bläuliche Ebene schweifen, über die sich abendliche Dämmerung senkte. Er wollte umkehren und seine Gefährten verlassen, doch die Einsamkeit schreckte ihn. So lief er ihnen wieder nach, blieb dann abermals zurück und folgte ihnen wie erstaunt mit dem hellen Blick, bis sie sich in einem weiten, mit dichtem Wald bewachsenen Tal verloren, wo das Gebirge begann. Dann setzte er ihnen nach, lautlos wie sein eigener Schatten, der neben ihm über den Schnee glitt.

Das Rudel verließ das Tal, drang in den Hochwald ein, in dem ein Krähenschwarm nächtigte. Hier verhielten die Wölfe auf der kleinen, nassen Lichtung und horchten lange auf das aufgeregte Krächzen der Krähen. Dann erblickte der Hellgefärbte die Rücken seiner Gefährten auf dem gegenüberliegenden Hang und folgte ihrer Fährte.

Vom Mondlicht beschienen, glänzte das Gebirge wie versilbert. Dunkel standen die entlaubten, verschneiten Wälder dagegen, gähnten wie Schlünde seine Täler und Schluchten, in

Schnee und atmende Kälte versunken. Die Wölfe schauten auf die Hänge, wo die Bäume mit ihrem starren Geäst reglos im Schnee versunkenen Menschen glichen. Ihre Blicke brannten. Von Zeit zu Zeit hoben sie die Köpfe, und wenn ihre Augen den großen bläulichen Sternen und dem runden Gesicht des Mondes begegneten, stießen sie ein leises, ersticktes Heulen aus, das an das Gähnen eines Hundes erinnerte.

So trabten sie lange über den Hang des Gebirges, bis sie einen großen Sattel erreichten. Die beiden alten Wölfe trafen Anstalten, sich gegenseitig an die Kehle zu fahren; die Wölfin blieb dann und wann stehen und versuchte zu heulen.

Auf einmal verhielt der Anführer, drehte sich um und sah seine Gefährten an. Dann entfernte er sich von ihnen und hockte sich in den Schnee. Die Wölfin setzte sich neben ihn. Die alten Wölfe hatten die Schwänze eingezogen und zeigten sich die Zähne. Alle bildeten einen engen Kreis. Der Hellgefärbte begriff, daß der schreckliche Augenblick da war.

Durch die schwarzen Stämme des Waldes sah er die brennenden Augen seiner Gefährten. Reglos hockten sie auf dem kahlen Sattel, auf den die Bäume das Netzwerk ihrer Schatten warfen, und starrten sich an. Ihr Rückenfell war gesträubt, in ihren Augen glomm grünliches Licht. Sie saßen wie versteinert, als lauschten sie dem Schweigen des Gebirges.

Der hellgefärbte Wolf zitterte am ganzen Leib und schickte sich an zu heulen, von einer unbezähmbaren Erregung gepackt, die ihn gebieterisch zu dem Sattel zog. Aber sein Blick fiel auf den einen der beiden alten Wölfe. Von den anderen umringt und von ihren Blicken durchbohrt, zitterte er schon so stark, daß ihn die Beine nicht mehr hielten und sein Körper allmählich zu Boden sank. Unmerklich und schweigend rückten seine Gefährten gegen ihn vor und fielen plötzlich über ihn her.

Der Hellgefärbte sah, wie der Anführer sich in der Kehle des alten Wolfes festbiß und ihn auf den Rücken warf. Der Kampf war kurz. Der alte Wolf gab bald auf. Sein warmer Leib wurde zerfetzt, und jeder seiner Gefährten nahm seinen Teil.

Nachdem die Wölfe ihren Hunger gestillt hatten, begannen sie zu heulen. Als erster setzte der Rötliche ein. Er senkte seinen gewaltigen Schädel, zog den Schwanz ein und begann mit ein paar tiefen Kehllauten, die in dem kalten Schweigen des Gebirges allmählich höher kletterten. Nach ihm ertönte das dünne Geheul der Wölfin. Sie beendete es mit zum Himmel gehobenem Kopf und einem hohen, klagenden Ton, den das Echo zwei-, dreimal zurückwarf.

Der Hellgefärbte heulte mit, bis das Rudel auseinanderlief. Dann kehrte er ins Tal zurück, streifte am Fuß des Gebirges entlang und verschwand in Richtung auf den Südhang, wo der Schnee nicht so hoch lag. Nach ihm lief auch der andere alte Wolf in die Ebene. Nur die Wölfin blieb mit dem Rötlichen in den Bergen. In den kalten, klaren Nächten hörte der Hellgefärbte ihr fernes Heulen und heulte selbst.

Tag und Nacht streifte er durch die schweigenden Wälder oder schlief, vom Wind geschützt, unter den hohen gelblichen Felsen, von wo man die mit dicken Schneewehen bedeckte Ebene und den blauen, nebelfeinen Rauch sah, der über den Dörfern hing. Der Hunger quälte ihn fast zu Tode, und allein seine Hundenase half ihm, etwas Freßbares zu finden.

Eines düsteren Morgens, an dem der Schnee wie rauchgeschwärztes Silber aussah, vernahm der Hellgefärbte Menschenstimmen und das Schnauben von Pferden. Sie kamen vom Grunde des großen Tals, wo die Kahlschläge wie schwarze Bärenfelle lagen. Er spitzte die Ohren und schlich vorsichtig ins Tal hinunter.

Unten am Wasser, das zwischen den Steinen toste, erschienen zwei Reiter. Sie sprachen leise miteinander, aber der gefrorene Schnee krachte so laut unter den Hufen der Pferde, daß der Wolf erschrak.

Er wollte das Weite suchen, aber der Anblick der Pferde, die im Schnee versanken, fesselte ihn. Die Männer hielten am Rande des Tals an. Dort redeten sie ein Weilchen und lenkten dann ihre Pferde aufwärts, geradewegs zu der kleinen, von allen Seiten mit niedrigem Wald umstandenen Lichtung. Da bemerkte der Hellgefärbte, daß der eine Reiter etwas nachschleifte, das mit einem Strick an seinem Sattel festgebunden war. Sein Instinkt sagte ihm, daß das ein Köder war.

Er blieb mitten auf der Lichtung liegen, während die Reiter ihre Pferde wendeten und schweigend denselben Weg zurückritten.

Der Wolf stand lange am selben Fleck. Er hätte gern gewußt, was da auf der Lichtung lag, hätte gern die Pferdestapfen beschnüffelt und nachgesehen, ob die Menschen nicht etwas Eßbares am Wege verloren hatten. Er wußte aus Erfahrung, daß man dort, wo Menschen vorbeikamen, immer Nahrung finden konnte. Aber in den Bewegungen der Reiter und ihrer schnellen, schweigsamen Rückkehr lag etwas Verdächtiges.

Der Wolf nahm ein paarmal Witterung, und als seine Nase keinerlei Geruch auffing, streckte er den Kopf vor und entfernte sich in entgegengesetzter Richtung durch einen lichten Buchenwald. Dort stieß er auf Hasenfährten. Er stöberte hin und her wie ein Jagdhund, scheuchte schließlich einen Hasen auf, setzte ihm nach und vergaß die Reiter völlig.

Aber am Nachmittag, als ihn der Hunger dazu trieb, Mäusen aufzulauern, kehrte er wieder in den Buchenwald zurück und hörte, daß im Tale Eichelhäher kreischten und Elstern schackerten. Er lauschte.

Das Gekreisch der Häher drang immer lauter herüber – einmal freudig, als finde dort ein richtiger Festschmaus statt, dann wieder aufgeregt und heiser, gefahrverkündend.

Der Hellgefärbte machte sich auf den Weg zum Tal, und während er dahintrabte, flogen ein paar Elstern über den Wald hinweg, deren Flügel in der Luft sirrten. Es war klar, daß sie sich um irgendein Aas versammelten.

Der Wolf stieg zum Ufer hinunter, fand die Pferdespuren, und sowie er in sie trat, witterte er den Geruch von frisch abgehäutetem Schaf. Der Geruch kam von der breiten, einem Pfad gleichenden Schleifspur im Schnee, die die Reiter hinterlassen hatten.

Der Geruch des Schaffleischs machte ihn toll. Leben kam in ihn, sein Maul füllte sich mit Geifer, und er mußte sich mit seiner großen roten Zunge über die Schnauze lecken.

Ohne jede Vorsicht jagte er auf die Lichtung zu, hielt aber bald mit gesträubtem Fell an. Er war auf die Spuren der Wölfin und des großen rötlichen Wolfs gestoßen. Jetzt wußte er, warum die Häher so aufgeregt kreischten. Der Rötliche und die Wölfin waren in der Nähe.

Mit erregt funkelnden Augen schlich der Hellgefärbte vorsichtig lauschend zur Lichtung. Durch die dichten schwarzen Äste des Kleinholzes sah er, daß dort der Schnee zertreten und gelb gefärbt war und daß mitten auf dem freien Plan etwas Zerfetztes lag. Ringsum auf dem Gehölz hockte ein Schwarm Elstern und Häher. Weder die Wölfin noch ihr Gefährte waren zu sehen.

Der Hellgefärbte trat mit behutsamen Schritten aus dem Wald und musterte noch einmal die ganze Lichtung. Auf einem Wacholderstrauch saß eine Elster. Sie sah ihn, gab aber keinen Laut von sich, als sei sie sehr krank und ganz steifgefroren. Das wunderte den Hellge-

färbten noch mehr. Er sah den zerfleischten Kadaver des Schafes. Das Gedärm hing heraus. Der Kopf mit seinen leeren, von den Elstern ausgehackten Augenhöhlen war zur Seite gerollt, die Wolle über die ganze Lichtung verstreut und in den Schnee getreten. Im Gebüsch gegenüber lag lang ausgestreckt der große rötliche Wolf, reglos, die spitze Schnauze in die Erde gebohrt und mit irgendwie seltsam verkrümmten Beinen. Ein Stück weiter weg war der gelbe Rücken der Wölfin zu sehen.
Mit gesträubtem Fell und eingezogenem Schwanz starrte der Hellgefärbte das alles an. Dann legte er die Ohren flach, wich zurück und rannte, ohne sich umzusehen, zitternd vor Angst, durch das Unterholz davon.
Es begann zu dämmern. Gegen den dunklen, schneeverhangenen Himmel sah das Geäst des Waldes noch schwärzer und reglos-düster aus. Ringsum hockte stumm der Elstern- und Häherschwarm. Die Vögel hatten ihre Köpfe eingezogen und das Gefieder gesträubt, als hätten sie sich zum Schlafen niedergelassen... Von Zeit zu Zeit stieß einer einen heiseren Laut aus, als rufe er den anderen Mut zu, aber sein rauhes Krächzen verstummte bald. Er staunte über etwas, ließ den Kopf sinken und fiel vom Ast.
In dieser dunklen, stillen Nacht heulte der Wolf mit dem hellen Fell kläglich, den Hundekopf gegen den verhangenen Himmel gehoben, aus dem es bald schneien mußte. Aber sein Geheul verhallte dumpf und einsam. Niemand gab ihm Antwort. Selbst das Echo schwieg, als wären sogar die Berge von der Winterkälte stumm geworden.

WOLF DURIAN

Der Punkt

Bis dahin war alles finster gewesen. Nun aber sah er den Punkt.
Der kleine Wolf steckte mit seinen Geschwistern in einer Höhle in dem Waldgebirge am Rand der Prärie. Es war ein wildromantisches Gebirge mit gewaltigen Felsen und Schluchten, durch die die Wildwasser schäumten. Die Bäume standen schief von den Winterstürmen, die aus der Prärie daherbrausten und gegen die Felsen prallten; bei manchen waren die Wurzeln bloßgelegt. In den Windbrüchen kletterte das Gestrüpp der Latschenkiefern, Wacholder und Alpenrosen empor. Ein Mensch kam hier nur mit Mühe hindurch.
Ringsum war Finsternis in der Höhle, da war nur dieser helle Punkt, auf den er nun immerzu hinstarren mußte. Durch den hellen Punkt kam die Mutter. Der helle Punkt war der Eingang der Höhle. Wenn die Mutter kam, war er verschwunden. Ihr Schatten verdunkelte ihn.
Die fünf Geschwister hockten dicht beisammen, so daß sie sich warm hielten. Wochenlang waren sie blind gewesen, nun starrten sie auf diesen hellen Punkt. Auf einmal war er verschwunden, da wollten sie alle zugleich auf die Beine, purzelten übereinander, maunzten und greinten und zuckten mit ihren Schwänzchen. Nun war alles gut, die Mutter war da, es roch nach Mutter. Der Atem der Mutter blies über die Gesichter, es kitzelte in den Ohren. Dann kam die Zunge. Überall reichte die Zunge der Mutter hin, sie wusch die Kleinen so gründlich, daß man sie danach hätte für Igel halten können, wenn ein Mensch sie gesehen

hätte; die Haare an den Wattepelzen klebten zusammen. Aber das ging vorüber, und dann kam der lang ersehnte Augenblick, daß die Mutter sich hinstreckte zu ihren Kindern und die fünf kleinen Schnüffelnasen sich in ihr weiches und warmes Bauchfell einwühlen durften. Und sie begannen zu schmatzen, die Kleinen, sie knurrten, stießen und bissen in das Fell der geduldigen Mutter. Danach lagen sie still und lutschten in Frieden die süße Muttermilch. Und wenn sie die Bäuchlein voll hatten, schliefen sie ein, wie und wo sie lagen. Der warme Leib der Mutter war ihr köstliches Ruhekissen.

WOLF DURIAN

Die weiße Wölfin

Es fällt den Wölfen nicht schwer, über Nacht hundert Kilometer weit zu traben und in der Nacht darauf ebensoweit. Einer trabt in der Rotte hinter dem anderen her auf solchen Reisemärschen. Sie halten die Köpfe gesenkt, die Ruten schleppen im Schnee. Sie scheinen im Halbschlaf zu wandern, ihre Läufe laufen von selber.

Nicht fünfzig, aber vierundzwanzig Wölfe zählte die Rotte in Wirklichkeit, die die Holzfäller hinter dem flüchtigen Hirsch gesehen hatten. Und von den vierundzwanzig waren es nur noch elf, die nach der langen Hetzjagd am Hirsch bleiben konnten. Unter den elf ist der Robber. Die übrigen folgen in weiten Abständen.

Die Zeit der Hirschbrunft, wenn das orgelnde Brunftgeschrei durch die Wälder tönt und die Geweihe der Kämpfer gegeneinanderschlagen, ist längst vorüber. Die Hirsche sind abgekämpft. Später werden sie die Geweihe abwerfen und wehrlos durch die Wälder ziehen nach entlegenen Stellen, wo sie keiner mehr aufspüren kann.

Der Wapiti war ein alter Einzelgänger, ein zurückgesetzter Hirsch, wie die Jäger sagen. Die Wölfe hatten ihn am Nachmittag in seinem Bett im Unterholz aufgestoßen. Er hatte sie wütend angenommen und mit seinem mächtigen Geweih sofort zwei Wölfe geforkelt, daß sie nicht mehr vom Boden aufstanden. Die Wölfe wichen nun seinen Stößen aus. Ein Hirsch ist ein gefährlicher Gegner. In der Brunftzeit im Herbst ist er gefährlicher als der Grislybär. Das wissen die Wölfe.

Vor der Überzahl war der Hirsch flüchtig geworden.

Einen Hirsch in voller Flucht können die Wölfe nicht einholen. Aber sie folgen ihm nach, zäh, unermüdlich, spüren ihn auf und hetzen ihn weiter. Sie lassen ihn nicht mehr los, sie ermatten ihn und hetzen ihn schließlich zu Tode. Eine solche Jagd dauert lang.

Bei der Hetzjagd zeigt sich erst, was ein Wolf zu leisten vermag. Auf die Ausdauer kommt es an. Dies ist die Kraftprobe der Wölfe.

Die Hetze hinter dem Wapiti ging jetzt dem Ende zu. Der Hirsch hatte den Kopf zurückgelegt, sein Atem ging stoßweise, pfeifend. Auch den Wölfen hingen die Zungen aus den Rachen, sie jappten nach Luft. Einer nach dem anderen fielen sie ab. Jetzt waren nur noch sieben am Hirsch. Die weiße Wölfin war dabei. An der Spitze lief Captain Black. Weiter hinten folgte ein großer und starker Wolf.

Weder Macki noch Iram hätten ihn wiedererkannt.
Der Wolf Robber lief auf einmal als zweiter. Der Captain war nur um eine Länge voraus.
Der Anführer der Rotte muß das gehetzte Tier als erster anspringen und werfen, das ist Gesetz unter den Wölfen. Verfehlt er den Sprung, so hat er verspielt und kann nicht mehr Anführer sein. Manchmal, wenn die Beute ankommt, wird er von der hungrigen und erbitterten Rotte zerrissen; alle fallen über ihn her, wenn es ihm nicht noch gelingt, sich zu drücken.
Captain Black wurde niedriger, seine Sehnen spannten sich. Es geht bei der Hetze darum, die Kräfte zu sparen bis zum entscheidenden Augenblick. Aber der andere Wolf holte nun auf, der Captain hatte gemerkt, daß ihn dieser Wolf überrunden wollte. Nun glitt die Schnauze des anderen vor, er zwang ihn, schon jetzt, viel zu früh, seine äußerste Kraft einzusetzen, wollte er nicht hinter dem anderen zurückfallen. Er jappte. Die Zunge hing ihm aus dem dampfenden Rachen.
Darauf kam es jetzt an, wer den längeren Atem hatte, und der Wolf Robber hielt den Rachen noch immer geschlossen, man hörte ihn nicht. Der war noch jung und hatte die

Kraft. Jahrelang hatte der Schwarze Captain die Rotte geführt, er besaß die Erfahrung. Aber die gute Zeit lag hinter ihm. An Lungenkraft konnte er es mit dem anderen, dem jüngeren, nicht mehr aufnehmen.

Der Captain lauerte, ob er den anderen durch einen schnellen Seitenbiß in den Lauf zu Fall bringen könnte. Jetzt fiel die weiße Wölfin zurück, ein prachtvolles Tier. Dem Sieger wird sie angehören und nachfolgen nach dieser Jagd.

Sie waren nur noch zu zweit hinter dem Hirsch. Der Captain aber fand keine Gelegenheit, sich auf seinen Gegner zu stürzen; er hätte ihn nicht erreicht. Bei der geringsten Bewegung zur Seite wäre er um zwei Wolfslängen hinter den Rivalen zurückgefallen und hätte dann kaum mehr aufholen können. Denn der Hirsch raffte sich jetzt in der Todesangst noch einmal auf und brach in langen Fluchten durch das Gehölz. Der Schnee stäubte herab. War ihm in seiner Angst und Erschöpfung bewußt, daß er nur noch zwei von zweiundzwanzig Verfolgern hinter sich hatte? Zwei von den vierundzwanzig hatte er geforkelt und auf die Decke gelegt. Warum wandte er sich nicht und nahm diese beiden an mit gesenktem Geweih? Sie wären gegen ihn angeprallt in ihrem Lauf, er hätte den ersten, den Robber, mit dem Geweih auffangen und meterhoch in die Luft werfen können, der zweite, der Captain, hätte sich schleunigst gedrückt.

Riesenkräfte besitzt der Wapiti, der stärkste Hirsch nach dem Elch, viel stärker als der Rothirsch, der König unserer deutschen Wälder. Fünf starke Männer können einen Rothirsch nicht an Stricken festhalten, sie werden geschleift. Aber der Hirsch war am Ende, seine Kraft hatte ihn verlassen, die eiskalte Todesangst hatte ihn gepackt. Blindlings stürzte er vorwärts, brach durch die kahlen Büsche, die ihn nicht decken konnten.

Noch einmal gewann er Vorsprung, die beiden Wölfe fielen zurück. In einem Windbruch, in den er geriet, holten sie ihn ein. Der Sturm hatte hier den Schnee meterhoch aufgeworfen. Die Decke war vereist, sie trug wohl die Wölfe, nicht aber den schweren Hirsch, der bis zum Bauch in die Schneewehe einbrach. Mit verzweifelter Anstrengung arbeitete er sich noch heraus, aber nun hatten sie ihn eingeholt. In der Hast, daß ihm der andere zuvorkommen könnte, sprang der Captain an, aber der Sprung ging fehl, und der Hirsch überrannte ihn, schlug ihn unter die Läufe. Warum stieß er nicht zu? Aber zu spät. Der schwarze Captain, Schmach für den großen Rottenführer, auf dessen Skalp die Viehfarmer zweihundert Dollar ausgesetzt hatten, kam noch unter den zentnerschweren Hirsch zu liegen, den der Wolf Robber im nächsten Augenblick mit einem mächtigen Ansprung an der Kehle gefaßt hatte und niederriß.

Aber nun jappte er selber nach Luft.

Captain Black arbeitete sich unter dem verendeten Hirsch hervor, schüttelte sich und stand Auge in Auge, aber krumm und lahm, diesem fremden großen Wolf gegenüber, dem Robber. Den Winter über war der Wolf in seiner Rotte getrabt, den zweiten Winter, aber der Captain sah ihn zum erstenmal. Es gibt keine Freundschaft unter den Wölfen, jeder ist nur auf den eigenen Vorteil aus. Sie kennen einander nicht. Nun aber maß ihn der Captain mit den Blicken. Der da war jünger und hatte noch Kraft genug übrig nach dieser langen Jagd. In dem Zustand, in dem er – Captain Black – sich befand, völlig ausgepumpt und zerschunden von den Hufen und dem Gewicht des Hirsches, der auf ihn gefallen war, konnte er es nicht mit ihm aufnehmen, aber er hatte sich diesen gefährlichen Wolf nun gemerkt. Die Gelegenheit wird sich finden zur Abrechnung...

Inzwischen kamen die Wölfe der Rotte keuchend heran. Captain Black hinkte davon ins Gebüsch.
Hungrig waren sie, und es war ihnen zunächst nur um die Beute zu tun. Mit neidischem und gierigem Geknurr schnitten sie sich Fetzen von Fleisch von dem zähen alten Hirsch und schlangen es mit einem Happ in sich hinein. Auch Robber und die weiße Wölfin fraßen sich satt wie die anderen. Nach einer Viertelstunde war von dem großen Hirsch nichts mehr übrig als die zerfetzte Decke, die Schalen und das Geweih.
Als sie dann satt waren, blickten sie auf Robber. Er war nun der Anführer.
Er setzte sich in Trab, und sie trabten hinter ihm in der Spur. Die weiße Wölfin lief an seiner Seite.
Sie trabten die Nacht hindurch, die Köpfe gesenkt, die Ruten schleifend. Vierzig, sechzig, achtzig, hundert Kilometer. Wenn sie satt waren, kannten sie keine Erschöpfung.
Nach der zweiten Nacht, gegen Morgen, erreichten sie den Fluß im alten Revier, Sheep River, der Schafsfluß, der seinen Namen daher hatte, weil darin im Frühling die Schafe gewaschen wurden. Hier tranken sie unheimlich viel Wasser nach der langen Reise, man hörte nur noch das Klatschen der Zungen. Danach verlief sich die Rotte. Einige durchquerten den Fluß, andere blieben am diesseitigen Ufer und verschwanden im Dämmerlicht.
Der Robber war nicht mehr allein. Die weiße Wölfin folgte ihm.

Sie hausten in der alten Höhle im Gebirge zusammen. Erinnerte sich der große Wolf Robber noch, wie er einmal hier im Dunkeln gehockt und auf den hellen Punkt gestarrt hatte, Stunden um Stunden und ganz allein zwischen den toten Geschwistern?
Viermal war es seitdem Frühling geworden, und nun lagen hier wieder fünf kleine, noch blinde Wollknäuel, drei helle, zwei dunkle.
Die Augen gingen den Kleinen auf. Nun starrten sie auf den hellen Punkt, wie es Robber und seine Geschwister hier getan hatten. Der Punkt verschwand, und die Mutter war da.
Draußen war wieder Frühling. Der Schnee schmolz, und die kleinen Waldblumen blühten. Die Rinder und die Schafe wurden auf die Frühlingswiese getrieben. Das Leben geht seinen Gang. Jahr um Jahr.
Die weiße Wölfin war eine ausgezeichnete Jägerin. Den Sommer über hielt sie sich mit ihren Jungen in den Wäldern verborgen. Sie lehrte sie das Handwerk der Räuber wie jede Wolfsmutter. Erdeichhörnchen, Präriehunde, Kaninchen, Rehkitze beschlichen sie im entfernten Revier. Erst im Winter, im Schnee, zeigte sich die weiße Wölfin in der freien Prärie. Im Sommer wäre sie mit ihrer hellen Decke ein gutes Ziel für jede Büchse gewesen, aber im Schnee war sie unsichtbar. Von den beiden dunklen Kindern hatte sie sich getrennt, aber die drei weißen Jungwölfe hielten mit ihr zusammen. Sie schlossen sich keiner Rotte an, blieben immer für sich allein. Stundenlang lagen sie alle vier gegen den Wind in den Schnee gedrückt auf der Lauer. Am hellichten Tage stahlen sie der Geflügelmamsell auf der Farm Gänse und Hühner weg. Zwischen den Schafen konnten die Schäfer sie mit den weißen Decken nicht ausfindig machen. Man bekam sie nie zu fassen.
Robbers Nachkommenschaft, in der er weiterlebt auf der Prärie...

Wolf Durian

Macki mit der Büchse

In der Prärie standen die Rinder der Tupperfarm auf der Weide. Der Rinderhirt Macki war dabei mit seinen Hunden. Er schlief am Nachmittag und wachte bei Nacht. Aber die Weidefläche war groß in dieser frühen Jahreszeit. Macki konnte nicht an allen Enden zugleich sein. In der vergangenen Nacht war wieder ein Kalb vom Wolf gerissen worden.

Es handelte sich um einen Einzelgänger, aber auch ein einzelner Wolf kann einem zu schaffen machen. Der schlich sich in der Dämmerung gegen den Wind an, so daß ihn die Hunde nicht wittern konnten, drückte sich in einer Bodensenke zwischen das verdorrte vorjährige Gras, in dem er so gut wie unsichtbar war, und paßte seine Gelegenheit ab. Diesmal war Macki nur um eine Viertelstunde zu spät gekommen. Der Wolf hatte das getötete Kalb einige hundert Schritte abgeschleppt, dann hatte er seinen Raub lassen müssen und war flüchtig geworden, als er die Hunde witterte.

Macki hatte das tote Kalb nicht angerührt, er war an der Stelle, wo es lag, nicht aus dem Sattel gestiegen. Keine menschliche Witterung durfte hinterbleiben. Etwa vierzig Schritt entfernt grub er das Schützenloch.

Der Tag verging. Im Schützenloch hockte seit Stunden Macki mit seiner Büchse. Es wurde schnell dunkel.

Ein Schatten umkreiste die Stelle, wo das tote Kalb lag. Der Wolf hatte den Wind von hinten und konnte nicht zum Weideplatz wittern, allein auf sein Gehör war er angewiesen. Man merkte ihm an, daß er sich unsicher fühlte. Plötzlich war er verschwunden, vielleicht durch das Geraschel einer Maus im dürren Gras verprellt. Er kam aber zurück, witterte ringsumher, geduckt und fluchtbereit. Die Hufspur schien ihm verdächtig. Nun stand er sekundenlang aufgerichtet, die Lauscher nach der Weide der Rinder gerichtet, von wo er den Feind zu erwarten hatte. Das Feuer flog aus dem Büchsenlauf, der Donner rollte. Macki sah durch das Feuer, wie der Schatten in sich zusammensank, das Gras bewegte sich noch dort an der Stelle. Dann war es still.

Macki repetierte die Büchse und wartete ab. Er hatte Erfahrung mit Wölfen, die sich nach dem Schuß nur totgestellt hatten...

Er wartete fünf Minuten, zehn Minuten. Dort vorn rührte sich nichts. Jetzt stieg Macki aus seinem Schützenloch und ging langsam, die Büchse schußbereit, auf die Stelle zu.

Da lag der Wolf. Macki stieß ihn mit dem Lauf der Büchse an. Er strich ein Zündholz an und beugte sich hinab. Ein roter Faden Schweiß rann aus dem Rachen des Wolfs. Der Wolf war tot.

Damit war diese Angelegenheit für Macki erledigt. Er schulterte die Büchse und ging über die Prärie davon.

Da lag sie, die Mutter der fünf Wolfskinder.

Die fünf hockten im Dunkel der Höhle im Wald und starrten auf den hellen Punkt. Dann erlosch der Punkt, aber es war nicht die Mutter, es war die Nacht.

Die fünf hatten Hunger...

Karl Biernatzki

Eine Wolfsjagd

Auf steilem Felsen lag das Schloß des Grafen von Clarmont. Aus einer adeligen Familie Frankreichs stammend, hatte sich der Graf, dem der Aufenthalt im eigenen Vaterlande verleidet worden, in Litauen angekauft. Er lebte hier schon seit mehr als zwanzig Jahren – ein alter Junggeselle, der gern einen Kreis munterer Freunde um sich sah und, wenn die Umstände es erlaubten, mit ihnen eine lustige Jagdpartie anstellte. Von seiner hohen Felsenwarte schaute er ringsum auf seine ziemlich weitläufigen Besitzungen. Der größte Teil derselben war wellenförmiges, fast ebenes Land, viel grasreicher Wiesenboden, ein Teil Tannenforst, ein anderer noch unfruchtbare Heide, von Mooren unterbrochen. Namentlich war die nächste Umgebung des Schlosses auf fast eine Meile Umkreis so beschaffen, und der Graf, ein großer Freund der edleren Schafzucht, hatte am Fuß des Felsens, auf welchem seine Burg stand, eine ansehnliche Schäferei angelegt, in welcher er mit nicht geringem Kostenaufwand mehrere Hundert Schafe edelster Rasse züchtete. Es verging kaum ein Tag, wo er nicht selber nach den Tieren sah, und nichts geschah innerhalb der für diese bestimm-

ten Räume ohne seine besonderen Anordnungen. Er hatte die Schafzucht eifrig studiert, und es gewährte ihm große Freude, wenn es ihm gelang, Tiere mit feiner, reichlicher Wolle zu erzielen. Man kann sich daher seinen Unmut vorstellen, als ihm eines Morgens die Mitteilung gemacht wurde, ein Wolf sei in einen der Ställe bei nächtlicher Weile eingebrochen und habe eines der besten Tiere geraubt.
Es war dies an einem der letzten Tage des November geschehen, und sofort sandte er Einladungen an seine benachbarten Freunde, sich bei ihm zu einer Wolfsjagd einzufinden. Inzwischen traf er die Anordnung, nachdem er mit seinem Förster Rücksprache genommen, daß dem Wolfe, wenn er wiederkommen sollte, der Einbruch in den Stall, aus welchem er zuerst geraubt hatte, erleichtert werden sollte. Daher ward eines der weniger wertvollen Schafe hier eingesperrt, um den Wolf durch diese ihm preisgegebene Beute eine Zeitlang in dieser Gegend festzuhalten. Die eingeladenen Gäste fanden sich an dem bestimmten Tage ein, und für den folgenden Morgen ward die große, gefährliche Jagd verabredet.
Am Abend zuvor saßen die Herren im hell erleuchteten Speisesaal an reich besetzter Tafel beisammen. Die lebhafte Unterhaltung wandte sich unter anderem auf die Entstehungsgeschichte der adeligen Wappen.
„Sie führen Roß und Wolf in dem ihrigen", sagte einer der Gäste zum Grafen, „und laden uns ein, den Wolf zu erlegen: Wie reimt das zusammen?"
„Sehr gut", entgegnete der Graf, „beachten Sie das springende Roß und den ausgestreckt daliegenden Wolf."
„Das macht mir das Bild noch rätselhafter, gerne vernähme ich die Lösung."
„Sie ist einfach geschichtlich", antwortete der Graf. „Mein Älter-Urgroßvater, fünf Generationen rückwärts gerechnet – so wenigstens erzählt eine alte Chronik meiner Familie –, ist der Schöpfer unseres Wappens. Er war angesessen in der Normandie und fuhr einst im Winter, bei hellem Mondenschein und glatter Schlittenbahn, zur Nachtzeit von einem Besuch bei befreundeten Nachbarn heim. Da wurde er von einem Wolf verfolgt und zwar so anhaltend, daß, obwohl die Pferde im vollsten Carriere fortrannten, doch am Ende an kein Entkommen zu denken war. Es blieb kein anderer Versuch zur Rettung übrig, als das Reitpferd, welches neben den beiden Zugpferden herlief, loszubinden und dem Wolf zur Beute zu überlassen. Der Schlitten gelangte glücklich nach dem Gute meines Ahnherrn, und dieser, sowie sein Kutscher, kamen mit der Angst davon. Aber man denke sich das Erstaunen meines Urgroßvaters, als ihm am andern Morgen gemeldet wurde, sein wertvoller Goldfuchs, von dem er glauben mußte, der Wolf habe ihn zerrissen, habe sich in der Morgendämmerung blutbespritzt und sehr erschöpft, aber unverletzt an Leib und Gliedern vor der Türe seines Stalles eingefunden. Sogleich wurden Nachforschungen angestellt, und nicht fern vom Gut fand man den Wolf in seinem Blute liegend. Das edle Tier hatte ohne Zweifel nach heißem Kampf mit seinen Hufen den raubgierigen Feind erschlagen. Zur dauernden Erinnerung an dieses glorreiche Ereignis ward das springende Roß und der liegende Wolf in das Wappen aufgenommen."
„So werden auch morgen, wie ich hoffe, Roß und Reiter über den Wolf den Sieg davontragen!" rief Baron von Keller, sein Glas erhebend. „Meine Herren", setzte er hinzu, „trinken wir auf eine glückliche Jagd!"
Bald hernach wurde die Tafel aufgehoben, die Gäste wünschten sich früh niederzulegen, da sie früh wieder aufstehen wollten. Der Graf von Clarmont empfing noch in seinem Kabinett

die Meldung des Försters über den Stand des Wolfes und die getroffenen Vorkehrungen, seiner habhaft zu werden. Der Förster selbst hatte das Lager des Wolfes aufgespürt und glücklich gefunden. Es lag in einem vom Schloß etwa eine halbe Meile weit entfernten Tannenforst, an einer Stelle, wo der Boden sich erhob und dichtes Gestrüpp, welches hier einige Felsstücke umrankte, eine Art Höhle bildete. Hier konnte der Wolf, vor Regen und Sturm geschützt, sicher ruhen, aber es fand ihn in diesem Versteck auch nicht leicht das Auge des Jägers. Um so weniger war zu besorgen, daß er sein Lager wechseln würde. Knochen, die nur zur Hälfte abgenagt umherlagen, bezeugten, wie er noch die letzten Stücke, die er geraubt, hierher geschleppt und hier verzehrt hatte.
„Ich zweifle nicht", schloß der Förster seinen Bericht, „daß der Wolf auch morgen in diesem Lager ausruht, und reichlich hundert Bauern sind angesagt, das Revier zu umstellen."
Nachdem der Graf die Zeit des Aufbruchs bestimmt hatte, empfahl sich der Förster, um noch einmal nachzusehen, ob alle seine Anordnungen gehörig zur Ausführung gebracht worden waren. Er fand alles in bester Ordnung und begab sich dann gleichfalls zur Ruhe. Im Schloß erloschen nach und nach alle Lichter, auch in den Nebengebäuden ward es finster. Die sämtliche Bedienung war, nachdem die Herren sich niedergelegt hatten, zu Bette gegangen, um desto früher am folgenden Tag wieder auf sein zu können. Die Nacht bedeckte weit herum alles mit ihren Rabenfittichen.
Um diese Zeit erwachte der Wolf auf seinem Lager. Er streckte und reckte sich, stieß ein heiseres Geheul aus und schüttelte den dichtbehaarten Pelz. Ihn fröstelte; er hatte lange geschlafen und war wieder hungrig geworden. Es herrschte tiefe Finsternis in der Waldung, aber sein scharfer Geruchssinn führte ihn zu den halb abgenagten Knochen, die in der Nähe seines Lagers zerstreut umherlagen. Er bückte sich, wie um sie zu benagen, stieß sie aber mißmutig mit der Schnauze fort, solch magere Kost behagte ihm nicht. Er wußte, wo er mit Leichtigkeit eine bessere Mahlzeit sich verschaffen konnte. Er setzte sich in Bewegung; auf

dem bekannten Pfad trabte er durch die Waldung. Endlich kam er ins Freie. Einen Augenblick hielt er am Saum des Forstes an und setzte sich nieder. Es war stockfinster ringsum. Aber was war das? In einiger Entfernung, da, wo das Moor sich dehnte, hüpften zahllose Flämmchen mit bläulichem Schein. Da hinaus, das Moor entlang, führte der nächste Weg zu den Schafställen am Fuß des Felsens, auf welchem das Schloß des Grafen von Clarmont lag. Aber der Wolf, der das Dunkel liebte, hatte einen Widerwillen gegen alles Leuchtende, Helle. Er sprang wieder auf, und in weitem Bogen das Moor umkreisend, gelangte er von der anderen Seite her zu den Ställen. Hier war er unbekannt, doch benahm seine scharfe Witterung ihm allen Zweifel, daß er sich an der rechten Stelle befinde. Wieder ruhte er kurze Zeit in sitzender Stellung, dann schlich er näher. Er umschnupperte die Planken, hinter denen die Schafe ruhten, er pochte hier und da mit der Tatze an, zu untersuchen, ob sich nicht eines der Bretter losbrechen ließe. Er horchte, noch war alles still. Der Wind strich sausend vorüber, er erschrak. Er horchte noch einmal, kein Geräusch ließ sich vernehmen. Da traf ein blendender Schein sein Auge. Er blickte auf. Ein Stern spiegelte sich im Fenster des Stalles. Erfreut über diese Entdeckung, nahm er einen Anlauf, um hinanzuspringen und das Fenster zu zertrümmern, da vernahm er das Geblök eines Schafes in einiger Entfernung. Das kam nicht aus einem Stall, das erklang in freier Luft. Er schlich der Stimme nach; noch einmal ließ sie sich hören. So kam er auf die entgegengesetzte Seite der Stallungen, und hier – welch herrliche Entdeckung! – fand er ein Schaf in offener Hürde. Im Nu hatte er es ergriffen, und so jämmerlich es auch schrie, ihn rührte es nicht. Er trabte mit seinem Raub davon und erreichte nach einer halben Stunde sein Lager, wo er das Schaf verzehrte. Dann legte er sich nieder, um zu ruhen.

Aber nicht allzulange sollte ihm die Ruhe gegönnt werden. Sobald der Tag anbrach, kam im Schlosse des Grafen alles in Bewegung, und aus den verschiedenen Dörfern der gräflichen Besitzungen fanden sich die Bauern mit derben Knütteln bewaffnet auf ihren Alarmplätzen ein. Eine Anzahl Jäger war bereits zur Stelle, und man schritt nun dazu, das Lager des Wolfes in einem angemessenen Umkreis zu umstellen. Unterdessen hatten auch der Graf und seine Gäste ihre Pferde bestiegen. Von zahlreichen Dienern begleitet, welche die Flinten und den Schießbedarf trugen, ritten sie die breite Fahrstraße, die den Felsen hinunterführte, hinab. Unten angekommen, übernahm der Förster, der gleichfalls beritten war, die Führung des Zuges.

Die Sonne ging blutrot in den Nebeln, welche den Horizont umlagerten, auf und beleuchtete mit nur schwachem Schimmer die weit ausgedehnte Ebene. Aber nur kurze Zeit dauerte der Kampf des Lichtes mit der Finsternis. Bald hatte die Sonne gesiegt, der Nebel schwand, und glänzend stieg das Tagesgestirn empor. Weithin lag die ganze Landschaft vom hellen Licht übergossen da. Es war ein reizendes Bild. Überall an den Grashalmen, an den meist schon entblätterten Gebüschen, an den immergrünen Tannennadeln hingen perlende Tautropfen, in denen das Licht der Sonne sich spiegelte. Die Wiesen sahen noch aus wie mitten im Frühling, so frisch, so saftig grün. Zwischen ihnen dehnten sich einige gelbe Stoppelfelder. Die Wintersaat war schon aufgegangen, die zarten Halme wiegten sich im Morgenwind. Selbst die noch nicht urbar gemachten, mit der niedrigen strauchartigen Erika bewachsenen Strecken, deren Farbe ins Bräunliche spielte, trugen nun dazu bei, das Anmutige der Landschaft zu erhöhen. In den kleinen Fensterscheiben der Häuser eines in der Ferne gelegenen Dorfes glitzerten und blinkten die hellen Sonnenstrahlen.

Unter dem breiten Dach einer alten knorrigen Eiche wurde halt gemacht und die letzten Beratungen gepflogen. Die Herren teilten sich in mehrere kleinere Gruppen, blieben auf ihren Pferden und reihten sich dem Kreis der Landleute und Jäger ein, die in ziemlich weiter Ausdehnung die vor der Tannenwaldung liegende Ebene umstellt hatten. Dann winkte der Förster einen Jägerburschen herbei und ließ diesen in drei kurz abgestoßenen Sätzen mit dem Waldhorn das Signal zum Beginn der Jagd geben.
Sogleich erhob sich ein gewaltiger Lärm mitten in der Waldung. Die dort aufgestellten Bauern schlugen mit ihren Knitteln an die Bäume, die Jäger, die zwischen ihnen postiert waren, feuerten von Minute zu Minute einige Schüsse ab; sie sowohl wie die Bauern ließen ein lautes Hallo erschallen. Der Wald hallte wider von dem Getümmel, welches noch durch das Geheul der Jagdhunde verstärkt wurde. Aufgeschreckt erhoben sich ganze Scharen von Krähen aus den Baumwipfeln und krächzten so ohrzerreißend, daß in der Tat starke Nerven dazugehörten, diesen Höllenlärm mit Ruhe anzuhören. Man näherte sich von hinten her immer mehr dem Lager des Wolfes, der natürlich entsetzt aus seinem Schlaf aufsprang und nach der entgegengesetzten Richtung als woher das betäubende Geräusch kam hineilte. So gelangte er bald an den Rand der Waldung. Er stutzte, als er hier, einen Augenblick sich umschauend, den Kreis der ihn erwartenden Schützen erblickte. Es schien, als wollte er sich besinnen, was zu tun sei, dann ließ er seinem Unmut in einem erschütternden Geheul, davon die Pferde erzitterten, freien Lauf. Aber er mußte auch auf einen Ausweg denken. Immer näher erklang hinter ihm der grause Lärm, dem er um alles in der Welt zu entfliehen wünschte. Vor ihm dehnte sich die Ebene, aber auch sie war eingeschlossen. Er machte einige plumpe Sprünge, dann trabte er seitwärts, den Kordon zu durchbrechen. Kaum aber näherte er sich diesem, so zwangen ihn mehrere Schüsse, die ihm entgegenkrachten, zur Umkehr. Er trabte nach der anderen Seite. Hier derselbe zurückschreckende Empfang. Abermals kehrte er um, ruhte ein wenig, heulte in furchtbarer Angst, sprang wieder auf und jagte vorwärts. Aber wohin er sich wandte, die Schüsse trieben ihn zurück. So ward er unaufhörlich von einer Seite zur andern gehetzt. Mit jeder Minute steigerte sich seine Wut. Er machte Miene, in den Wald zurückzukehren. Aber hier vertraten ihm nun auch die Jäger, die ihre Büchsen auf ihn abfeuerten, den Weg. Atemlos, den Rachen mit Schaum bedeckt, setzte er sich nieder, seine Augen rollten wild in ihren Höhlen.
In diesem Augenblick sprengte der Baron von Keller, der des Grafen edelstes Pferd, einen stattlichen Goldfuchs, ritt, mitten in den Kreis hinein, gerade dem Wolf entgegen. Ermattet, wie es schien, erwartete dieser den Reiter. Kaum hatte sich ihm der Baron bis auf zwanzig Schritte genaht, so hielt er sein Pferd an, legte die Doppelflinte an die Schulter, zielte und drückte ab. Diesen Moment nahm der Wolf wahr. Indem der Schuß krachte, nahm er einen Anlauf, tat einen gewaltigen Sprung, packte das Pferd an der Kehle und riß es samt seinem Reiter zu Boden.
Es war dies das Werk weniger Sekunden. Niemand hatte solchen Ausgang geahnt. Ein Angstruf entwand sich jeder Brust. Der Tod des verwegenen Reiters schien gewiß, der wütende Wolf konnte nicht zögern, auch ihn zu zerfleischen. Da sprengte auch der Graf herbei, nahm das wütende Tier, das sich, um neue Kräfte zu sammeln, niedergesetzt hatte, aufs Korn und jagte ihm eine Kugel in den Leib. Noch einmal versuchte der schwer verwundete Wolf, zum Sprung anzusetzen, aber schon schwanden ihm die Kräfte, und als nun auch der Förster herbeieilte und dessen Kugel ihn traf, stürzte er entseelt zu Boden.

Ein lautes Hurra erfüllte die Luft. Der Graf war vom Pferd gesprungen und stand neben seinem Gast, der noch von dem jähen Sturz betäubt am Boden lag. Er versuchte ihn aufzurichten, und es gelang. Der Baron fand seine Besinnung wieder, er war unverletzt geblieben; dagegen war das edle Pferd bis auf den Tod verwundet. Nachdem der Baron ein anderes bestiegen hatte, ritt er an der Seite des Grafen in Gesellschaft der übrigen Gäste langsam nach dem Schloß zurück. Ein stärkendes Bad und einige Stunden Ruhe brachten ihm die verlorenen Kräfte wieder.
Als man abends an der wohlbesetzten Tafel saß, war der kühne Reiter, dessen kecker Angriff den gefährlichen Kampf entschieden hatte, Gegenstand der Aufmerksamkeit aller. Der Besitzer des Schlosses aber sagte, sein Glas erhebend:
„Auf das Wohl unseres Retters aus dem Rachen des Wolfes! Mein Wappen sei fortan auch das seine, ein springendes Roß, ein liegender Wolf. Ich bin der Letzte meines Stammes und will der Erste sein, der sich ihm dankbar beweist. Mein edler junger Freund werde der Erbe meiner Besitzungen!"

DONTSCHO ZONTSCHEW

Der Mensch

Er war Schäfer und lebte im Paradies. Das sagte man zu ihm im Spaß, das sagte er auch selber. Das Gebirge gab ihm wirklich alles. Ein bodenloser Himmel über seiner Pelzmütze, endlose grüne Wälder vor dem Auge, saftige Wiesen unter den Füßen. Wiesen, die mit den Glöckchen der Schafe sangen. Milch und Wolle, Käse, Lämmer, Dörrfleisch – das Brot, die Eier und das andere holte er sich im Dorf. Er stieg hinunter, tauschte seine Waren und kam zurück.
Er spielte die Hirtenflöte, dieser Mensch, und darin konnte niemand es ihm gleichtun. Wenn der weiche Klang – von den Fingern moduliert, zum Klagen gebracht – von seinen Lippen durch das Holz strich, ließen die Holzfäller die Äxte zu Boden sinken. Die alten Dorffrauen setzten sich, das Reisigbündel auf dem Rücken, und ihre Augen glänzten – lebendige Glasperlen – in den wie Laub sonnverbrannten Gesichtern. Die Wanderer, die Kinder, die Pilze suchten, reckten die Hälse, staunten mit offenem Mund...
Nur die Vögel sangen so schön und das Bächlein, wenn es im Gestein raunte.
Der Mensch brauchte natürlich andere Menschen und war oft im Dorf. Er spielte auch dort, im Wirtshaus, auf Hochzeiten, in Spinnstuben, und da er lustig und gesprächig war, wurde er überall eingeladen.
Das bereitete ihm Sorgen, weil er die Schafe allein lassen mußte. Im Gebirge gab es Wölfe, und die brachen nachts in den Pferch ein. Die großen, treuen Hunde wurden, versteht sich, mit einem oder zwei Wölfen irgendwie fertig, wenn sie sie von fern witterten, sie bellten laut und verjagten sie. Doch bisweilen kamen die Wölfe im Rudel, und dann war eine Tragödie unvermeidlich.

Zu fünft oder sechst, ausgehungert und zu allem entschlossen, schreckten die Wölfe vor nichts zurück und griffen wild an. Sie achteten nicht auf die Eisenstacheln an den Halsbändern der Hunde, sprangen wie Schatten von allen Seiten hervor, ihre furchtbaren Kiefer schnappten, fetzten Felle und knackten Knochen, der Pferch war erfüllt von irrem Blöken und Blutgeruch.
Die Hunde, die es einmal mit einem Rudel zu tun gehabt hatten, kamen danach auch mit einem einzelnen Wolf nicht mehr zurecht. Sie wurden irgendwie sonderbar. Statt zu bellen, winselten sie, sobald sie ihn nur witterten. Sie zogen die Schwänze ein und drängten sich entnervt bei den Schafen aneinander.
Der Mensch hatte das alles bemerkt und tauschte sie aus. Er zog sich neue heran, noch größere und bösere, fütterte sie reichlich und ließ ihnen Halsbänder schmieden. So lief alles immerhin normal – solange bis das Rudel kam. Nach der schrecklichen Nacht waren auch die neuen Hunde nicht mehr zu gebrauchen. Mit einem Wort, nur er war ein zuverlässiger Schutz der Herde. Er und das alte Gewehr seines Vaters, ihnen machte das Rudel nichts aus. Schon ein Schuß in die Nacht genügte, und die Bestien verschwanden.
Das waren seine beiden magischen Dinge – das Gewehr und die Hirtenflöte. Aber konnte man denn jede Nacht im Pferch bleiben? Die Lieder der Freunde im Wirtshaus, das Kichern der Mädchen im Dorf... Da bleibe einer Nacht für Nacht bei den Schafen, um sie vor Wölfen zu schützen.
Hin und wieder ging der Mensch einfach das Risiko ein. Nicht jede Nacht kamen Wölfe. Die Hunde, schlecht oder gut, bellten doch irgendwie dort oben, daß man 's hörte. Er hielt nun schon drei oder vier – ganze Brote fraßen sie auf –, ging ins Dorf hinunter, blieb über Nacht, und das war 's. Aber nur, bis das wilde Rudel das nächste Mal erschien.
Wenn er das Blut auf der Wiese gewahrte, die Kadaver von etwa fünfzehn Schafen fand, seine zitternden, halb abgewürgten Hunde antraf, schrie er wie toll, fluchte auf alles, verwünschte den Teufel, Gott, sich selbst und rührte sich danach monatelang nicht vom Pferch weg.
Die Dinge änderten sich zufällig (er hatte das gar nicht beabsichtigt), als einmal ein Jäger mit kleinen Wolfswelpen vorbeikam. Es waren zwei, er hatte sie wie Katzen in einem Sack. Wo und wie hatte er sie gefunden? Der Jäger setzte sich zu ihm und erzählte. Er war im Wald auf eine Fährte gestoßen, hatte die Lagerstatt und den Wurf gefunden. Die Wölfin war nicht da, und da hatte er sie mitgenommen.
„Zwei reißende Bestien weniger", sagte der Jäger. „Man kriegt auch Geld dafür, wie du weißt."
Er blieb ein Weilchen bei dem Schäfer sitzen, sie rauchten jeder eine Zigarette und schwatzten. Der Jäger erzählte, wie sich jemand so zwei Wölfe gezähmt und abgerichtet hatte, die Herde zu hüten. Er habe das von seinem Großvater gehört, der diese beiden Wölfe mit eigenen Augen gesehen hatte.
Der Schäfer lachte über die Geschichte, dann nahmen sie die Wolfsbabys aus dem Sack, und die Welpen balgten sich im Gras. Sie waren flauschig und spaßig wie junge Hunde.
„Wenn ich wüßte, daß es wahr ist", sagte der Schäfer nachdenklich.
„Es ist wahr", erwiderte der Jäger. „Ich sage dir doch, mein Großvater hat sie mit eigenen Augen gesehen."
Der Schäfer bat den Jäger um die beiden Wolfswelpen. Der Jäger entgegnete, daß sie Geld

kosteten. Der Schäfer überlegte, gab ihm Dörrfleisch, zwei Lammfelle und Käse. Der Handel wurde abgeschlossen. Beim Verabschieden sagte der fröhliche Schäfer:
„Wenn die sich wirklich zähmen lassen, kriegst du zum Georgstag noch ein Lamm von mir."
„Dann wollen wir zusehen, daß wir den Georgstag auch erleben", sagte der Jäger, hob den Schlauch mit dem Weißkäse auf und roch noch einmal an dem Dörrfleisch. „Statt zweier Wölfe nun Dörrfleisch und Käse."
Er warf sich die Last auf die eine Schulter, das Gewehr über die andere, winkte noch einmal und ging.
Der Schäfer tollte lange mit den beiden Wolfswelpen umher. Am Ende schliefen sie auf seinen Armen ein, nachdem sie reichlich Milch geschlabbert hatten. Er hatte sie ihnen angewärmt in einen der Hundenäpfe geschüttet. Am Morgen wieder, zu Mittag und abends ebenfalls – Tage mit Spiel und Erwartung reihten sich aneinander.
Kann man einen Wolf zähmen? Der wechselt doch bloß sein Fell. Du bist verrückt, das wird dich eines Tages teuer zu stehen kommen. Laß sie erst größer werden, dann wirst du sehen...
So redete man im Dorf zu ihm, oft dachte er selbst so. Und die Wolfswelpen wuchsen, sprangen wie toll an ihm hoch, leckten ihm die Hände und winselten.
Der Mensch faßte sie an den Schnauzen, an den Ohren, manchmal blickte er ihnen lange in die Augen. Er sah sein Gefühl widergespiegelt. Er hatte sie Pano und Gjuro getauft – es waren beides Rüden.
„Na", sagte er manchmal zu ihnen, wobei er ihnen in die Augen schaute.
Sie wunderten sich und drehten wie Kinder die Köpfe weg, als wollten sie ihm sagen: „Was gibt's denn? Zwischen uns ist doch alles in Ordnung."
Daran gewöhnt, bei den Schafen zu liegen, entfernten sich Pano und Gjuro nicht gern etwas weiter. Sie lebten hier im Umkreis wie Hunde, warteten geduldig auf ihr Fressen und erkannten ihren Herrn sogar an der Stimme der Hirtenflöte. Den anderen Leuten gegenüber, denen sie mit ihm begegneten, verhielten sie sich kalt, aber gleichgültig.
Ihr erstes Erscheinen im Dorf war eine große Sensation. Schon groß wie Hunde, trotteten sie zu beiden Seiten ihres Herrn und sahen sich, von den vielen Menschen verwirrt, scheu um. Sie zuckten aus geringem Anlaß zusammen, staunten über die unbekannten Gerüche. Sie waren eher schreckhaft als furchteinflößend. Den Hunden gegenüber zeigten sie zurückhaltendes Interesse, wie es übrigens auch ihnen entgegengebracht wurde. Nur ein kleiner Kläffer tanzte aus der Reihe und ging hysterisch auf sie los. Pano blieb stehen, sah ihn an und senkte ein ganz klein wenig den Kopf. Gjuro wandte sich ihm langsam zu, die Lefze hob sich und zeigte ihm bloß einen Zahn. Obwohl noch fünf Schritte entfernt, stieß der Kläffer ein dünnes Jaulen aus und überschlug sich beim Ausreißen derart, daß das ganze Dorf lachte.
Für den Menschen kamen glückliche Tage. Er hatte die beiden an ein paar Abenden allein gelassen und sie von fern beobachtet. Sie verhielten sich wie immer, lagen im Pferch bei den Schafen. Einmal versuchte er 's die ganze Nacht – am Morgen begrüßten sie ihn lustig und treu.
Nun ging der Mensch ins Dorf, wann immer er wollte. Er blieb ruhig über Nacht und kehrte ruhig ins Gebirge zurück. Seine beiden Wölfe waren auf dem Posten. Mitunter pfiff er, wenn er morgens aus dem Dorf kam, schon vom Bach aus, und sie kamen augenblicklich gelaufen. Sie sprangen an ihm hoch, leckten ihm die Hände, ihre Schwänze zuckten vor Freude.

So liefen die Dinge. Tagsüber waren der Mensch und die Wölfe immer beisammen, unzertrennlich. Nachts taten sie das Ihre beim Pferch, er das Seine im Dorf. Man sprach auch vom Heiraten. Am Georgstag erhielt der Jäger zwei Lämmer.
„Es waren zwei Wölfchen", sagte der Schäfer zu ihm, „so mögen es auch zwei Lämmer sein, nicht eines, wie ich es dir versprochen hatte."
„Ich hab 's dir ja gesagt", meinte der Jäger lachend. „Was ich von meinem Großvater gehört habe, hat sich immer als wahr herausgestellt."
Der Schäfer erzählte ihm von der Hochzeit, lud ihn ein und ging nach Hause.
Und da kam er, der denkwürdige Morgen.
Der Mensch hatte den Abend und die Nacht wie eben vor der Hochzeit verbracht, hatte ein bißchen verschlafen und war jetzt ein wenig später als sonst auf dem Weg zum Pferch.
Als er am Bach war, pfiff er. Pano und Gjuro kamen nicht angerannt. Er pfiff noch einmal, und ein schlimmer Gedanke verschattete seine Augen.
Er hastete bergauf, erreichte die Anhöhe außer Atem.
Seine gezähmten Wölfe kamen ihm erst am Pferch entgegen. Beide voller Blut, nicht wiederzuerkennen, ganz klein – sie schauten ihn betreten und traurig an.
Natürlich versuchten sie wieder, ihn anzuspringen, aber dieses Mal kam das alles gezwungen heraus. Sie hockten sich hin wie lahm, bewegten sich steif.
Der Mensch faßte sich an den Kopf und rannte los. Er sah Blut im Gras, danach zwei zerfetzte Schafe.
Der Mensch stieß einen schrecklichen Schrei aus. Er verfluchte alles und sich selbst, rannte Hals über Kopf zum Pferch, holte das Gewehr, und während er es lud, schrie er.

„Ah, ihr?" hallte es durch die ganze wilde Gegend. „Ah, ich...?"
Pano hatte sich fünf Schritte vor ihm hingehockt und schaute ihn müde an. Als der Knall an die Hügel jenseits der Talmulde stieß, fiel er nur zur Seite und war augenblicklich tot.
Beim nächsten Schuß versuchte Gjuro gleichsam in die Höhe zu springen – so war er schon als Welpe beim Spielen gesprungen. Er kam nicht dazu, er richtete sich nur ein wenig auf, wie von einem schnellen Seufzer, dann fiel auch sein langer Körper flach ins Gras.
Der Mensch fluchte und klagte, und so zog er los, um sich das Umglück vollends anzusehen.
Es waren nur zwei Schafe gerissen, die, die er gleich zu Anfang gesehen hatte. Aber es gab viel Blut, und das führte zum Dickicht in der Schlucht.

Der Mensch folgte ihm, und schon beim ersten Gebüsch sah er den Kadaver eines Wolfs. Fünf Schritte weiter noch einen. Nach weiteren zehn Schritten den dritten.
Er lief die Schlucht hinunter, zweimal fiel er hin und raffte sich wieder auf. Fünf Wolfskadaver waren es insgesamt, alle mit aufgerissener Kehle.
Der Mensch stieg wieder hinauf und blieb barhäuptig vor dem Pferch stehen. Mit offenstehendem Hemd, das Gesicht vom Steinhang zerkratzt, blickte er auf Pano und Gjuro. Vom eigenen Blut beschmiert, zum letztenmal im Gras die Zähne gefletscht, konnten sie nichts sagen.
Er stürzte sich nicht auf sie, um sie weinend zu küssen. Er gab keinen Laut von sich. Er packte nur das Gewehr mit beiden Händen, hob das Knie und zerbrach es darauf.
Die beiden Teile ließ er ins Gras fallen, packte auf die gleiche Weise die Hirtenflöte. Zerbrach auch sie, warf die Teile zur Seite.
Dann stieg er hinunter, ohne sich umzusehen. Nach einer Weile gelangte er zum Bach und verschwand.
Niemand sah ihn je wieder. Weder die Schafe noch das Mädchen, das seine Frau hätte werden sollen. Auch nicht seine Freunde im Wirtshaus, die seiner Hirtenflöte nachtrauerten.
Von allem blieb nur ein Lied übrig – von der Herde, dem Schäfer und den Wölfen. Aber das war so traurig, daß man es nur dann und wann sang.

Ein Mann behaute bei einem Dorf im Flachland Steine. Er machte Grabmale daraus und schwieg – mehr als zwanzig Jahre. Niemand kannte seinen Namen. Niemand wußte, woher er kam. Der älteste der Steinmetzen hatte einmal, bevor er starb, erzählt, daß dieser Mann wohl aus dem Gebirge gekommen sei. Er hätte auch damals schon geschwiegen, doch sie hätten das wegen seiner Schäfer- und Gebirglerkleidung vermutet. Sie hielten ihn für stumm und nicht ganz richtig im Kopf, im übrigen aber arbeitete er ausgezeichnet. Sie nannten ihn Ping. Der Hammer traf in seiner Hand den Stein irgendwie gerade ins Herz, das Eisen sprang leicht zurück und klang: „Ping, ping, ping, ping..." So kam er zu diesem Namen. Er schlief in dem Kämmerchen neben dem Werkzeugschuppen und alterte. Langsam, einsam und still, wie ein Baum. Niemand konnte sich erinnern, daß er in diesen zwanzig Jahren den Kopf vom Stein gehoben, daß er jemanden angesehen und nach etwas geschaut hätte.
Das war nur ein einziges Mal geschehen. Der Geistliche war gekommen, um zwei Grabmale in Auftrag zu geben. Für zwei Brüder, die einander umgebracht hatten. Zuerst hatte der eine den anderen niedergestochen und sich dann erhängt.
„Wie denn das, Großvater Pope?" sagten die anderen Steinmetzen. „Das ist ja eine entsetzliche Geschichte, was man da im Wirtshaus erzählt hat."
„Na eben", erwiderte der Geistliche. „Wie ich euch gesagt habe, bei der Hürde. Haben sich gestritten..."
Die Hämmer verstummten. Die Steinmetzen hoben – mit Ausnahme des Schweigers – den Blick zu den grauenerregenden Einzelheiten.
„Ja, so ist das mit dem Menschen", sagte der Geistliche nach einer Weile. „Was soll ich euch viel erzählen... So steht es doch geschrieben, schon vom ersten Tag seiner Geschichte an. Er wurde ja aus dem Paradies vertrieben, um zu leiden. Und das Brot im Schweiße seines Angesichts zu essen."
Da hörte auch der verrückte schweigende Steinmetz auf zu arbeiten und hob den Kopf vom

Stein. Langsam öffnete sich sein Mund. So stand er ein paar Augenblicke vor dem Geistlichen. Ein Schweißtropfen lief über seine bärtigen Backen. Drauf und dran, etwas zu sagen, nahm er wieder den Hammer. „Ping, ping, ping, ping..."
Wie soll man auch etwas sagen, wenn zwanzig Jahre lang eine Frage mit dem Blick auf die biblische Wahrheit im Innern tönt?
Die schreckliche innerliche Frage, ob der Mensch aus dem Paradies vertrieben wurde oder ob er selbst das Paradies aus sich vertreibt?

WASSILI PESKOW

Der Wolf

Vor einigen Jahren legte ich mir eine Mappe mit der Aufschrift „Der Wolf" an und sammelte darin alles, was dieses Tier betrifft: Zeitungsausschnitte, Bücher, Blätter mit eigenen Beobachtungen, Augenzeugenberichte von Biologen und Jägern, Erzählungen von ungewöhnlichen Begegnungen mit Wölfen, Fotos. Kürzlich schickten mir Freunde eine Aufnahme des Denkmals für den letzten Wolf, den ein deutscher Jäger erlegt hatte...
Ich glaube, daß der deutsche Jäger, der den letzten Wolf schoß, aufseufzte. Er wußte: Die Natur ringsum würde nun ärmer, langweiliger und einfacher sein.
Solche Seufzer beobachtete ich auch bei unseren Jägern. „Es gibt keine Wölfe mehr...", sagte zu mir der erfahrene Woronescher Wolfsjäger Wassili Alexandrowitsch Anochin, der in seinem Leben gut hundert dieser Räuber getötet hat, sich in den Angewohnheiten der Wölfe auskennt und ihnen deshalb mit ehrfuchtsvoller Achtung begegnet.
Im europäischen Teil unseres Landes werden Wölfe zur Seltenheit. Vielleicht ist gerade deshalb in letzter Zeit unser Interesse für dieses Tier so gewachsen.

Der „Hund" sprang aus dem 5. Stock
Ich blättere in meiner Mappe. Ein Wolf hetzte die Treppe hoch in den fünften Stock eines Rohbaues und steckte seine Nase in eine Tasche mit Frühstücksbroten. Die Arbeiter hielten ihn für einen Hund und schlugen Lärm. Der „Hund" sprang vor Schreck aus dem Fenster. Die Höhe der fünf Stockwerke erwies sich für ihn als verhängnisvoll. Sie betrachteten ihn neugierig und riefen Jäger herbei – ein Wolf! Das schrieb vor einigen Jahren eine Moskauer Zeitung. Etwa zur gleichen Zeit wurde nicht irgendwo, sondern zwischen den Pavillons der Volkswirtschaftlichen Leistungsschau ein Wolf gefangen.
Manch einer mag sich dabei gedacht haben: Das ist 'ne Plage, jetzt laufen sie sogar in der Stadt herum. Aber das waren wahrscheinlich die letzten Mohikaner der Moskauer Wälder. Eine Unzahl von Menschen hatte es auf ihren Pelz abgesehen. Nach den bitteren Lehren der Treibjagden hatten die Wölfe begriffen: Schutz suchen muß man in der Nähe der Stadt, wo es keine Jagd gibt, wo niemand Wölfe erwartet. Da brauchen die Wölfe nicht einmal auf Jagd zu gehen, es gibt genügend Abfälle. Mitunter erwischen sie eine Katze oder einen

Hund – die üblichen Wolfsopfer in Hungerzeiten. Die Tiere fanden ein unsinniges Ende, weil die Lebensbedingungen für sie zu neu waren. Jedoch, welche Kühnheit – in den fünften Stock eines Moskauer Hauses zu klettern, und sei es auch am Stadtrand!
Übrigens ist das nichts Außergewöhnliches. In den Dörfern entführten Wölfe häufig Hunde aus dem Flur des Bauernhauses, übers Dach brachen sie in den Schafstall ein. Seit Urzeiten siedelt der Wolf an der Grenze zwischen Wildnis und menschlicher Behausung. Er schlug sich gleichermaßen gut durch – als freier Jäger und auch als Räuber, der mitunter ohne Not ein halbes Hundert Schafe riß.

Ein Grauer im Melonenfeld
Der Wolf vermag tagelang nichts zu sich zu nehmen und dabei in einer Nacht fünfzig Kilometer auf der Suche nach Nahrung zurückzulegen. Sein Magen verträgt gefrorenes Aas und Knochen, mitunter schlingt der Wolf seine Beute mit Haut und Haaren...
Mit Staunen vernahm ich, daß Wölfe mit Vergnügen Äpfel fressen, im Wald nach Erdbeeren suchen, milchige Haferkörner kauen. Ich zeichnete die Beobachtungen eines Greises vom Don auf: Ein Wolf lief ins Melonenfeld. „Er stieß die Melone mit der Schnauze und rollte sie der Höhle zu. Er stieß sie den Hang hinunter und holte sich noch eine. Am Morgen fand ich in der Schlucht nur noch die Schalen..."
Es ist bekannt, daß den Wolf die Läufe nähren. In der Tat sind Wölfe unermüdliche Läufer. Ist

aber der Kopf schwach, so helfen auch die Beine nicht. Den Wolf nährt auch der Kopf. Er ist scharfsinnig, aufmerksam, vorsichtig. Am Ruf der Krähe errät der Wolf, wo es etwas zu holen gibt. Kaum merkliche Spuren und Gerüche künden ihm Gefahr an – verächtlich beträufelt er die Falle mit Urin, rührt ein schmackhaftes, aber vergiftetes Stück Fleisch nicht an. Von fern unterscheidet der Wolf den Jäger vom Holzfäller und vom Pilzsucher. Am Klang der Stimmen auf einem Gefährt erkennt er, ob Gefahr droht oder nicht.
Eine Wolfsfamilie läuft genau in der Spur. Nur ein erfahrener Mann errät: War das ein Rudel oder ein einzelner Wolf? Das Rudel jagt vernünftig und gescheit. Die einen treiben, die anderen lauern im Hinterhalt... Der Wolf hält alle Regeln der Konspiration ein und achtet darauf, daß er durch nichts seine Behausung preisgibt. Mit schwerer Beute im Fang läuft er viele Werst zur Höhle, den Hammel aber, der fast vor den Augen der Wolfsjungen weidet, rührt er nicht an.

Beobachter mit blutendem Herzen
Oft wird darüber gestritten: Sind Wölfe feige oder kühn? Der Wolf packt den Hund vor den Füßen des Menschen, zugleich aber läßt er seine Jungen im Stich, wenn ein glücklicher Hirte sie aus der Höhle herauszieht und in seinen Sack steckt. Selbst der Spatz verteidigt seine Brut. Deshalb setzt uns die Gleichgültigkeit der Wölfe in Erstaunen. Sie sind aber nicht gleichgültig. Wohl selten findet man in der Natur zärtlichere Eltern und weisere Erzieher. Ahnt ein Wolf, daß seine Höhle entdeckt ist, so packt er sofort seine Jungen im Genick und trägt sie an eine andere Stelle. Ist es aber zu spät, so beobachten die Wölfe mit blutendem Herzen, wie ihr Haus ausgeraubt wird. Sie wissen: Der Mensch wartet nur darauf, daß die Alten auftauchen. Eine Kugel – und es gibt weder Alte noch Junge. Das gereicht der Fortsetzung der Art nicht zum Vorteil. So trägt er alles mit Geduld, verbirgt sich, um im neuen Jahr von vorn zu beginnen.

Keine Feinde außer dem Menschen
Der Wolf hat keine Feinde außer dem Menschen. Das aber ist ein Feind, dem zu widerstehen dem Wolf immer schwerer fällt. Blei, Gift und Fallen sind den Wölfen seit langem bekannt. Heute aber müssen sie außerdem das Auto, das Flugzeug, den Hubschrauber und den Motorschlitten fürchten. Von oben beobachtete ich, wie ein Wolf erschöpft zusammenbrach, sich auf den Rücken wälzte und die Pfoten dem Hubschrauber entgegenreckte. „Vor dem Flugzeug suchen die Wölfe im Stall bei den Schafen Schutz, sie retten sich in eine Bauernhütte und springen ins Wasser", schreibt ein „Luftjäger". Man kann sich nur wundern, wie sich die Wölfe bei solch einer Belagerung halten.
Mit dem Unterlegenen verspürt man immer Mitleid. Auch Wölfe werden heute bemitleidet. Das ist auch auf die wunderbaren Bücher der Kanadier über die Wölfe des Nordens und auf die neuen Ansichten der Biologen über die Rolle des Räubers in der Wildnis zurückzuführen. Es ist bewiesen: Das Raubtier ist ein notwendiges Kettenglied im selbstregelnden Mechanismus der Natur. Es tötet vor allem die Schwachen und fördert somit die natürliche Auslese. Schon erheben Verteidiger der Wölfe ihre Stimme. Aber zugegeben: Das ist kein leichtes Problem.
Wo der Mensch wirtschaftet, wird der Wolf immer „persona non grata" sein. Doch das Gespräch über ein individuelles Verhältnis zum Wolf entbehrt in jenen Gebieten nicht der Vernunft, wo der Mensch die Wildnis noch unberührt ließ. Dort hält der jagende Wolf die Natur tatsächlich in „sportlicher Hochform".

Fulvio Testa

Bravo Wolf! Die Folgen einer guten Tat

Eines Tages fand das Stachelschwein eine schöne, dicke Nuß im Wald. Bei dem Gedanken, wie gut sie schmecken würde, leckte es sich genießerisch die Schnauze. Doch sosehr es sich auch anstrengte, es konnte die harte Schale nicht aufbrechen. Schließlich lief es zum Wolf.
„Guten Morgen Wolf!" sagte das Stachelschwein. „Wie gut du heute morgen wieder aussiehst..."
Der Wolf kniff die Augen zu und schwieg.
„Ich fragte mich soeben", fuhr das Stachelschwein fort, „ob du mir wohl den Gefallen tun würdest, diese Nuß für mich zu knacken? Mit deinem starken Gebiß wäre das eine Kleinigkeit."
„Du hast Glück, Stachelschwein, daß ich gerade gefrühstückt habe", antwortete der Wolf. „Weißt du nicht, daß ich dich mühelos fressen könnte?"
Das Stachelschwein wich erschrocken zurück.
„Bleib nur hier", meinte der Wolf. „Da ich deinen Mut bewundere, will ich dir ausnahmsweise helfen." Er schob die Nuß zwischen seine scharfen, spitzen Zähne und brach sie mit einem Biß auseinander.
„Vielen Dank!" sagte das Stachelschwein.
„Gern geschehen!" entgegnete der Wolf und rupfte ihm zum Spaß einen Stachel aus. „Ich glaube nicht, daß ich vorher schon einmal jemandem behilflich war. Aber es hat mir gefallen!"
Um den Wolf nicht länger zu belästigen, sagte das Stachelschwein auf Wiedersehen und lief mit seiner Nuß davon.
Es dauerte nicht lange, da folgte ihm auch schon das Eichhörnchen.
„Wie hast du bloß diese Nuß aufbekommen?" fragte es neidisch.
„Der Wolf tat mir den Gefallen, sie für mich zu knacken", erklärte das Stachelschwein.
„Der Wolf tat dir den Gefallen, dich nicht zu verschlingen, wie ich sehe!" erwiderte das Eichhörnchen.
Doch das Stachelschwein hörte nicht mehr zu. Jetzt, da die Gefahr vorüber war, dachte es nur noch an seine Nuß. „Sie reicht für uns beide, Eichhörnchen", sagte es. „Nimm dir ein Stück, wenn du magst."
Bevor das Stachelschwein sich anders besinnen konnte, griff das Eichhörnchen flink zu und brachte den Leckerbissen auf seinem Lieblingsbaum in Sicherheit. Während es dort zufrieden knabberte, fielen hin und wieder ein paar Krümel hinunter.
Plötzlich hörte das Eichhörnchen ein lautes Krah, Krah, und schon landete die Krähe nicht weit von ihm auf einem Ast. Es war nicht schwer, zu erraten, warum sie gekommen war.
„Wenn du die Krümel haben möchtest, Krähe", sagte das Eichhörnchen, „so nimm sie dir. Der Wolf hat dem Stachelschwein einen Gefallen getan und das Stachelschwein mir. Warum sollte ich nicht auch großzügig sein?"
Das nenne ich Glück! dachte die Krähe und pickte gierig die Krümel auf. Und weil sie danach immer noch hungrig war, flog sie zu den Weingärten hinüber.
In den Weingärten traf sie den Fuchs.

„Ich weiß, daß die Trauben für dich zu hoch hängen, Fuchs", sagte die Krähe. „Darum will ich gerne einige für dich pflücken, wenn du es wünschst."
„Warum willst du das für mich tun?" fragte der Fuchs mißtrauisch.
„Nimm einmal an, daß bisher jeder irgend jemandem einen Gefallen getan hat. Warum sollte ich dir also nicht auch ein paar Trauben pflücken, vor allem, da ich keinen Appetit mehr habe?"
Pick, pick, pick. Auf einmal kam das Huhn daherspaziert. Doch kaum hatte es den Fuchs erblickt, machte es auf der Stelle kehrt und wollte flüchten.
„Du brauchst keine Angst zu haben, Huhn!" rief der Fuchs und schob sich die letzte Traube ins Maul. „Da die Krähe mir einen Gefallen getan hat, will ich dir ebenfalls einen Gefallen tun und dich nicht fressen – jedenfalls heute nicht."
Das Huhn war daraufhin zwar sehr erleichtert, aber auch so verwirrt, daß es nicht wußte, in welche Richtung es laufen sollte und immer im Kreis herumirrte.
Die Schlange, die das Gespräch von einem Baum aus belauscht hatte, fragte das Huhn, warum der Fuchs es nicht gefressen hätte.
„Ich verstehe es selbst nicht", antwortete das Huhn. „Es muß etwas mit einem Gefallen zu tun haben, den der Fuchs der Krähe erwiesen hat. Oder die Krähe dem Fuchs. Ich kann mich nicht mehr erinnern..." Danach spazierte das Huhn pickend und scharrend den Weg hinunter. Es hatte sich beruhigt.
Die Schlange überlegte, wie es wohl sein möchte, wenn man jemandem einen Gefallen tat. Dabei wußte sie nur zu gut, daß die anderen sie nicht leiden konnten und sie darum niemals um Hilfe bitten würden.

Plötzlich entdeckte die Schlange das Lamm. Aha...! dachte sie und glitt eilig den Baumstamm hinunter.
„Guten Tag, Lamm!" sagte sie. „Ich würde dir gerne einen Gefallen tun. Sag mir, was du brauchst."
„Eigentlich nichts", antwortete das Lamm. „Mit etwas Gras bin ich schon zufrieden."
„Wenn das so ist", meinte die Schlange, „dann solltest du einmal die saftige, fette Weide dort drüben probieren. Sie liegt gleich hinter den Bäumen!"
„Vielen Dank!" sagte das Lamm erfreut und wunderte sich über die unerwartete Hilfsbereitschaft der Schlange.
Die Schlange war glücklich, daß sie dem Lamm helfen konnte. Aber noch glücklicher war das Lamm selbst, als es die Weide gefunden hatte und sich das würzige, satte Gras schmecken ließ.
Während all dies geschah, überlegte sich der Wolf am anderen Ende des Waldes: Was ist es doch für ein schönes Gefühl, wenn man jemandem einen Gefallen getan hat! Das werd' ich gleich noch einmal tun!
Und so legte er sich in der warmen Sonne zu einem Mittagsschläfchen nieder, statt auf die Jagd nach seiner nächsten Mahlzeit zu gehen.

JACK LONDON (1876 – 1916)

Von Wölfen und ihrer Freiheit

„Wie ein reißender Wolf"...trifft solche Charakteristik wirklich das Wesen des seltsamen Bewohners der Steppen und Tundren?
Ein Raubtier ist und bleibt der Wolf, der Herr der Weite, der König der Ungebundenheit! Das ist sein Wesen, seine Eigenart, seine Seltsamkeit, die man nirgendwo erschütternder erlebt als beim Anblick eines Wolfes hinter den eisernen Stäben eines Käfigs. Wieviel dumpfe Trauer, wieviel brennende Sehnsucht, wieviel jammervolle Unruhe treibt ihn rastlos in seiner stählernen Begrenzung hin und her! Gerecht werden kann man dem Tier – und auch dem Wolf! – nur aus dem Verständnis für seine Eigenart, für die Naturbedingtheiten seines Lebens, die ihm der schöpferische Wille Gottes zugemessen hat. Die Jagd ist Sinn, Inhalt, Bestimmung für den Wolf ebenso wie für den Löwen, den Tiger, den Adler und alle Tiere der weiten, unbegrenzten Freiheit! Dazu erhielt er seine stählernen Sehnen und Muskeln in seinen hageren, dürren Läufen, auf denen er spielend meilenweite Strecken überwinden kann. Dazu bekam er ein Gehör und einen Geruchsinn von höchster Vollkommenheit, Augen von unübertrefflicher Schärfe und die seltene Fähigkeit, sich der eigenen Stärke wie der Grenzen seiner Kraft stets bewußt zu bleiben.
Wer sollte diese Eigenschaften besser kennen, höher und richtiger einzuschätzen vermögen als sein gefährlichster Gegner: der Mensch! Vielleicht gerade darum sind sie einander zum

Erbfeind geworden, zum Kampf gezwungen mehr aus Neigung als aus Pflicht, und zwar zu einem Kampf nach unausweichbaren Naturgesetzen, denen alles, was da lebt und webt auf Erden, unterworfen ist.
Darum auch steht solch ein Kampf mit allem und jedem Recht im versöhnenden Schimmer der schönsten und innigsten Dichtungen, der wundersamsten, beziehungsreichsten Märchen und Legenden, der tiefsten und reichsten Gedanken jeder Zeit. Einsam fast steht der Mensch vor der bunten Mannigfaltigkeit des Lebens und Wesens der Tierwelt! Was dem Menschen geheimnisvoll erscheint in ihr und an ihr, das ist im Grunde wunderreiche Offenbarung göttlicher Schöpfungsordnungen, die nicht mit dem Maßstab kritischer Untersuchungen gemessen werden wollten, sondern im Raum seelischer Erlebnisse – Erfüllung finden müssen.
Wenn es ganz still geworden ist in unserer Seele, wenn wir uns gelöst haben vom unruhvollen Lärm des Tages und der Unrast unseres Lebens, werden wir in beglückender Erkenntnis spüren, wie reich, wie stark, wie lebensvoll auch des Tieres Seele lebt.

JACK LONDON

Wenn die Natur ruft

Im Laufe des Jahres mit dem kälteren Wetter zogen sich auch die Elche tiefer in das Land. Schon einmal hatte Buck ein Schmaltier gerissen, aber er wünschte sich würdigere Gegner. Am liebsten hätte er ein starkes Stück gehabt, und das trat ihm in der Morgendämmerung einst in den Weg. Ein Sprung von zwanzig Elchen kam aus der Flußgegend herauf, und unter ihnen ein starker Schaufler. Er war entsetzlich aufgeregt, und als das wohl sechs Fuß hohe Tier dem Hunde gegenüberstand, war das sicherlich ein so würdiger Gegner, wie er ihn sich nur wünschen konnte. Nach allen Seiten stieß das mächtige Tier seine Schaufeln, die wohl sieben Fuß Durchmesser hatten; die kleinen Augen blickten scharf und drohend, und es schnaubte vor Wut beim Anblick des Hundes.
Aus einer Flanke stand der Schaft eines Pfeiles hervor, der bunte Federn trug, wie die Indianer sie zu gebrauchen pflegten. Von dem Instinkt aus uralten Jagdtagen geleitet, versuchte Buck nun zunächst, den Elch von den übrigen abzuschneiden. Das war kein leichtes Werk. Er bellte und sprang vor ihm her, stets nahebei, doch immer gerade noch außerhalb des Bereiches der schweren Schaufeln und der mächtigen Hufe, von denen ein Tritt genügt hätte, ihn zu zermalmen. Es war dem Elch nicht möglich, voranzukommen, und seine Wut steigerte sich immer mehr. In solchen Augenblicken ging er zum Angriff über, doch Buck wich jedesmal aus und griff ihn dann von der Seite an. Oftmals, wenn er den Elch von den übrigen getrennt zu haben glaubte, kamen drei oder vier der jüngeren Stücke zurück und machten sich mit Buck zu schaffen, bis der alte Schaufler wieder bei dem Sprung angelangt war.
Aber die Geduld, mit der die Spinne endlose Stunden lang regungslos im Netz sitzt und der Panther im Hinterhalt lauert, die Geduld, die all den Tieren eigen ist, die ihre Nahrung

lebend jagen, die bewies auch Buck in der Verfolgung des Elches. Er reizte die jungen Tiere, plagte die älteren mit seinem Gekläff und versetzte die Kälber in Angst und Schrecken. Einen halben Tag lang ging das so. Von allen Seiten griff Buck an, so daß die Elche überhaupt nicht zur Ruhe kamen, und immer wieder schnitt er dem alten Elch den Weg ab, bis dieser schließlich vor Wut schnaubte.
Der Tag ging bald zu Ende, und die Sonne sank im Nordwesten. Die Dunkelheit kam schon früh, und die Nächte begannen lang zu werden. Die jungen Elche mußten dem alten immer häufiger zu Hilfe kommen, und der Weg, den sie an diesem Tage zurückgelegt hatten, war kurz. Und doch mußten sie, ehe der Winter hereinbrach, noch weit wandern, aber es schien ihnen, als ob der lästige Quälgeist sie so bald nicht freigeben würde. Und all sein Tun galt immer nur dem einen von ihnen. Nur dieser, nicht der ganze Sprung war in Gefahr. Nur sein Leben wurde gefordert, und es galt doch nicht so viel als das von all den anderen.
Als die Schatten der Bäume lang und schräg fielen, stand der alte Elch allein und sah dem abziehenden Sprunge nach. Da gingen sie hin, die Tiere, die er so lange geführt hatte, die er beschützt und beherrscht hatte. Er sah ihnen nach, bis daß sie im dämmerigen Licht verschwanden. Er konnte ihnen nicht folgen, denn vor ihm her hüpfte und bellte ein erbarmungsloser Feind, der es ihm verbot und doch so klein war, daß einer seiner Hufe ihn hätte zertreten können. Er hatte ein langes, langes Leben hinter sich, ein Leben voll mutiger Kämpfe; und dies sollte nun sein Ende sein: der Tod von den Zähnen eines Geschöpfes, das ihm kaum bis an die Knie reichte.
Nun hatte er Tag und Nacht keine Ruhe: Buck ließ ihn nie zufrieden, ließ ihn kein Blättchen vom Strauch pflücken, keinen Tropfen Wasser aus dem Bach schöpfen. Er durfte seinen

brennenden Durst nicht stillen und hörte doch das Wasser oft unter seinen Füßen rauschen. In heller Verzweiflung flog er oft in langen Fluchten davon. Dann war es Bucks Ehrgeiz durchaus nicht, ihm hart auf den Fersen zu bleiben; er ließ sich Zeit, denn er holte ihn doch, wenn es sein mußte, in wenigen leichten Sprüngen ein. Er ließ den Elch auch ruhig lange Zeit stehen und legte sich still daneben und griff erst an, wenn er äsen oder tränken wollte. Der schwere Kopf unter den großen Schaufeln sank immer tiefer zur Erde, der Gang wurde von Stunde zu Stunde unsicherer. Der Elch verhoffte jetzt oft und lange, die Muffel berührte fast das weiche Moos, die Lauscher hingen schlaff nach vorn, und Buck fand Zeit genug, für sich selbst Nahrung zu suchen.

Wenn er still dalag und den Elch im Auge hatte, dann war es Buck manchmal, als ob etwas vorging im Land. Als die Elche einzogen, schien auch etwas anderes gekommen zu sein, aber er wußte nicht, was es war. Er konnte es nicht sehen, nicht hören und nicht riechen, aber mit einem anderen namenlosen Sinn vernahm er es doch. Es gingen seltsame Dinge vor, und wenn er die Sache mit dem Elch erledigt hatte, wurde es Zeit, danach zu sehen.

Endlich, am Abend des vierten Tages, zog er den alten Schaufler nieder. Einen Tag und eine Nacht schenkte er sich Ruhe und fraß sich satt. Dann trat er erfrischt den Rückweg an. Im kurzen, gleichmäßigen Trab ging es voran, immer geradeaus, ohne Zeitverlust; ohne auch nur eine unnötige Schleife zu machen, lief er gerade auf das Lager zu; keine Magnetnadel hätte genauer die Richtung zeigen können.

Und immer sicherer wurde er, daß etwas im Lande geschehen sei, von dem er nichts wußte. Er hörte die Vögel davon reden, die Eichhörnchen darüber schelten, und der Wind flüsterte geheimnisvoll davon. Dann und wann blieb er stehen, sog die frische Morgenluft in langen Zügen ein, aber mit ihr auch etwas, das ihn zu einem eiligeren Lauf antrieb. Erst als er in das Tal einbog, wo das Zelt stand, gebrauchte er Vorsicht.

Er kam auf eine Fährte, und diese Fährte führte geradeaus in das Lager, wo John Thornten war. Die Rückenhaare sträubten sich, seine Augen glühten, jeder Nerv an ihm bebte. Er wußte jetzt alles, nur das Ende noch nicht. Seine Nase hatte es ihm gesagt, in wessen Fußspuren er trat. Er empfand eine Stille des Waldes, die er nie empfunden; alles Vogelleben war tot; kein Eichhörnchen rührte sich. Nur eins sah er, ein kleines graues Kerlchen, das sich dicht an einen rauhen, grauen Stamm drückte.

Wie ein Schatten glitt Buck dahin, aber plötzlich war es ihm, als würde er mit eisernem Griff zur Seite gezogen. Er folgte der Weisung seiner Nase und fand im Dickicht Moor. Da lag sein Herr – lang ausgestreckt, tot, von Pfeilen durchbohrt, deren befederte Enden aus seinem Körper heraussahen.

Hundert Schritt weiter stieß Buck auf einen der neuen Schlittenhunde, die Thornten in Dawson gekauft hatte. Er lag im letzten Todeskampf. Vom Lagerplatz kam das Geräusch vieler Stimmen und ein eintöniger Singsang. Etwas weiter fand er Hans, auf dem Gesicht liegend, mit Pfeilen bedeckt, wie ein Stachelschwein mit Stacheln. Im selben Augenblick konnte er den Platz vor dem Zelt übersehen, und vor seinen Augen glühte es blutigrot. Es war die Welle der Wut, die ihn überlief. Er wußte es selbst nicht, daß er es war, der das Geheul ausstieß, das jetzt die Luft erschütterte. Es war das letzte Mal in seinem Leben, daß die Leidenschaft bei ihm Herr wurde über den Verstand: die Liebe zu John Thornten ließ ihn den Kopf verlieren.

Es waren Yeehats-Indianer, die dort auf dem freien Platz vor dem Zelt ihre Tänze aufführten und dazu sangen. Plötzlich hörten sie ein furchtbares Geheul und sahen ein Tier, wie sie noch keins gesehen hatten. Es war Buck, der sich zwischen sie stürzte. Er sprang auf den ersten zu, es war gerade der Häuptling, warf ihn zu Boden und riß ihm die Gurgel auf, daß das Blut weit umherspritzte. In der nächsten Minute hatte er es mit dem zweiten gerade so gemacht, und auch über den dritten fiel er schon her. Er quälte seine Opfer nicht; dazu ließ er sich nicht Zeit. Von rechts nach links, was ihm in den Weg kam. So schnell ging alles, und so eng hatten die Indianer zusammengesessen, daß sie nicht einmal ihre Pfeile gebrauchen konnten. Ein junger Krieger, der mit dem Speer nach Buck warf, traf einen anderen Indianer mit solcher Macht durch die Brust, daß das Speerende zum Rücken wieder herauskam. Eine Panik entstand, und Todesgeschrei durchgellte die Luft. Alle flohen in den Wald, als ob der böse Geist hinter ihnen wäre.

Und wie der leibhaftige Satan gebärdete sich Buck in seiner Wut. Es war ein Schicksalstag für die Yeehats. Weit über das Land wurden sie zerstreut, und erst eine Woche später sammelten sie sich in einem entlegenen Tal; es waren ihrer aber nicht mehr viele. Als Buck von ihrer Verfolgung zurückkam, fand er zunächst Peter, der schon auf seinem Lager im Schlafe erschlagen war. Thorntens verzweifelten Kampf las er aus den Fußspuren im Sande und verfolgte sie bis hinunter an den tiefen dunklen See. Am Ufer, die Vorderfüße im Wasser, lag Skeet, treu bis in den Tod. Der See aber war trübe und schlammig, und was er enthielt, war nicht zu sehen. Buck aber wußte es, John Thorntens Fußspuren führten hinein, aber nicht wieder heraus.

Den ganzen Tag lag der Hund dort und wanderte ruhelos um das Zelt. Der Tod war ein Aufhören jeder Bewegung, jedes Lebens; das hatte er oft beobachtet, und er wußte, daß John Thornten tot war. Er fühlte eine große Leere in sich und ein Gefühl des Schmerzes, wie Hunger. Aber es war ein Hunger, der nie gestillt werden konnte. Zu Zeiten, wenn er dem Sprung der Yeehats nachjagte und wieder ein paar zu Tode brachte, dann vergaß er den Schmerz wohl auf Augenblicke, und Stolz erfüllte sein Herz. Er hatte das edelste Wild gehetzt, Menschen gejagt, Menschen getötet, und zwar nach dem Gesetze des Reißzahnes, mit dem Recht des Stärkeren war es geschehen. Er beschnüffelte die Toten neugierig. Sie waren so leicht zu töten; mit einem Polarhund gab es einen viel härteren Kampf. Menschen waren keine würdigen Gegner, wenn sie nicht Knüppel oder Speere hatten; er würde sie nie mehr fürchten, höchstens die Waffen in ihrer Hand.

Die Nacht kam, und der Vollmond stand still am Himmel über den dunklen Bäumen. Buck lag traurig am Ufer des Sees. Da tönte ein Laut zu ihm herüber, den er kannte. Er klang so nah und klang doch fern. Es war der Ton, den er schon oft in einer anderen Welt gehört hatte, der Ton, den seine Erinnerung ihm bewahrt hatte. John Thornten war tot; jetzt wollte er dem Ruf folgen, denn das letzte Band war zerrissen, das ihn an die Menschheit knüpfte.

Auf ihren Jagdzügen waren die Wölfe durch das Land der Ströme und Seen bis hier in das Tal gezogen. Im Mondschein kamen sie daher wie ein Silberstreifen, und Buck stand hochaufgerichtet, sie zu erwarten. Sie standen starr vor Schrecken, als sie ihn plötzlich sahen, und es dauerte lange, bis der Kühnste unter ihnen zum Angriff vorsprang. Buck faßte ihn gut und brach ihm das Genick. Dann stand er wieder da, regungslos und still. Drei andere versuchten ihr Heil und zogen sich blutüberströmt zurück.

Plötzlich fielen alle zusammen über ihn her, und nur eine fabelhafte Gewandtheit konnte ihn retten. Er schnappte nach rechts und links, war hier und dort zu gleicher Zeit, allerwärts und nirgends. Er mußte sich vorsehen, daß er den Rücken freihielt. Langsam ging er rück-

wärts bis an die Bucht am See. Dort hatten die Goldsucher beim Goldwaschen einen Haufen Sand und Steinchen aufgeworfen. Sich rückwärts schiebend, drängte er sich hinein, so daß er von drei Seiten geschützt war und sich nur nach vorne zu verteidigen brauchte.

Und so gut verstand er es, daß die Wölfe sich nach einer halben Stunde mißmutig zurückzogen. Sie schnaubten vor Wut, und ihre weißen Zähne leuchteten unheimlich vor Mordbegier. Sie wußten aber nicht, was sie zunächst tun sollten; einige legten sich mit gespitzten Ohren nicht weit von Buck hin, andere standen und beobachteten ihn scharf, während wieder andere zum Wasser hinuntergingen und tranken. Endlich kam ein Wolf näher. Es war ein alter, magerer, halb lahmer Geselle; er hob die Nase schnuppernd in die Luft und kam dann freundlich knurrend näher. Da erkannte Buck in ihm seinen wilden Bruder, mit dem er eine ganze Nacht und einen Tag durch die Wildnis gezogen war.

Dann trat ein alter, mit Narben bedeckter Wolf herzu, der anscheinend auch freundlich gesinnt war. Buck aber fletschte die Zähne und knurrte grimmig. Da setzte sich der Wolf, richtete die Nase empor zum Mond und stieß ein jämmerliches Geheul aus. Buck horchte auf. Das war der Ruf, jetzt erkannte er ihn genau, und eine bestimmte Macht zwang ihn hervorzukommen, sich neben den Alten zu setzen und einzustimmen. Dann kam einer nach dem anderen heran, beschnupperte ihn und schloß sich dem Geheul an. Plötzlich aber sprang der alte Wolf auf und lief dem Walde zu, die anderen Wölfe folgten. An der Seite des wilden Bruders stürmte auch Buck laut bellend davon.

Es dauerte nicht lange, bis die Yeehats bemerkten, daß die Wölfe ihr Aussehen änderten. Einige hatten tiefbraune Flecken am Kopfe und ein weißes Mal vor der Brust. Und immer, wenn sie die Wölfe sahen, bemerkten sie an der Spitze des Rudels einen ungeheuer großen Wolf. Sie nannten ihn den Geisterwolf und fürchteten ihn mehr als alle anderen. Sie wußten wohl, daß er es war, der ihr Lager bestahl und ihre Fallen beraubte, aber er tat es mit solcher Schlauheit, daß sie ihm nichts anhaben konnten. Sie gaben es auch auf, sich gegen ihn zu wehren, denn er zerriß alle ihre Hunde und fürchtete selbst ihre tapfersten Krieger nicht. Es waren viele, die sie schon mit aufgerissenem Hals gefunden hatten, und stets waren Spuren in der Nähe, die größer waren als die eines gewöhnlichen Wolfes.

Jedes Jahr bei Beginn des Winters, wenn die Elche in die wärmenden Gegenden ziehen und die Yeehats ihnen folgen, dann vermeiden sie ein gewisses Tal. Viele Frauen verhüllen ihr Gesicht, wenn am Lagerfeuer davon gesprochen wird, was einstmals geschehen ist, als der böse Geist dort zum erstenmal gesehen wurde.

Dieses stille Tal aber hat einen Bewohner, und das ist ein großer Wolf mit seidigglänzendem, prächtigem Fell. Dort, wo aus verrotteten Säcken von Elchhaut ein glänzender gelber Strom zwischen den langen Grashalmen fließt, liegt er oft stundenlang und starrt still vor sich hin; manchmal geht er auch hinunter und sieht in das dunkle Wasser des stillen Sees, und ein Geheul, schrill und jämmerlich, erfüllt die Luft.

Er ist nicht immer hier. Wenn die Wölfe vor den langen Winternächten des Nordens fliehen und ihren Beutetieren zum Süden folgen, dann läuft Buck in langen Sätzen an der Spitze des Rudels und stimmt beim bleichen Schein der Mitternachtssonne mit ein in den uralten Sang der Wölfe.

HERMANN HESSE (1877 – 1962)

Der Wolf

Noch nie war in den französischen Bergen ein so unheimlich kalter und langer Winter gewesen. Seit Wochen stand die Luft klar, spröde und kalt. Bei Tage lagen die großen, schrägen Schneefelder mattweiß und trostlos unter dem grellblauen Himmel, nachts ging klar und klein der Mond über sie hinweg, ein grimmiger Frostmond von gelbem Glanz, dessen starkes Licht auf dem Schnee blau und stumpf wurde und wie der leibhaftige Frost aussah. Die Menschen mieden alle Wege und namentlich die Höhen, sie saßen träge und schimpfend in den Dorfhütten, deren rote Fenster nachts neben dem blanken Mondlicht rauchig trüb erschienen und früh erloschen.

Das war eine schwere Zeit für die Tiere der Gegend. Die kleineren erfroren in Menge, auch Vögel erlagen dem Frost, und die hageren Leichname fielen den Habichten, Wölfen und Raben

zur Beute. Aber auch diese litten furchtbar an Frost und Hunger. Es lebten einige Wolfsfamilien dort, und die Not trieb sie zu engerem Verband. Tagsüber gingen sie einzeln aus. Da und dort strich einer über den Schnee, mager, hungrig und wachsam, lautlos und scheu wie ein Gespenst. Sein schmaler Schatten glitt neben ihm über die Schneeflächen. Spürend reckte er die spitze Schnauze in den Wind und ließ zuweilen ein trockenes, gequältes Heulen vernehmen. Abends aber zogen sie vollzählig aus und drängten sich mit heiserem Gebell um die Dörfer. Dort war Vieh und Geflügel wohlverwahrt, und hinter festen Fensterläden lagen Flinten angelegt. Nur selten fiel eine Beute, etwa ein kleiner Hund, ihnen zu, und zwei aus der Schar waren schon erschossen worden.
Der Frost hielt immer noch an. Oft lagen die Wölfe still und brütend beisammen, einer am andern sich wärmend, und lauschten beklommen in die tote Öde hinaus, bis einer von den grausamen Qualen des Hungers gefoltert, plötzlich mit schauerlichem Gebrüll aufsprang. Dann wandten alle andern ihm die Schnauzen zu, zitterten und brachen miteinander in ein furchtbares, drohendes und klagendes Heulen aus.
Endlich entschloß sich der kleinere Teil der Schar zum Wandern. Früh am Tage verließen sie ihre Löcher, sammelten sich und schnupperten erregt und angstvoll in die frostklare Luft. Dann trabten sie rasch und gleichmäßig davon. Die Zurückgebliebenen sahen ihnen mit weiten, glasigen Augen nach, trabten ein paar Dutzend Schritte hinterher, blieben unschlüssig und ratlos stehen und kehrten langsam in ihre leeren Höhlen zurück.
Die Auswanderer trennten sich am Mittag voneinander; drei von ihnen wandten sich östlich dem Schweizer Jura zu, die andern zogen südlich weiter. Die drei waren schöne, starke Tiere, aber entsetzlich abgemagert. Der eingezogene helle Bauch war schmal wie ein Riemen, an den Seiten standen die Rippen jämmerlich heraus, die Mäuler waren trocken und die Augen weit und verzweifelt. Zu dreien kamen sie weit in den Jura hinein, erbeuteten am zweiten Tage einen Hammel, am dritten einen Hund, ein Füllen und wurden von allen Seiten her wütend vom Landvolk verfolgt. In der Gegend, welche reich an Dörfern und Städtchen ist, verbreiteten sich Schrecken und Scheu vor den ungewohnten Eindringlingen. Die Postschlitten wurden bewaffnet, ohne Schießgewehr ging niemand von einem Dorf zum andern. In der fremden Gegend und nach so guter Beute fühlten sich die drei Tiere zugleich scheu und wohl; sie wurden tollkühner als je zu Hause und brachen am hellen Tag in den Stall eines Meierhofes. Gebrüll von Kühen, Geknatter splitternder Holzschranken, Hufgetrampel und heißer keuchender Atem erfüllten den engen, warmen Raum. Aber diesmal kamen Menschen dazwischen. Es war ein Preis auf die Wölfe gesetzt, das verdoppelte den Mut der Bauern. Und sie erlegten zwei von ihnen. Dem einen ging ein Flintenschuß durch den Hals, der andere wurde mit einem Beil erschlagen.
Der dritte entkam und rannte so lange, bis er halbtot auf den Schnee fiel. Er war der jüngste und schönste von den Wölfen, ein stolzes, herrisches Tier von mächtiger Kraft und gelenken Gliedern. Lange blieb er keuchend liegen. Blutigrote Kreise wirbelten vor seinen Augen, und zuweilen stieß er ein pfeifendes, schmerzliches Stöhnen aus. Ein Beilwurf hatte ihm den Rücken verletzt. Doch erholte er sich und konnte sich nach einer Weile wieder erheben. Erst jetzt sah er, wie weit er im Todesschrecken gelaufen war. Nirgends waren Menschen oder Häuser zu sehen. Dicht vor ihm lag ein verschneiter mächtiger Berg. Es war der Chasseral. Er beschloß, ihn zu umgehen. Da ihn Durst quälte, fraß er kleine Bissen von der gefrorenen, harten Kruste der Schneefläche.

Jenseits des Berges traf er sogleich auf ein Dorf. Es ging gegen Abend. Er wartete in einem dichten Tannenforst. Dann schlich er vorsichtig um die Gartenzäune, dem Geruch warmer Ställe folgend. Niemand war auf der Straße. Scheu und lüstern blinzelte er zwischen den Häusern hindurch.

Da fiel ein Flintenschuß. Er warf den Kopf in die Höhe und griff zum Laufen aus, als schon ein zweiter Schuß knallte. Er war getroffen. Sein weißlicher Unterleib war an der Seite mit Blut befleckt, das in dicken Tropfen zäh herabträufelte. Dennoch gelang es ihm, mit großen Sätzen zu entkommen und den jenseitigen Bergwald zu erreichen. Dort wartete er horchend einen Augenblick und hörte von zwei Seiten Stimmen und Schritte. Angstvoll blickte er am Berg empor. Er war steil, bewaldet und mühselig zu ersteigen. Doch blieb ihm keine Wahl. Mit keuchendem Atem klomm er die steile Bergwand hinan, während unten ein Gewirr von Flüchen, Befehlen und Laternenlichtern sich den Berg entlangzog. Zitternd kletterte der verwundete Wolf durch den halbdunklen Tannenwald, während aus seiner Seite langsam das braune Blut hinabrann.

Die Kälte hatte seit einem Tag nachgelassen. Der westliche Himmel war dunstig trüb und schien Schneefall zu versprechen.

Endlich hatte das erschöpfte Tier die Höhe erreicht. Er stand nun auf einem leicht geneigten, großen Schneefelde, nahe bei Mont Crosin, hoch über dem Dorfe, dem er entronnen war. Hunger fühlte er nicht mehr, aber einen trüben, klammernden Schmerz von den beiden Wunden. Ein leises, krankes Gebell kam aus seinem hängenden Maul, sein Herz schlug schwer und schmerzhaft und fühlte die Hand des Todes wie eine unsäglich schwere Last auf sich drücken.

Eine einzelnstehende, breitästige Riesentanne lockte ihn; dort setzte er sich nieder und starrte trübe in die graue Schneenacht. Eine halbe Stunde verging. Nun fiel ein mattrotes Licht auf den Schnee, sonderbar und weich. Der Wolf erhob sich stöhnend und wandte den feinen Kopf dem Licht entgegen. Es war der Mond, der im Südost riesig und blutrot sich erhob und langsam am trüben Himmel höher stieg. Seit vielen Wochen war er nie so rot und groß gewesen. Traurig hing der Blick des sterbenden Tieres an der matten Mondscheibe, und wieder röchelte sein schwaches Heulen schmerzlich und tonlos in die Nacht.

Da kamen Lichter und Schritte nah. Bauern in dicken Mänteln, Jäger und junge Burschen in Pelzmützen und mit plumpen Gamaschen stapften durch den Schnee, Gejauchze erscholl. Man hatte den verendenden Wolf entdeckt. Zwei Schüsse wurden auf ihn abgegeben, und beide fehlten. Dann sahen sie, daß er schon im Sterben lag, und fielen mit Stöcken und Waffen über ihn her. Er fühlte es nicht mehr.

Mit zerbrochenen Gliedern schleppten sie ihn nach Sankt Immen hinab. Sie lachten, sie prahlten, sie freuten sich auf Schnaps und Kaffee, sie sangen, sie fluchten. Keiner sah die Schönheit des verschneiten Forstes, noch den Glanz der Hochebene, noch den roten Mond, der jetzt über dem Chasseral hing und dessen schwaches Licht in ihren Flintenläufen, in den Schneekristallen und in den gebrochenen Augen des erschlagenen Wolfes sich brach.

Anton Tschechow (1860 – 1940)

Bless

Die hungrige Wölfin erhob sich von ihrem Lager, um auf Jagd zu gehen. Ihre drei Jungen schliefen fest aneinandergeschmiegt und wärmten sich gegenseitig. Die Alte leckte noch einmal die Jungen und ging dann fort.
Es war im Frühlingsmonat März, aber nachts krachten die Bäume vor Frost wie im Dezember. Kaum streckte man die Zunge heraus, als auch schon der Frost heftig hineinkniff. Die Wölfin war von schwacher Gesundheit, sie war furchtsam. Sie zitterte beim geringsten Geräusch, und wenn sie nicht zu Hause war, hatte sie ständig Angst, daß jemand ihren Jungen etwas antun könnte. Der Geruch von Menschen- oder Pferdespuren, Baumstümpfe, aufgeschichtetes Holz und der dunkle Weg erschreckten sie, es schien ihr, als ständen in der Dunkelheit Menschen hinter den Bäumen und als hörte sie Hunde irgendwo hinter dem Wald.
Die Wölfin war schon nicht mehr jung, und ihr Geruchssinn war schwach geworden. So kam es manchmal vor, daß sie, von ihren Sinnen betrogen, den Weg verlor, wie ihr das in der Jugend niemals passiert war. Wegen ihrer Schwäche machte sie nun nicht mehr wie früher Jagd auf Kälber oder größere Hammel, und um Pferde mit Fohlen schlug sie einen großen Bogen. Sie ernährte sich nur von Aas. Selten glückte es ihr, frisches Fleisch zu fressen, höchstens im Frühling, wenn sie auf eine Häsin traf, der sie die Jungen fortnehmen oder wenn sie aus einem Bauernstall ein Lämmchen holen konnte.
Ungefähr vier Werst von ihrer Höhle entfernt, stand an der Landstraße ein Winterpferch. Hier wohnte der Wächter Ignaz, ein siebzigjähriger Alter, der immerzu hustete und mit sich selbst sprach. Nachts schlief er gewöhnlich, aber tags streifte er durch den Wald mit seinem einläufigen Gewehr und piff nach Hasen. Er war wohl früher Mechaniker gewesen, denn jedesmal bevor er stehenblieb, rief er sich zu:
„Maschine stopp!"
Und wenn er weiterging:
„Volle Kraft voraus!"
Er hatte einen großen schwarzen Hund von unbestimmter Rasse namens Arapka. Wenn der zu weit vorausgelaufen war, rief er:
„Rückwärtsgang". Manchmal sang er und schwankte dabei stark, oft fiel er hin (die Wölfin dachte wegen des Windes) und rief:
„Ist entgleist."
Die Wölfin erinnerte sich, daß im Sommer neben dem Stall zwei Schafe und ein Hammel geweidet hatten, und als sie vor einiger Zeit vorbeigelaufen war, hatte sie gemeint, daß dort etwas blökte. Während sie sich jetzt dem Stall näherte, überlegte sie, daß es schon

März sei und daß zu dieser Zeit unbedingt junge Lämmer im Stall sein müßten. Der Hunger quälte sie, und sie dachte daran, mit welcher Gier sie ein Lämmchen verspeisen würde; bei diesem Gedanken klapperten ihre Zähne, und ihre Augen leuchteten in der Dunkelheit wie zwei Feuer.

Die Hütte des Wächters, seine Scheune, der Stall und der Brunnen waren von einer hohen Schneewehe eingeschlossen. Es war ganz still. Arapka schlief wahrscheinlich auf ihrem Platz unter der Scheune.

Über die Schneewehe kletterte die Wölfin aufs Dach und begann mit den Pfoten und der Schnauze das Stroh aufzuwühlen. Das Stroh war faul, und die Wölfin fiel beinah durchs Dach. Plötzlich schlugen ihr warmer Dunst, Mistgeruch und der Duft nach Schafsmilch in die Nase. Ein Lämmchen, das die Kälte verspürte, blökte unten. Nun sprang sie durchs Loch. Sie fiel mit den Vorderpfoten und der Brust auf irgend etwas Weiches und Warmes, wahrscheinlich den Hammel; plötzlich winselte ein feines, heulendes Stimmchen im Stall, und die Schafe drängten sich furchtsam gegen die Wand. Die erschrockene Wölfin packte, was ihr gerade zwischen die Zähne kam, und jagte hinaus...

Sie lief mit ihrer letzten Kraft, denn auch Arapka hatte nun den Wolf gespürt und bellte wütend, die Hühner gackerten aufgeregt, und Ignaz kam auf die Vortreppe hinaus und schrie:

„Volle Kraft voraus! Los, auch!"

Er pfiff wie eine Maschine und dann: „Go-go-go-go!..." und diesen ganzen Lärm wiederholte das Echo des Waldes.

Als es nach und nach stiller wurde, beruhigte sich die Wölfin ein wenig. Sie bemerkte nun, daß die Beute, die sie zwischen den Zähnen hielt und über den Schnee schleifte, schwerer und härter war als sonst die Lämmchen um diese Zeit waren, sie roch auch anders und gab ganz eigenartige Töne von sich. Die Wölfin blieb stehen und legte ihre Last in den Schnee, um sich auszuruhen und zu fressen – aber plötzlich sprang sie angewidert davon. Ihre Beute war kein Lämmchen, sondern ein junger Hund, schwarz, mit großem Kopf und hohen Beinen, groß und mit dem gleichen Fleck auf der Stirn, wie ihn Arapka hatte. Nach seinen Manieren zu urteilen, war er ein unhöflicher, gewöhnlicher Hofhund. Er leckte seinen zerdrückten, verwundeten Rücken, wedelte mit dem Schwanz, als sei gar nichts geschehen und bellte die Wölfin an. Diese aber knurrte wie ein Hund und lief davon. Der Hund hinter ihr her. Die Wölfin drehte sich um und fletschte die Zähne; der Hund blieb erstaunt stehen. Wahrscheinlich hatte er angenommen, daß die Wölfin mit ihm spielen wollte, denn er hob nun den Kopf in die Richtung des Stalls und bellte laut und freudig, als wollte er seine Mutter Arapka einladen, mit ihm und der Wölfin zu spielen.

Es wurde nun schon hell; und als die Wölfin durch den dichten Espenwald nach Hause trottete, konnte man bereits jeden einzelnen Baum unterscheiden, die Birkhähne erwachten schon, und oft flogen die prächtigen Vögel auf, beunruhigt durch die unvorsichtigen Sprünge und das laute Gebell des jungen Hundes.

Warum läuft er hinter mir her? dachte die Wölfin ärgerlich. Es scheint, daß er gern gefressen werden möchte.

Sie hauste mit ihren Jungen in einer sehr tiefen Grube, die vor drei Jahren entstanden war, als ein Sturm eine große Kiefer mitsamt den Wurzeln herausgerissen hatte. Alte Blätter und

Moos bedeckten den Boden und Knochen und ein Ochsenhorn, mit dem die Jungen spielten. Sie waren schon aufgewacht. Sie glichen sich alle drei wie ein Ei dem andern. Nebeneinander standen sie nun am Rande der Grube und blickten der zurückkehrenden Mutter schwanzwedelnd entgegen.

Als der Hund die jungen Wölfe erblickte, blieb er in einiger Entfernung stehen und schaute sie lange an: er bemerkte, daß sie ihn ebenso aufmerksam ansahen, da bellte er sie ärgerlich wie Fremde an.

Es war jetzt schon hell, die Sonne war aufgegangen, und der Schnee ringsum begann zu glitzern. Der junge Hund stand immer noch auf dem gleichen Fleck und bellte. Die jungen Wölfe saugten an der Mutter und stießen ihre Pfoten in ihren mageren Bauch, während sie an einem weißen, trockenen Pferdeknochen nagte; der Hunger quälte sie, ihr Kopf schmerzte von dem Hundegebell, und sie hätte sich am liebsten auf den ungebetenen Gast gestürzt und ihn zerrissen.

Schließlich hatte sich der junge Hund müde und heiser gebellt; als er sah, daß man ihn gar nicht fürchtete, ja, daß man ihn nicht einmal beachtete, näherte er sich mit unbeholfenen Sprüngen den jungen Wölfen. Bei dem hellen Tageslicht war es nun leicht, ihn genau zu betrachten... Er hatte eine große, weiße Stirn mit einem Höcker, wie ihn nur sehr dumme Hunde haben, er hatte kleine, hellblaue, trübe Augen, der Ausdruck seines Gesichtes war außerordentlich dumm.

Als er an die Wölfe herangekommen war, streckte er seine großen Pfoten aus, legte seinen Schwanz darauf und begann:

„Mhja, mhja... nga-nga-nga!..."

Die jungen Wölfe hatten gar nichts verstanden, aber sie wedelten mit den Schwänzen. Dann schlug der Hund mit seiner großen Pfote einem der Wölfe auf den Kopf, und der Kleine schlug zurück. Der Hund stellte sich neben ihn und blickte ihn von der Seite an, wedelte mit dem Schwanz, schoß dann davon und machte einige Sprünge auf dem verharschten Schnee. Der junge Wolf jagte hinter ihm her. Nun fiel der Hund auf den Rücken und streckte seine Läufe in die Luft, die drei Wölfe stürzten sich auf ihn und jaulten vor Entzücken, sie bissen ihn leicht im Spaß. Raben saßen auf der hohen Kiefer und schauten von oben dem Kampf zu und waren sehr beunruhigt. Es ging sehr laut und fröhlich zu. Die Sonne wärmte schon ganz frühlingsmäßig, und die Birkhähne, die fortwährend über die vom Sturm gestürzte Kiefer hinflogen, leuchteten smaragden im Glanz der Sonne.

Gewöhnlich lernen die Wölfinnen ihre Jungen zum Jagen an, indem sie sie mit der Beute spielen lassen. Und wie die Wölfin nun sah, wie ihre Jungen auf dem Schnee hinter dem Hund herjagten und sich mit ihm balgten, dachte sie:

Laß sie sich nur üben.

Nachdem sie genug gespielt hatten, gingen die jungen Wölfe in die Grube und legten sich schlafen. Der junge Hund heulte ein wenig vor Hunger und streckte sich dann im Sonnenschein aus. Als sie dann wieder erwachten, begannen sie von neuem zu spielen.

Den ganzen Tag und den Abend über dachte die Wölfin daran, daß in der vergangenen Nacht ein Lämmchen geblökt und daß es nach Schafsmilch gerochen hatte. Sie fletschte die Zähne vor Appetit und benagte unaufhörlich und gierig den alten Knochen, sie bildete sich dabei ein, daß es das Lämmchen sei. Wieder saugten die jungen Wölfe, und der Hund lief währenddessen hungrig herum und beschnupperte den Schnee.

Ich werde ihn auffressen, beschloß die Wölfin.

Sie lief zu ihm hin, er aber legte seine Pfote über ihre Schnauze und jaulte. Er dachte, daß sie mit ihm spielen wollte. Früher hatte die Wölfin auch Hunde gerissen, aber dieser junge Hund roch so stark, sie konnte in ihrer Schwäche diesen Geruch nicht mehr vertragen. Ihr wurde übel, und sie ging fort.

Gegen Abend wurde es wieder kühler, der kleine Hund begann sich zu langweilen und trollte sich nach Hause.

Als die kleinen Wölfe fest eingeschlafen waren, ging die Wölfin wieder auf Jagd. Wie in der vergangenen Nacht beunruhigte sie sich bei dem geringsten Geräusch. Baumstümpfe, Holzstapel und dunkle, einzelstehende Wacholdersträuche erschreckten sie, sie sahen von weitem wie Menschen aus. Sie lief neben dem Wege auf dem verharschten Schnee. Plötzlich tauchte weit vor ihr etwas Dunkles auf. Sie strengte die Augen und Ohren an, und tatsächlich bewegte sich dort etwas, und man hörte gleichmäßige Schritte. Ob es wohl ein Dachs ist? Ganz vorsichtig, kaum atmend, überholte sie mit einem großen Bogen den dunklen Fleck. Sie schaute sich um und erkannte den jungen Hund, mit der Blesse auf der Stirn, der gemächlich dem Winterstall zutrottete.

Wenn er mich nur nicht wieder stören wollte! dachte die Wölfin und lief schnell weiter.

Und hier war auch schon der Stall. Sie stieg wieder über die Schneewehe auf das Dach. Das Loch von gestern war schon mit frischem Sommerstroh ausgebessert, und zwei neue Stangen waren darüber gelegt. Die Wölfin begann rasch mit den Pfoten und der Schnauze zu wühlen, während sie sich hin und wieder umsah, ob der Hund nicht käme; und richtig, kaum schlugen ihr der warme Dunst und der Geruch nach Schafsmist entgegen, als sich hinter ihr das fröhliche, anhaltende Gebell des heimkehrenden jungen Hundes erhob. Er lief zu der Wölfin aufs Dach, sprang durchs Loch, und da er sich nun zu Hause fühlte und seine Schafe erkannte, begann er noch lauter zu bellen. Arapka erwachte unter der Scheune. Sie spürte die Wölfin und heulte laut auf. Die Hühner begannen zu gackern. Als jedoch Ignaz mit seinem Gewehr auf der Vortreppe erschien, war die erschrockene Wölfin schon weit vom Stall.

„Fjjut", pfiff Ignaz, „Fjjut! Mit Volldampf hinterher!"

Er drückte ab, aber das Gewehr versagte. Er drückte noch einmal ab, und wieder versagte das Gewehr. Er drückte zum drittenmal ab, eine mächtige Feuergarbe schoß aus dem Lauf, und es erklang ein ohrenbetäubendes „bum, bum!" Ignaz erhielt einen starken Stoß in die Schulter. Und dann ging er, in der einen Hand das Gewehr, in der anderen das Beil, nach der Ursache des Lärms zu sehen.

Nach kurzer Zeit kehrte er in die Hütte zurück.

„Was ist da los?" fragte mit heiserer Stimme der Pilger, der die Nacht bei Ignaz verbrachte und von dem Lärm erwacht war.

„Gar nichts", antwortete Ignaz. „Nichts von Bedeutung. Bleß hat sich angewöhnt, bei den Schafen im Warmen zu schlafen. Er begreift nur nicht, daß er durch die Tür gehen muß, er klettert immer durchs Dach. In der vergangenen Nacht hat er das Dach auch aufgerissen und ist herumgestrolcht, dieser Lump! Und nun ist er zurückgekehrt und hat wieder das Dach aufgewühlt..."

„So ein Dummerjan."

„Ihm ist wohl eine Sprungfeder im Kopf gerissen. Ich kann die Dummen auf den Tod nicht ausstehen", seufzte Ignaz und kletterte wieder auf den Ofen. – „Nun, frommer Mann, es ist noch zu früh zum Aufstehen, laß uns mit Volldampf weiterschlafen..."

Am Morgen rief er Bleß zu sich heran, zauste ihm tüchtig die Ohren, dann schlug er ihn mit der Rute und brummte dazu: „Geh durch die Tür! Geh durch die Tür! Geh durch die Tür!"

ALESKEJ KONSTANTINOWITSCH TOLSTOI (1817 – 1875)

Die Wölfe

Wenn das Kirchdorf entschlummert
Und kein Lied mehr erklingt,
Wenn ein graulicher Nebel
Ob den Sümpfen erblinkt –
Dann verlassen die Wälder
Und durchstreifen die Felder
Fraßbegierig neun heulende Wölfe.

Auf den ersten, den grauen,
Struppen Haar's, folgen flugs

Sieben nachtschwarze Wölfe;
Als Beschließer des Zugs
Keucht der neunte, der rote.
Mit bluttriefender Pfote
Lahmt er nach seinen grauen Gefährten.

Nichts erschreckt und verscheucht sie.
Wenn durch's Kirchdorf sie geh'n,
Bellt kein Hund und der Bauer
Bleibt entsetzenbleich steh'n.
Nicht ein Glied kann er rühren,
Kann den Atem nicht führen –
Nur ein Angstgebet stammelt die Lippe.

Sie umschleichen die Kirche
Und betreten gemach
Das Gehöft des Priesters;
Dann enthuschen sie jach
Zu der Schenke und lauern,
Ob sie drin von den Bauern
Keine sündigen Reden erlauschen.

Mußt mit Kugeln, mit dreizehn,
Dein Gewaffen verseh'n
Und mit Ziegenhaarpfropfen,
Willst den Kampf besteh'n.
Feu're ruhig; vor allen
Wird der graue Wolf fallen,
Und dann stürzen die andern von selber.

Kräht der Hahn dann den Dörfler
Aus dem Morgenschlaf wach –
Siehst du liegen die Leichen
Von neun Weibern am Bach:
Rechts die eine, die graue,
Links die lahme im Taue;
Alle blutig – Gott gnade uns Sündern!

ERNEST THOMPSON SETON (1860 – 1946)

Tito

Mit dem Nahen des Frühlings kam auch für die Präriewölfe wie alle Jahre die Zeit der Liebe. Sattelrücken und Tito waren den ganzen Winter über nur wie gute Kameraden beieinander gewesen, jetzt aber wurde ein neues Gefühl mächtig. Von Werben war nicht viel die Rede, Sattelrücken wies einfach allen, die etwa seine Nebenbuhler sein konnten, die Zähne. Auch Zeremonien sparten sie sich. Monatelang waren sie Freunde gewesen, und jetzt schlossen sie sich ohne weiteres auf Grund der neuen Gefühle naturgemäß noch enger aneinander und bildeten ein Paar. Namen, wie die Menschen, geben die Präriewölfe einander nicht, aber sie haben einen besonderen Ton – es ist ein abgebrochenes Heulen –, das im Anruf soviel bedeutet wie Mann oder Frau.

Jetzt löste sich die lose Jagdbrüderschaft der Präriewölfe auf, denn andere Paare sonderten sich ebenfalls ab, und da das wiederkehrende warme Wetter die Präriehunde auf das kleine Wild herauslockte, so war man weniger auf gemeinsame Jagdzüge angewiesen. Für gewöhnlich schlafen die Präriewölfe nicht in Höhlen oder an bestimmten Plätzen. Die ganze Nacht, während es kühl ist, streifen sie herum, und dann schlafen sie am Tag ein paar Stunden in der Sonne auf einem stillen Berghang, von wo aus sie auch gut Umschau halten können. In der Paarungszeit ändert sich diese Gewohnheit etwas.

Als die Witterung wärmer wurde, machten sich Tito und Sattelrücken daran, eine Höhle für den erwarteten Familienzuwachs herzurichten. In einem warmen kleinen Tal säuberten, vergrößerten und vertieften sie einen alten Dachsbau. Blätter und Gras wurden in ziemlicher Menge eingetragen und ein nach Wolfsbegriffen äußerst bequemes Lager hergerichtet. Der trockene, sonnige Winkel zwischen den Hügeln, auf den die Höhle führte, lag fast einen Kilometer westlich vom Kleinen Missouri. Nur dreißig Meter entfernt fand sich ein Erdrücken, der einen weiten Blick über die grasigen Abhänge und das Baumwollgestrüpp am Fluß gewährte. Die Menschen würden es eine sehr schöne Gegend genannt haben, es ist aber ziemlich sicher, daß die Präriewölfe für diese Anschauung nichts übrig hatten.

Tito wurde jetzt schon viel von den ihrer harrenden Pflichten in Anspruch genommen. Ohne sich viel zu bewegen, blieb sie in der Nähe der Höhle und nährte sich von dem, was ihr Sattelrücken brachte oder sie selbst leicht ergattern konnte, wie auch von den kleinen Vorräten, die sie in der guten Zeit verscharrt hatte.

Der liebliche Frühling der Hiawatha, des indianischen Mädchens aus der Fremde, war erschienen und legte seine Hand auf alles an dem jetzt feenhaften Ödland. Ach, warum nennt man es Ödland?

Wenn die Natur am achten Schöpfungstage sich absichtlich niederließ, um zu ruhen, und sprach: „Die Arbeit ist getan, nun laßt uns spielen! Laßt uns eine Stelle schaffen, die alles Vollkommene und Wundervolle und Schöne in sich schließt – ein Paradies für Mensch und Tier und Vögel", da hat sie sicher diese wilden, phantastischen vom Leben strotzenden Hügel, strahlend von den buntesten Blumen, voll abwechslungsreicher waldiger Grotten, weiter Präriestriche und schäumender Flüsse und Seen ins Leben gerufen. Hier im Vordergrund vor unseren Augen, dort, wo weithin die Ebene sich ergießt, und weiterhin auf den fernen Hügeln, deren Bild bei jedem Schritt wechselt, sehen wir die reichen Gaben der Natur in üppiger Fülle verschwenderisch ausgestreut, die sich in anderen Ländern so sparsam wie Gold darbietet, mit farbenreichem Himmel oben und farbenreichem Land unten und dem fernen Abschluß durch künstlerisch gemodelte Zinnen und Berge aus kostbaren Steinen und Erzen und gefärbt wie von immerwährendem, unaussprechlichem Sonnenuntergang. Und doch, für dieses ganze zehnfach prächtige und verzauberte Wunderland hat der blinde Mensch keinen anderen Namen gefunden als Ödland?

Die kleine Niederung im Westen der Kaminzinne war mit frischem Gras bestanden. Auch die gefährlich aussehenden Spanischen Bajonette, die im Winter mit allen lebenden Wesen Krieg zu führen schienen, steuerten nun ihren Beitrag zu dem friedvollen Triumph des Lenzes in Gestalt von Blumen, die selbst die kühlen Männer der Wissenschaft verlockt haben, sie Gloriosa zu nennen. Und die Kakteen, diese giftigen Kräuter, die von allen Pflanzen am meisten den Reptilien ähneln, setzen die Welt durch glänzende Blüten in Erstaunen, die ihnen so wenig gleichsehen wie die Perle ihrem Mutterfisch. Salbei und Fettholzbusch liehen ihr Gold, und die Sandanemone färbte die Ödlandhügel, daß sie aussahen wie bläulicher Schnee. Und in der Luft, auf der Ebene und den Hügeln ruhte, wie man fühlte, der fruchtverheißende Segen des Frühlings! Winterliches Darben hatte nun ein Ende, der Festschmaus des Sommers begann, und dies war auch die von der Allmutter gesetzte Zeit, zu der die kleinen Präriewölfe zuerst das Licht des Tages sehen sollten.

Eine Mutter braucht nicht erst die Liebe zu ihrer hilflos zappelnden Brut zu lernen. Sie bringt die Liebe mit sich, nicht viel oder wenig, nicht meßbare, sondern vollkommene Liebe. Und in dem schwach erleuchteten, warmen Raum, wo ihre Sprößlinge zur Welt kamen, liebkoste sie sie und leckte und hegte sie mit einer herzlichen Wärme der Zärtlichkeit, die in ihrem eigenen Leben nicht minder eine neue Epoche bedeutete als in dem der Jungen.

Aber ebenso voll wie der Becher der Freude und Liebe zu den Jungen war der der Besorgnis um ihre Sicherheit. Ihre Hauptsorge ging dahin, ihre Höhle nicht entdeckt werden zu lassen, und dies war zuerst nicht schwer, denn sie ging nur fort, wenn ihre eigenen Bedürfnisse sie dazu zwangen.

Mit großer Vorsicht kam sie und ging sie, und das nur, nachdem sie das ganze Gelände ringsum gemustert hatte, so daß niemand sehen und ausfinden konnte, wo ihr Hort verborgen war. Hätte man die Vorstellung, die die Jungen von ihrer Mutter hatten, mit der der Cowboys vergleichen können, so würde sich herausgestellt haben, daß sie in keinem Punkt übereinstimmten, obwohl beide in ihrer Art recht hatten. Für die Hirten war die Wölfin nichts als ein Paar abscheulicher grausamer Kiefer über zwei Paar unermüdlichen Beinen, geleitet von einem reichen Maß Schlauheit und gefolgt von einer Spur der Zerstörung. Dagegen erschien sie den Jungen als eine liebevolle, freundliche, mächtige Beschützerin. Für sie war ihre Brust weich und warm und unendlich zart. Sie fütterte und wärmte sie; sie

war ihre kluge und wachsame Wärterin. Immer bot sie ihnen Nahrung, wenn sie hungerten, immer war sie so klug, die Schlauheit der Feinde zunichte zu machen, und immer führte ihr mutiges Herz die Pläne, die sie zum Besten der Jungen gefaßt hatte, zu erfolgreichem Ende.
Ein neugeborener Präriewolf ist eine formlose, vernunftlose, zappelnde und – für jeden außer der Mutter – höchst uninteressante Masse. Aber wenn sich die Augen geöffnet, wenn sich die Beine entwickelt haben, wenn das Wölflein gelernt hat, in der Sonne mit seinen Brüdern zu spielen oder auf den freundlichen Ruf der Mutter, die ihm zur Fütterung Jagdbeute heimbringt, zu hören, da wird der junge Präriewolf einer der schlauesten, süßesten kleinen Schelme der Welt. Und als die neun, die Titos Blut ausmachten, diese Stufe erreicht hatten, da bedurfte es nicht mehr der verklärenden Mutterliebe, um sie als sehr reizvolle Geschöpfe erscheinen zu lassen.
Jetzt war der Sommer vor der Tür, die Jungen fingen an, Fleisch zu essen, und Tito, einigermaßen von Sattelrücken unterstützt, hatte sich fleißig zu rühren, um den eigenen Bedarf und den der Brut herbeizuschaffen. Manchmal brachte sie ihnen einen Präriehund, ein andermal kam sie wieder mit einem Maul voll gestreifter Präriehörnchen und Mäuse heim, hin und wieder glückte es ihr, einen großen Hasen für die Kleinen zu ergattern.
Nach dem Schmause pflegten sie eine Weile in der Sonne herumzuliegen. Tito stieg als Schildwache auf einen Vorsprung und ließ ihr scharfes, ehernes Auge über die Erde und durch die Luft schweifen, damit kein gefahrbringender Feind ihr glückliches Tal finde. Und die munteren Jungen spielten Haschen oder jagten Schmetterlingen nach oder rauften offenbar ganz verzweifelt miteinander oder zerrten und rissen an Knochen und Federn, die jetzt um die Schwelle ihres Heims herumlagen. Eines, das am wenigsten entwickelt – denn

gewöhnlich findet sich ein zurückgebliebenes –, stand unweit der Mutter und kroch ihr auf den Rücken oder zupfte sie am Schwanz. Sie boten, wie sie spielten, ein liebliches Bild, und die raufende Gruppe schien der Mittelpunkt des Ganzen zu sein. Doch bei schärferem Hinsehen würde des Beschauers Blick an der Mutter hängen geblieben sein, wie sie ruhig, wachsam, nicht ohne Besorgnis, aber vor allem mit einem Ausdruck mütterlicher Zärtlichkeit dastand. Oh, sie war so stolz und glücklich, und sie saß dort und bewachte ihre Sprößlinge mit stiller Liebe zu ihnen im Herzen, bis es Zeit war, heimzugehen oder bis sich irgendeine Spur heranziehender Gefahr zeigte. Dann gab sie durch leises Heulen das Zeichen, und im Augenblick waren alle außer Sicht, worauf sie sich aufmachte, der Gefahr entgegenzutreten und sie abzuwenden oder aufs neue auf die Jagd zu gehen.

EDITH PETER

Wölfe!

Sprich das Wort einmal langsam und lausch ihm nach – Wölfe... – Findest du nicht, daß es die qualvolle Einsamkeit einer unendlichen Einöde birgt?
Ist es nicht, als ob Not und Lebenslust, Haß und Gier sich in ihm vermählen?
Für mich ist es so. Ich habe von je eine seltsame Liebe für diese Tiere empfunden – und habe sogar eine Zeitlang ein Paar ganz nahe bei mir gehabt. Jemand hatte zwei Wölfe mit aus dem Krieg gebracht. Wahrscheinlich hat er denen zu Haus eine Freude damit bereiten wollen und hat nicht bedacht, daß ein trautes Etagenheim kein wildes Kriegslager ist, in dem Wölfe so einfach Aufenthalt nehmen können. So sollten sie denn getötet werden.
In allerletzter Minute trafen wir uns – die Wölfe und ich. Und ich rettete sie. Ja, ich rettete sie; und von der Minute an kämpfte ich um sie – gegen sie, kämpfte um ein Glück für sie, das sie selbst wohl nie als solches empfunden haben.
Frigga und Gero bekamen in unserem Garten ein großes Freigehege. In dem sie sich zuerst ganz allein überlassen waren. Die Säuberung und Fütterung wurden von mir selbst so schnell wie möglich erledigt, dabei tat ich, als wären die beiden Tiere gar nicht da. Und ich hätte doch zu ihnen gehen, sie streicheln und ihnen gute Worte geben mögen, um sie so meine Liebe spüren zu lassen. Ich tat es nicht, weil sie selbst zu mir kommen sollten.
Tage – Wochen wartete ich. Eines Tages endlich kamen sie heran, wagten sich zur Futterschüssel, als ich dabei war, und blieben liegen, wenn ich ihnen näher kam. Da setzte ich mich zu ihnen. Heiß ging die Sonne draußen über das Land. Ich saß im Schatten und war schläfrig. Langsam und lautlos kroch der Wolfsrüde näher. Mein Herz pochte vor Erwartung und ein wenig auch vor Furcht. Er lag vor mir, hechelnd hing die Zunge aus dem Fang, und die blitzenden Lichter starrten mich an.
Plötzlich war es nicht mehr ein Wolf – Wölfe waren da. All seine Ahnen standen in ihm auf. Hungernde – gehetzte – verachtete – verfemte – ausgestoßene Tiere schauten mich an. Haß – Jahrhunderte alt – funkelte mir entgegen, Erbfeindschaft geiferte aus dem Maul, Rachsucht streckte die sehnigen Glieder, Mordlust wehte in heißem Atem über mich hin. Bleiern

hielt die Müdigkeit mich umspannt, nur mit Mühe bewegte ich den Arm. Abwehr war die Bewegung, Abwehr gegen die Generationen Wölfe, deren Anklage ich allein ausgeliefert war. – Schmerz, Blut – ein seltsam tiefes Knurren. Verweht war aller Wolfszauber.

Gero hatte mich gebissen. Du mußt ihn schlagen, dachte ich. Du mußt ihn jetzt zurückweisen. Aber womit denn? Zwischen irgendeinem helfenden Gegenstand und mir war der erschreckte, aufgebrachte Wolf – schlich heimtückisch knurrend die Wölfin. Und das Bewußtsein, in Haus und Garten allein zu sein, fiel in mich hinein wie ein schwerer, lähmender Stein. Meine Hand schmerzte und rief Rachegelüste in mir wach, mein Herz aber schmerzte um die kaum erwachte Zuneigung der Tiere. Schuld hatte ich – ich allein mit der hastigen Abwehrbewegung meines Traumes. „Schlag zu!" rief das tropfende Blut. „Sei gut zu ihnen!" bat das Herz. Es war ein sekundenlanger Kampf. Sieger blieb das Herz.

Leise begann ich zu sprechen. Ich weiß nicht, was ich sagte, ich weiß auch nicht, wie lange ich um die Wölfe warb, ich weiß nur, daß ich all meine Liebe und mein ehrliches Wollen zum Guten den Tieren in meiner leisen und ruhigen Stimme entgegentrug.

Als die Sonne schon ohne Glut war, kam Frigga zu mir. Scheu und ganz schnell leckte sie einmal über die blutende Wunde. Und als habe Gero nur darauf gewartet, schob der Wolf den langen Fang in meine gesunde Hand. Ich hatte gesiegt! – Wie nach einem langen, mühevollen Weg fühlte ich mich ermattet, dabei liefen mir die Tränen über meine Wangen.

In der Nacht zitterte zum erstenmal das Wolfsgeheul durch die mondhelle Stille. Ein Gruß an die verlorene Heimat oder ein Sehnsuchtsschrei nach Freiheit und Wolfsleben? Vergessen war die Stunde mit mir, verhaßt war wieder der Mensch. Tier schrie nach Freiheit, heulte nach Beute, forderte Lebenskampf.

Und stets brach aus ihnen des Nachts der Urlaut ihrer Art, weinte ich um die immer wieder verlorene Liebe meiner Wölfe.

Anacleto Jacovelli

Aus dem Leben des heiligen Franziskus

1. Legende

Es war um die gleiche Zeit, da lag über Gubbio wie ein Alptraum die Angst vor einem schrecklichen Wolf, der bis an den Stadtrand kam und Tiere und Menschen zerriß. Die Leute, die ihm besonders ausgesetzt waren, verließen ihre Häuser und begaben sich in den Schutz der sicheren Mauern.

Davon hörte Franziskus, und es ergriff ihn großes Mitleid.

Er hatte schon einen Plan gefaßt. Wenn eines Tages der Wolf wieder in Sicht kommen würde, sollte man ihn rufen, dann würde er sich um das Weitere kümmern. Obwohl man ihm von allen Seiten abriet, begab er sich eines Tages außerhalb des Schutzes der Stadtmauer, als der Wolf voller Wut und Mordgier sich näherte. Franziskus gebot ihm mit einem Wink Halt und sagte zu ihm:

„Bruder Wolf, du benimmst dich sehr schlecht. Du mordest Tiere und Menschen. Es ist wahr, du tust das aus Hunger. Aber von heut' an muß das anders werden. Du gehst jetzt mit mir in die Stadt und durch die Straßen, ohne jemandem etwas zuleide zu tun. In Zukunft werden diese Leute für deinen Unterhalt sorgen. Einverstanden?"
Der Wolf, fromm wie ein Lamm, reichte Franziskus seine Pfote und gab damit vor den Augen der völlig überraschten Bürger seine Zustimmung zu dem Angebot. Tatsächlich hielt er sich an die Übereinkunft, und auch die Leute sorgten für ihn. Wenn er nun durch die Straßen von Gubbio lief, konnten die Frauen und Kinder mit ihm spielen, als wäre das nie ein Wolf gewesen, sondern ein ganz zahmes Hündchen. Wie die Überlieferung berichtet, lebte er noch sehr lange, hat aber niemals mehr jemandem das Geringste angetan.

2. Legende
Übrigens verband Freundschaft den Heiligen nicht nur mit den Mönchen von S. Verecondo, sondern auch mit den Bewohnern dieser Gegend um die Abtei. Gegen Ende seiner Tage kam der Heilige mit einem Gefährten wieder einmal dort vorbei. Schon ganz abgezehrt durch die Strenge seiner Buße, von den Schmerzen der Wundmale gepeinigt, ritt er wegen der Fußwunden auf einem Esel. Schnell hatten die Bewohner voller Verehrung ihn umringt. Schon war die Sonne im Untergehen. Da baten sie ihn, doch mit seinem Gefährten die Nacht bei ihnen zu verbringen. Platz sei genug vorhanden.
„Bruder Franziskus, bleib diese Nacht bei uns. Geh nicht weiter. Die Gegend ist voll wilder Wölfe. Sie werden deinen Esel fressen und Euch Schaden zufügen."
Franziskus aber antwortete in seiner tauben Einfalt:
„Ich habe dem Bruder Wolf niemals etwas zuleid getan. Weswegen sollte er da unsern Bruder Esel fressen? Bleibt gesund, Kinder, und fürchtet Gott."
So zog Franziskus weiter, und dem Esel und den beiden wandernden Brüdern ist nichts geschehen.

Luigi Boitani

Die zehn Gebote

An den Spaziergänger

1. Es gibt keinen nachgewiesenen Angriff eines gesunden Wolfes auf einen Menschen.
2. Ein Treffen am Tag, in der Nacht, alleine oder in einem Rudel? Er ist in einer Sekunde verschwunden.

An den Schafhirten

3. Herden, draußen und ohne Hunde, sind eine Einladung für den Wolf.
4. Im Fall eines Angriffs werden ihn eine rauhe Gestik, ein Stein oder ein Schrei fortjagen.

An alle

5. Der Wolf ist eine Tierart, die – wie alle anderen – das Recht hat, frei zu sein und frei zu leben. Seine Rückkehr sollte begrüßt, und er sollte geschützt werden.
6. Seine Existenz sollte nicht auf geschützte, weit voneinander entfernte und zu kleine Gebiete beschränkt, seine Koexistenz mit menschlichen Aktivitäten organisiert werden.
7. Eine gesunde Wildpopulation verträgt den Wolf und Wolfrisse ohne Probleme. Besitzer gerissener Haus- und Nutztiere sollten entschädigt werden.
8. Der Wolf paßt sich an die Gebiete an, in denen er lebt.
9. Sein Überleben ist eine europäische Angelegenheit.
10. Die Hauptgefahr für den Wolf ist die in unserem Unterbewußtsein lauernde Angst vor ihm.

Schlußwort

Als Leserinnen und Leser werden Sie sich vielleicht fragen, weshalb gerade eine Verhaltensforscherin eine Sammlung von Wolfsgeschichten vorgestellt hat. Dies wird mit dem Hinweis auf das Berufsleben der Autorin verständlich. Sie hat sich jahrzehntelang mit dem Wolf befaßt, und sie begeistert sich auch im Ruhestand für die Lebensweise dieser Tierart, die in einigen Bereichen, insbesondere in der Jungenaufzucht, durchaus an menschliches Verhalten erinnert. Vielleicht sind auch Sie neugierig geworden und informieren sich eingehend. Vielleicht haben Sie sogar die Möglichkeit, ein Wolfsrudel beim Umgang mit seinem Nachwuchs in einem Tiergarten zu beobachten.

Hinzu kommt die gegenwärtige Tendenz des Wolfes, nach Mitteleuropa zurückzukehren. Man denke an die Zeit vor etwa 150 Jahren, als diese Säugetierart hierzulande ausgerottet wurde. Nun ist es an der Zeit, aktiv zu werden und die Rückkehr des Wolfes zu unterstützen, zu erleichtern. Dazu bietet der Weg zu Märchen und Sagen eine von vielen Möglichkeiten. Sie spiegeln die Gedankenwelt vergangener Zeiten wider und zeigen deutlich: Entscheidend ist die Einstellung des Menschen, ob die Wiederkehr des Wolfes gelingt oder nicht. Denn er war in der Vergangenheit in unserer Umwelt präsent und sollte es wieder werden.

Obwohl er in der Öffentlichkeit und auch von der gegenwärtigen Gesetzgebung akzeptiert wird, gibt es Interessengruppen, die den Wolf aus Konkurrenzgründen nicht in den mitteleuropäischen Wäldern jagen lassen wollen. Dies erinnert an die Ereignisse von vor etwa 150 Jahren, als der Wolf in weiten Teilen Europas als Nahrungskonkurrent zum Teil mit brutalen Fangmethoden bis auf einen minimalen Restbestand ausgerottet wurde.

Die moderne Ökologie- und Verhaltensforschung haben das Bild vom Verhalten des Wolfes bereits korrigiert. Es besteht durchaus ein dynamisches Gleichgewicht zwischen Beutetieren und Beutegreifern, so daß beiden Gruppen eine Überlebenschance bleibt.

Bemerkenswert ist in diesem Zusammenhang, wie die noch weitgehend naturverbundene Bevölkerung, etwa Rumäniens, den Verlust eines Schafes durch Wolfsriß als naturgegeben hinnimmt, obwohl dort in einem derartigen Fall, wenn überhaupt, so doch weit weniger Entschädigung zu erwarten ist als etwa im reichen Deutschland. Auch die Gefährlichkeit für den Menschen hat die moderne Forschung als haltlos entlarvt. Der freilebende Wolf meidet ihn, es sei denn, daß er bei „äußerster Bedrängung", etwa beim Schutz seiner Nachkommen, zur Verteidigung gezwungen wird. Aber für welche freilebende Tierart gilt dies nicht? Auf seine Weise sollte ein Bär weitaus gefährlicher sein...

Jeder Naturfreund sollte sich Einblicke in die Biologie des Wolfes verschaffen, um selbst entscheiden zu können, wieviel Zutreffendes oder nicht Zutreffendes in den einzelnen Geschichten dieses Buches enthalten sind. Aufschlußreich für die damalige Zeit ist die Beschreibung des Wolfes in „Meyers Konversationslexikon" von 1890. Obwohl die Darstellung des äußeren Erscheinungsbildes und einzelner Verhaltenselemente zu akzeptieren ist, werden dem Wolf aber auch unzutreffende Negativattribute, wie „raublustig und ungemein blutdurstig", zugeordnet. Zitat: „Besonders im Winter würgt er viel mehr als er fressen kann und wird so zur Geißel für Hirten und Jagdbesitzer."

Um die Einstellung der Völker zum Wolf in vergangenen Zeiten erfaßbarer zu machen, soll auf den sogenannten „Werwolf" eingegangen werden. Im Mittelalter glaubten, der Sage nach, Kelten, Slawen, Germanen und Römer, Menschen könnten zeitweilig Wolfsgestalt annehmen, sich entsprechend grausam verhalten und bedrohlich in Erscheinung treten. In südslawischen Ländern ging der Werwolf in den Vampir über und hat sich somit, zumindest begrifflich, bis in unsere Zeit erhalten.

Sagen und Märchen gehören zur Mythologie; sie basieren auf der Unwissenheit der Menschen über Vorgänge in Natur und Gesellschaft. Heute sind die unser Thema betreffenden verhaltensbiologischen Lücken vergangener Zeiten weitgehend geschlossen. Losgelöst von bedrohlichen Vorstellungen über die Natur des Wolfes, können wir auf die Entstehung der Wolfsgeschichten zurückblicken, sie mit Freude genießen oder aber auch durch sie nachdenklich gemacht werden.

Der Wolf prägte sich in das Bewußtsein der Völker ein. Er ist in der darstellenden Kunst ebenso zu finden wie in der Keramik, Malerei und Heraldik. Teile des Wolfes galten als heilkräftig. Schuhe aus Wolfsfell sollten die Knaben zu tapferen Männern heranwachsen lassen.

Anliegen beim Zusammenstellen dieser Auswahl war, das Erscheinungsbild des Wolfes in der Literatur zu beleuchten und zur weiteren Beschäftigung mit diesem Thema anzuregen. Welche Beiträge aufgenommen oder weggelassen wurden, war selbstverständlich eine persönliche Entscheidung.

Kritische oder ablehnende Haltungen gegenüber dem Wolf basieren oft auf der leichtfertigen Übernahme unzutreffender Vorurteile vergangener Zeiten. Jeder, der mithelfen möchte, die Wiedereinbürgerung des Wolfes in weitere mitteleuropäische Gebiete zu unterstützen, sollte sich deshalb einen Einblick in die Geschichte des Zusammenlebens von Mensch und Wolf verschaffen und sich grundlegende, gesicherte Erkenntnisse über das Verhalten dieser Tierart aneignen. Denn so vielschichtig das Verhältnis des Menschen zum Wolf ist, so unterschiedlich sind auch alle Märchen und Sagen, Fabeln und andere Geschichten über den Wolf.

Berlin, 21. April 2002 *Klaus Langwald*

Danksagung

Ohne Vermittlung von Herrn Dr. Helmut Wölfel (nomen est omen!), Göttingen, wäre es nicht dazu gekommen, daß der Leopold Stocker Verlag von meiner Sammlung erfahren hätte.

Vielen Dank deshalb!

Herr Mag. Wolfgang Dvorak-Stocker war sofort bereit, das Manuskript anzunehmen und im Verlag für Sammler zu veröffentlichen. Die Zusammenarbeit mit ihm und dem Lektor, Herrn Dr. Wolfgang Klesl, war trotz der Entfernung zwischen dem Verlag in Graz und der Autorin in Berlin ausgezeichnet. Auch dafür herzlichen Dank!

Bei der Erstellung des Manuskripts sei für wertvolle Hilfe und sachkundige Beratung ganz besonders der freien Lektorin Frau Waltraut Düber, Berlin, gedankt.

Frau Dr. Gisela Petzold, Tierpark Berlin-Friedrichsfelde, danke ich für jahrelange Information und Mitarbeit bei Literaturrecherchen zum Wolf.

Last but not least, many thanks to Dr. Eleonora Robbins, California, for finding out the names of the wolf in San Diego Natural languages of the original inhabitants of America.

Berlin, 22. März 2002 *Dagmar Langwald*

Verwendete Literatur

Alscher Otto, Belebte Nacht, Bukarest 1981

Altmann D., Beziehungen zwischen sozialer Rangordnung und Jungenaufzucht bei Canis Lupus L., Der Zoologische Garten, NF 44/1974, 235-236

Altmann D., Harnen und Koten bei Säugetieren, Die Neue Brehm-Bücherei 404, Berliner Tierpark-Buch Nr. 16, 104-105, Wittenberg-Lutherstadt 1988

Altmann D., Soziale Funktionen im Wolfsrudel, Canis lupus lupus Linnaeus, Wissenschaftliche Zeitschrift der Humboldt-Universität, Math.-nat. Reihe 35,3/1986, 292-295

Bauer-Dubau K., Tiere in Märchen, Berlin 2001

Bechstein Ludwig, Neues deutsches Märchenbuch, 1856

Beckmann Johann C., Historische Beschreibung der Chur und der Mark Brandenburg, Berlin 1751

Bianki Witali, Die Waldzeitung, Berlin 1953 (Die Explosion im Schnee und das gerettete Reh; Mit einem Ferkel auf Wolfsjagd; übersetzt von Inge Langer und Ulrich Kuhnke. Mit freundlicher Genehmigung der Middelhauve Verlags GmbH, München, für Der Kinderbuchverlag, Berlin)

Bibikow D. I., Der Wolf, Die Neue Brehm-Bücherei 587, Wittenberg-Lutherstadt 1988

Biernatzky Karl, Eine Wolfsjagd. In: Jugendalbum, Stuttgart 1865

Der Kuckuck sprach zur Nachtigall, Fabeln von Luther bis Heine, Berlin 1988

Deutsche Märchen, hg. vom Zigaretten-Bilderdienst, Hamburg 1939

Deutsche Sagen, gesammelt durch die Brüder Grimm, Reutlingen 1942

Durian Wolf, Robber, Berlin 1966

Frädrich H. und Göltenboth, R., Aufzucht von Wölfen im Rudel, Der Zoologische Garten, NF 30/1965, 274-278

France P., An Encyclopedia of Bible Animals, Tel Aviv 1986

Frank H. (Hg.), Men and Wolf, Dordrecht 1987

Freund W., Der Wolfsmensch, Melsungen 1988

Freund W., Wolf unter Wölfen, Augsburg 1999

Fühmann Franz, Das Tierschiff, Berlin 1969

Goethe Johann Wolfgang von, Goethes Werke, Bd. 4, Leipzig 1927

Hallberger Eduard, Jugendalbum, Stuttgart 1865

Hesse Hermann, Der Wolf. In: Sämtliche Werke, Suhrkamp Verlag, Frankfurt am Main (mit freundlicher Genehmigung des Verlages)

Hohberg Wolf Helmhard von, Georgica Curiosa oder Adeliges Land- und Feldleben, Nachdruck Wien 1984

Jacobus Friedrich C. W. In: Herzlichen Dank. Geschichten und Gedichte, Weyarn 1997

Jacovelli, Anacleto P., Das Leben des hl. Franziskus, Assisi 1980

Kipling Rudyard, Das Dschungelbuch. Deutsch von Dagobert von Mikusch, Paul List Verlag, München 1993 (Mowgli; mit freundlicher Genehmigung der Verlagsgruppe Econ/Ullstein/List, Berlin – München)

Klinghammer E. (Hg.), The Behavior and Ecology of Wolves, New York 1979

Klinghammer E., The Wolf: Fact and Fiction. In: Perceptions of Animals in American Culture, hg. von Hoage, R. J., Smithsonian Institute, Washington 1989

Klinghammer E. und Brantley, E. P. jr., Social Rank and Mating Behavior in Two Captive Wolf Packs (Canis Lupus), pres. at Animal Behavior Soc., Pennsylvania 1977

Krawža Jurij, Des Wolfes glücklicher Tag, Domowina Verlag, Bauntzen 1987 (mit freundlicher Genehmigung des Verlages)

Krylof's sämmtliche Fabeln, Leipzig 1874

La Fontaine Jean de, Fabeln, 1877
London Jack. In: Zwirner
Lorenz Kito, Die Freundschaft zwischen Fuchs und Wolf, Domowina Verlag, Bauntzen 1982 (Der Honigtopf; mit freundlicher Genehmigung des Verlages)

Mech L. D., The Wolf. The Ecology and Behavior of an Endagered Species, University of Minnesota Press, Minneapolis 1970
Mendelssohn H. und Yom-Tov Y., Mammals. In: Alon, A. (Hg.), Plants and Animals of the Land of Israel, Tel Aviv 1989
Morgenstern Christian, Alle Galgenlieder, Wiesbaden 1952

Okarma H., Der Wolf. Ökologie, Verhalten, Schutz, übersetzt und bearbeitet von Langwald K. u. D., Berlin [2]2002

Peskow Wassili, Der Wolf. In: Bei uns / 35, Moskau 1978
Peter Edith. In: Zwirner
Pürschgang im Dickicht der Jagd- und Forstgeschichte, Dresden 1869

Rohde Elisabeth. In: Zwirner

Schenkel R., Ausdrucksstudien an Wölfen. Gefangenschaftsbeobachtungen. In: Behaviour 1/1947, 81-129
Schönberner D., Beobachtungen zur Fortpflanzungsbiologie des Wolfes, Canis lupus, Zeitschrift für Säugetierkunde 30/1965, 171-178
Seton Ernest Th. In: Zwirner
Solotareff Grégoire, Wer hat Angst vor einem Hasen? Bilderbuch. Aus dem Französischen von Gerhard Pöhlmann, Moritz Verlag, Frankfurt am Main 1994 (mit freundlicher Genehmigung des Verlages)
Solotareff Grégoire, Wenn der Wolf kommt. Aus dem Französischen von Erika und Karl A. Klewer, Moritz Verlag, Frankurt am Main 1995 (mit freundlicher Genehmigung des Verlages)
Stanew Emilijan, Wolfsnächte, Berlin 1968

Tenzler G., Katzen-, Hunde- und Pferdesprüche, Berlin 1987
Testa Fulvio, Bravo Wolf! Die Folgen einer guten Tat, Hamburg 1986
Tolstoi Aleksej K. In: Zwirner
Tschechow Anton. In: Zwirner

Wiemer Otto, Die Nacht der Tiere. Weihnachtslegenden, Berlin 1974
Willkomm H.-D., Die Weidmannssprache, Berlin 1990

Zimen E., Der Wolf. Mythos und Verhalten, Wien 1978
Zontschew Dontscho, Der Mensch. In: Bulgarische Erzählungen des 20. Jahrhunderts, Frankfurt am Main 1996
Zwirner Erich (Hg.), Die Wolfsschlucht. Von Wölfen und ihrer Freiheit, Berlin 1949

Wichtige Informationen für Wolf-„Fans" und solche, die es noch werden wollen!

Deutsche Wolfsgemeinschaft

Das zentrale Vereinsziel der Deutschen Wolfsgemeinschaft / German Wolf Association e.V. ist der Schutz der Wölfe nicht nur, aber insbesondere in Deutschland und die damit verbundene Wegbereitung für ein erfolgreiches Zusammenleben der Bevölkerung mit dem Wolf. Kostenlose Informationen anfordern bei:

Deutsche Wolfsgemeinschaft, Geschäftsstelle, Am Stege 43, D-34123 Kassel
E-Mail: vorstand@wolves.de, FAX: 0800 - 555 - WOLF (0800 - 555 - 9653),
FAX außerhalb Deutschlands: (+49) 6071 - 303 51 33

In Zusammenarbeit mit…

Wolf Park, Battle Ground, IN 47920, http://www.wolfpark.org

Willkommen beim Wolf Magazin, der einzigen deutschen Fachzeitschrift über Wölfe und andere wilde Caniden!

Das Wolf Magazin ist die einzige deutschsprachige Fachzeitschrift über Wölfe, Kojoten, Schakale und andere wilde Caniden. Kostenlose Informationen anfordern bei:

Redaktion Wolf Magazin, Postfach 26 01 39, D-35555 Wetzlar,
Fax: 06441-33449